Knaur

Gewidmet
Barbara, Andrea und Matthias,
Marianne, Birgit und Olaf

Über die Autoren:

Joachim Koch, geboren 1949, und Hans-Jürgen Kyborg, geboren 1929, sind ehemalige Gründungsmitglieder der Volkssternwarte in Berlin-Spandau. Mitherausgeber des astronomischen Journals »Space« bis 1989. Zusammenarbeit als UFO-Forscher seit 15 Jahren. Initiatoren der international mit bisher mehr als 20 000 Unterschriften sensationell erfolgreichen Roswell-Deklaration.

Joachim Koch / Hans-Jürgen Kyborg

Die Antwort des Orion

Nachweis einer kosmischen Begegnung

Joachim Koch, geboren 1949, und Hans-Jürgen Kyborg, geboren 1956,
sind beide Diplomingenieure der Nachrichtentechnik in Berlin.
[...] [...]gungen des[...] [...]mische [...] [...] [...]g 1988
zum [...] [...] Indizien für[...] [...]sen 55 Jahre[...] [...] inter-
[...] [...] [...]ihrer mehr al[...] [...]jährigen Untersuchu[...] [...]olg
[...] Zwei Doktoranden.

Die Originalausgabe erschien 1996 bei Albert Langen / Georg Müller
Verlag in der F. A. Herbig Verlagsbuchhandlung, München

Bildnachweis:

Fotos:
Busty Taylor: 9 – Hans-Jürgen Kyborg/Joachim Koch: alle Fotos
(außer Bild 9)

Zeichnungen:
Nr. 65: aus: Studien zur ägyptischen Astronomie/von Christian Leitz;
Wiesbaden: Harrassowitz, 1989 (Ägyptologische Abhandlungen;
Bd. 49, S. 36). Mit frdl. Genehmg. des Harrassowitz Verlages.
Nr. 66: Vorlage für Zeichnung aus: Das Geheimnis des Orion / von
R. Bauval & A. Gilbert; München, 1994; S. 239. Mit frdl. Genehmg.
des Paul List Verlages in der Südwest Verlag GmbH & Co. KG.
Alle übrigen Zeichnungen: Koch/Kyborg

Vollständige Taschenbuchausgabe 1998
Droemersche Verlagsanstalt Th. Knaur Nachf., München
Copyright © 1996 by Albert Langen / Georg Müller Verlag
in der F. A. Herbig Verlagsbuchhandlung GmbH, München
Umschlaggestaltung: Agentur Zero, München
Umschlagfoto: The Image Bank, München
Druck und Bindung: Elsnerdruck, Berlin
Printed in Germany
ISBN 3-426-77353-8

5 4 3 2 1

Inhalt

1 Hoffnung

Seit mehr als 15 Jahren erregt ein Phänomen stärker und stärker die Gemüter vieler Menschen. Es sind die Kornkreise in den Feldern im Süden Englands, die dort immer wieder auf geheimnisvolle Weise erscheinen. Abgesehen von den bekannten Fälschungen ist es bisher weder gelungen, die Urheber der echten, nicht durch Menschen, Tiere oder Naturgewalten entstandenen Kreise eindeutig zu identifizieren, noch die Art und Weise, in der sie hergestellt werden, mit den uns zur Zeit zur Verfügung stehenden Mitteln wissenschaftlich zu erklären.

Gewißheit herrscht dagegen über die andauernden Versuche von Einzelpersonen, Gruppen und Institutionen aus allen Bereichen der Gesellschaft, den Eindruck zu erwecken, die Kreise seien alle rein irdischen Ursprungs und sämtlich menschengemachter Betrug.

All diesen ignorierenden und zerstörerischen Aktivitäten zum Trotz stempelte zumindest bis 1992 Jahr für Jahr eine uns noch unbekannte Intelligenz ihre bislang unerklärlichen Zeichen in die Landschaft und bewies der Menschheit mit unnachahmlicher Schönheit in der Gesamtheit und Raffinesse im Detail ihre Existenz. Sie bekundete damit, daß es ihr wichtig war, unsere Aufmerksamkeit zu erringen. Wir sollten uns mit den Kreisen beschäftigen, auch wenn in unserer so mühsam erarbeiteten, so argwöhnisch gegen jede Veränderung beschützten kleinen Welt bisher kein Platz für sie war.

Die erste skeptische Frage, die dann auch immer gleich gestellt wird, wenn man über die Kreise spricht, lautet: »Woher weißt Du, daß sie echt sind?« Mit der Antwort auf diese Frage ist meistens verbunden, ob der Gesprächspartner weiter interessiert zuhört oder bald zweifelnd abwinkt. Viele wünschen sich einen eindeutigen Katalog aufzählbarer, für sie nachvollziehbarer Eigenschaften, möglichst aus den Bereichen der uns bekannten Naturwissenschaften, deren Kombination für die scheinbar phantastische, nicht-irdische Entstehungsursache beweisend sein soll.

Das ist für die Beschreibung einer echten, nicht gefälschten Kreisformation zu wenig, so wie es nicht ausreicht, einen Menschen nur nach seinem Äußeren zu beurteilen.

In diesem Buch schildern wir Ihnen den Ablauf einer bisher einzigartigen und faszinierenden Unternehmung. Begonnen als vorsichtiges Experiment, ist sie zu etwas geworden, das wir uns damals selbst in unseren kühnsten Träumen nicht vorzustellen wagten – zu dauerhafter Kommunikation mit einer Intelligenz, deren Ursprung wahrscheinlich nicht nur von dieser Erde ist.

Im Sommer 1989 begannen wir mit der theoretischen Analyse des Kornkreisphänomens unter Verwendung des damals in Deutschland nur spärlich vorhandenen Text- und Bildmaterials. Sehr schnell erkannten wir die enorme Wichtigkeit der Kornkreise, denn außer ihrem mysteriösen Auftauchen waren uns viele der mit ihnen verbundenen Begleiterscheinungen, wie sie von Augen- und Ohrenzeugen berichtet wurden, im Rahmen unserer langjährigen Forschungsarbeit zum sogenannten UFO-Phänomen bekannt. Als die Zahl der Publikationen anwuchs und schließlich Colin Andrews und Pat Delgado ihr erstes Buch[1] veröffentlichten, waren wir endlich bei der Fülle von Informationen in der Lage, das Phänomen systematischer zu erforschen.

Offensichtlich lag den Kreisen eine bestimmte Bedeutung zugrunde, wie so viele andere Forscher es auch erkannt haben. Die einzig übrigbleibende Erklärung für die Existenz der Kreise und Formationen in der äußerst eindrucksvollen und sehr schönen Landschaft Südenglands war: Kommunikation. Nach Monaten harter Arbeit und gewissenhafter Analysen fanden wir in den Kreismustern einige Hinweise auf die Botschaft, die möglicherweise für uns alle bestimmt war. So verließen wir im Jahre 1991 unseren Lehnstuhl in Berlin und begannen, unsere Überlegungen mittels der vorgegebenen Kornkreiselemente durch experimentelle Arbeit vor Ort in den Feldern Wiltshires zu überprüfen. Dabei verwendeten wir ein den Menschen seit Urzeiten vertrautes Wissen: die Astronomie. Wir gingen von dem Grundgedanken aus, daß die Schöpfer der Kornkreise und wir, bei aller physischen und spirituellen Verschiedenheit, die gleiche Heimat haben – das Weltall.

Wir müssen betonen, daß wir unsere Reisen nach England als private Untersucher durchgeführt haben und nicht für die Zwecke oder im Auftrag irgendeiner Organisation. Wir blieben stets offen für alle Dinge, die uns passieren könnten. Wir möchten auch herausstreichen, daß wir unsere Experimentalformationen, von denen wir jedes Jahr eine mit Erlaubnis des Farmers erstellten, nicht als »Fälschung« oder »Schwindelkreise« (engl.: hoax) betrachten.

Ohne jegliche Schwierigkeiten kamen wir sofort in Kontakt mit vielen der Untersucher und Farmer, und mit einigen von ihnen ist ein vertrauensvolles Freundschaftsverhältnis erwachsen. Wir wissen, daß dies absolut nicht zu den Selbstverständlichkeiten dort zählt, insbesondere nicht für uns als Deutsche. Um so mehr fühlen wir uns durch diese Beziehungen geehrt und möchten an dieser Stelle nochmals allen denen danken, die uns durch die Jahre hindurch unterstützt und immer wieder mit Informationen versorgt haben.

Von Anfang an hatten wir uns dazu entschlossen, im Hintergrund der Kornkreisszene zu bleiben, obwohl wir in den letzten Jahren immer wieder in die bedeutenden Ereignisse und positiven Aktivitäten in der Gegend um Avebury verwickelt wurden. Wir wollten es nicht riskieren, durch bestimmte negative Bestrebungen innerhalb der Kornkreisgemeinde, die vor einigen Jahren begannen, vergiftet zu werden. Glücklicherweise widerstanden wir den Versuchungen von Eitelkeit und Selbstüberschätzung und platzten nicht gleich mit jeder neuen Erkenntnis heraus. Die Zeit gab uns recht. Zu Anfang der neunziger Jahre fingen einige Leute an, eine ziemlich üble Suppe zusammenzubrauen und starteten damit ihre Kampagne gegen die Kreise und die mit ihnen beschäftigten Forscher. Als Folge davon wuchsen Mißtrauen und Fälschertum an, die berühmte »Beckhampton Group«, von der wir zwei der ausländischen Mitglieder waren, brach zusammen. Die Machenschaften der selbsternannten Entlarver und Desinformanten zeigten ihre Effekte innerhalb und außerhalb der Kornkreisszene, doch wir blieben davon unberührt und setzten unsere Arbeit fort – und erzielten kontinuierlich Resultate.

Diese Kontinuität ist der Grund, nach vielen Jahren mit den derzeit vorliegenden Forschungsergebnissen jetzt endlich an die Öffentlichkeit gehen zu können.

Viele von Ihnen haben die ersten Nachrichten vom Auftauchen der Kornkreise hoffnungsfroh begrüßt, jeder und jede auf seine und ihre eigene Art und Weise, ganz nach vorherrschender Neigung und Weltanschauung. Viele von Ihnen spürten, daß hier etwas Besonderes passiert. Viele von Ihnen lehnten das Kornkreisphänomen total ab, denn in Ihrer Welt war bisher kein Platz für »übernatürliche Phänomene«, alles mußte eine erklärbare Ursache haben.

Mit dem hier vorliegenden Buch *möchten wir Ihnen allen ein Zeichen der Hoffnung geben.* Der einen Gruppe, die immer schon ahnte, daß da mehr in Universum existiert, als man ihr Glauben machen wollte, um sie zu ermuntern, sich auf ihrem Weg nicht beirren zu lassen. Der anderen Gruppe, damit sie sich in ihrer rational geprägten, scheinbar geordneten und erklärbaren Welt wieder auf ein Abenteuer freuen darf, auf eine Forschungsreise in eine größere Realität als die bisher bekannte.

Viele Kornkreise, ganz besonders seit 1992, wurden tatsächlich durch Menschen geformt, andere sind die Folge natürlicher physikalischer, meteorologischer oder biologischer Einwirkungen. Einige sind anders entstanden. Das Phänomen, das hinter diesen zuletzt genannten steht, existiert wirklich. Jemand hat an unsere Haustür geklopft. Jemand will mit uns sprechen.

Sie möchten natürlich auch wissen, was uns in dieser Sache so sicher macht. Nun, wie wir oben bereits angaben, sind die Kornkreise in England der Beginn und gleichzeitig eine Einladung zur Kommunikation. So haben wir also im Sommer 1991 angefangen, zu kommunizieren, indem wir mit Erlaubnis des Farmers ein einzelnes Piktogramm in einem abgelegenen Feld produzierten. Wir griffen dabei den Vorschlag zur Kommunikation so auf, wie das Phänomen ihn uns in den Feldern schon seit vielen Jahren gezeigt hatte. Und der Vorschlag ist – reine Astronomie. Die einfachsten Dinge, die von jedem hier auf der Erde gesehen werden können, sind Sterne und Planeten. Wie funkelnde Diamanten sind sie leicht zu entdecken vor der schwarzen Tiefe unserer Nachbarumgebung – dem Universum.

Es war nie unser Hauptinteresse, einzig die Entstehungsart der Kreise herauszufinden. Dies ist im Moment nicht wichtig. Vom Phänomen der unbekannten fliegenden Objekte und den damit verbundenen Begleiterscheinungen wissen wir, daß hier möglicherweise uns unbekannte, weit fortgeschrittene Technologien zur Anwendung kommen. So hatten wir von Anfang an keine Illusionen, daß ausgerechnet wir herausfinden könnten, wie die Kornhalme zu solch wundervollen Mustern niedergelegt werden. Diese Überschätzung der eigenen Möglichkeiten war auch in der Vergangenheit der Grund dafür, daß einige der großen Untersuchungskampagnen so wenige Resultate lieferten.

Unsere Erlebnisse und Erkenntnisse werden Sie herausfordern. Sie werden Bekanntes wiederfinden, aber auch Neues lernen. Es bleibt Ihrer freien Wahl überlassen, was Sie hier auf diesem Planeten damit anfangen. Sie sollen nicht Ihren Kleidungsstil oder Ihre Eßgewohnheiten ändern, denn auch wir haben so etwas nicht getan, weil gerade die Äußerlichkeiten nicht das wichtigste sind. Wir sind einfach die gleichen geblieben. Sie können, wenn Sie wollen, beruhigt in Ihrer Ecke sitzenbleiben, sollten aber zumindest weiterlesen, denn es reicht uns, wenn Sie wenigstens *wissen*, was vor sich geht. Deshalb haben wir unsere Experimente auch für Sie gemacht.

Der Brennpunkt unserer Anstrengungen war, das Erscheinungsbild der Formationen zu verstehen. Dies ist, neben einem offenen Herzen und einem ernsthaft engagierten Geist, der einzige Weg, dem Phänomen der Kornkreise näherzukommen. Und tatsächlich, mit diesem Konzept hatten wir Erfolg seit dem Beginn unserer Experimente im Juli 1991. Zu dieser Zeit stellten wir unsere erste Frage – und erhielten drei Tage später eine Antwort. Viele von Ihnen kennen das Piktogramm, das am 16. Juli 1991 auf einem Feld der Temple Farm erschien, seine zwei etwas abgekürzten Wiederholungen in Alton Priors und West Kennet, die am Tag unserer Abreise und etwas später, als wir bereits wieder zu Hause waren, gefunden wurden, und – natürlich das Piktogramm von Barbury Castle.

Wir haben entdeckt, daß dieses Piktogramm eine kosmische Entsprechung am winterlichen Sternenhimmel hat, im Zentrum des »Wintersechsecks« gelegen, einer so von den Astronomen bezeichneten fast kreisförmigen Anordnung von sechs großen Sternbildern. Jeder, der einmal in einer kalten Winternacht um die Jahreswende herum die erhabene Schönheit der sechs strahlenden Hauptsterne in diesen Konstellationen erblickt hat, erfüllt eine der Botschaften der Kornkreise: Schau hin und denke! Und wenn dann Sirius, neben der Sonne der hellste Stern am Firmament überhaupt, tief im Süden über dem Horizont aufgegangen ist, kann man einen der Gründe verstehen, weshalb in ferner Vergangenheit Menschen in allen Erdteilen diese riesigen Steinbrocken bewegt und damit Steinkreise und Pyramiden gebaut haben.

Wenn Sie zweifeln, ob es richtig war, uns mit diesem Buch durch Raum und Zeit zu folgen, können wir Ihnen versichern, daß sich alles, worüber wir berichten, nachprüfbar so ereignet hat. Die Geschichte, die wir Ihnen zu erzählen haben, gehört zu den wunderbarsten unserer Zeit. Sie ist so real, wie dieses Buch real ist, das Sie gerade in den Händen halten.

Wir – und bald auch Sie – wissen nun, daß gestern schon wahr gewesen ist, was wir heute entdecken und erst morgen akzeptiert werden wird.

Teil I

Eine Zeit des Lernens

»Das Bekannte ist endlich, das Unbekannte unendlich:
Geistig stehen wir auf einem Inselchen inmitten eines
grenzenlosen Ozeans von Unerklärlichem.
Unsere Aufgabe ist es, von Generation zu Generation
ein wenig mehr Land trockenzulegen.«

T. H. HUXLEY, 1887

2 Die Entwicklung des Phänomens

Als vor über zehn Jahren außer den Farmerfamilien, denen die Felder gehören, auch noch andere Personen anfingen, sich über die Kreise in Kornfeldern zu wundern, war noch nicht abzusehen, welch eine gewaltige Herausforderung an unsere Grundvorstellungen über unser Hiersein sich zu entwickeln begann. Niemand ahnte damals, wie sehr an den Grundpfeilern gerüttelt werden würde, von denen wir glauben, unsere Existenz sei sicher auf ihnen begründet. Es waren tatsächlich zunächst nur kreisrunde Flächen darniederliegenden Getreides verschiedener Größe und Anordnung, die Erstaunen und Verwunderung durch ihr plötzliches, meist nächtliches Auftauchen hervorriefen.

Die Anzahl der Kreise stieg von einigen wenigen in den siebziger Jahren bis auf mehrere hundert in den neunziger Jahren an. Anfangs breiteten sich Berichte nur bis in die lokalen Nachrichtenmedien der betroffenen Regionen aus, außerhalb Englands war das Phänomen weitgehend unbekannt. Aus den einfachen Kreiselementen entwickelten sich komplizierte Muster, die später Formationen und Piktogramme genannt wurden. Mehrere hundert Meter große Exemplare prangten unübersehbar in den Feldern, Fotos davon gingen um die Welt und erregten nun allgemeines Interesse. In den staatlichen und religiösen Machtzentren dieser Erde mag so manch einer nervös auf der Unterlippe gekaut haben, denn es wurde allenthalben immer wieder behauptet, die Kreise seien nicht-irdischen Ursprungs.

Hatte man nicht 40 Jahre lang genug Ärger mit dem UFO-

Phänomen gehabt? Was sollte man nun mit diesen Piktogrammen anfangen? Bestand etwa ein Zusammenhang?
Unter den vielen Veröffentlichungen über die Kornkreise
ragen noch immer die reich bebilderten Bücher von Pat Delgado und Colin Andrews zusammen mit ihren jährlichen
Erweiterungen weit heraus. Auch das von Ralph Noyes her-
ausgegebene Werk »Die Kreise im Korn«[2] muß hier seine
Erwähnung finden. Es ist eine gelungene Zusammenstellung
aus den Bereichen aktuelle Kornkreisforschung, Psycholo-
gie, Geschichte, Meteorologie, Zoologie und Archäologie.
Auf paranormale Erscheinungen und Ereignisse wird ebenso
eingegangen wie auf alte mystische und mythische Überlie-
ferungen und Zeichen. Unterstützt wurde diese Publikation
vom CCCS (Center for Crop Circle Studies), einer über-
regionalen englischen Organisation zur Erforschung des
Kornkreisphänomens. Der »Cerealogist« mit George Wingfield als Herausgeber (früher John Michell) ist von den re-
gelmäßiger erscheinenden Magazinen das bekannteste und
wohl auch unabhängigste in der Beitragsauswahl. In der
vierteljährlich erscheinenden »Kindred Spirit« ist Richard
Beaumont der Korrespondent aus den Kreisen. Daneben
existieren eine Vielzahl von Newsletters der verschiedenen
Kornkreise-Klubs, die sich inzwischen überall gebildet
haben. Das Flaggschiff des CCCS bleibt in diesem Bereich
der »Circular«, nachdem auch hierher vor einigen Jahren die
Schatten der dunklen Seite der Macht gefallen waren. Ein
durch behauptete Fehlinformationen eines bekannten Krei-
sefälschers, Jim Schnabel, an den damaligen Chefredakteur,
George Wingfield, entstandener Artikel wurde vom CCCS
zurückgenommen, worauf Wingfield dort seinen Dienst
quittierte und zum Konkurrenten, »The Cerealogist«, wechselte (ab Nr. 10, Herbst 1993).
Aber auch international gibt es in vielen Ländern Vereini-
gungen, die sich engagiert mit den Kornkreiserscheinungen

befassen. Darunter sind überwiegend Menschen, die selbst in die Kreise gegangen sind und versucht haben, sie zu untersuchen. Es ist eines dieser Begleitphänomene, daß Menschen, sind sie erst einmal mit den Kreisen in irgendeiner Form in Berührung gekommen, selten wieder aufhören können, sich mit ihnen zu beschäftigen.

Namen wie die oben angeführten oder B. F. C. (Busty) Taylor, Richard G. Andrews, Stanley Morcom, Michael Green, der Earl of Haddington, Dr. T. Meaden oder Lucy Pringle sind durch wunderschöne Fotos oder Beiträge in Zeitungen, Büchern, im Radio oder Fernsehen in den letzten Jahren bekannt geworden und untrennbar mit der Erforschung des Phänomens verbunden.

Weniger häufig genannt werden die Menschen, die z. B. in Wiltshire seit einigen Sommern direkt mit dem Phänomen zu tun haben, wie etwa die Farmerfamilien Carson, Horton, Wookey, Hussey, Fathing, Temple oder White. Andere waren innerhalb der lokalen Untersuchergruppen aktiv, wie Jo Holland und Una Dawood, die während langer Sommertage am Telefon saß und die Hotline der legendären »Beckhampton Group« mit ihrer Energie und ständig neu hereinkommenden Kornkreissichtungen fütterte. Nicht zu vergessen sind Farmarbeiter wie Malcolm, Tom und Roy oder die illustre Truppe der »Dreads«, die mithelfen, die Farm der Carsons zu bewachen. Sie sind häufig die ersten, die mit den Kreisen in Berührung kommen. Nicht wenige von ihnen haben auch orangefarbene Lichter oder einmal sogar einen runden, metallischen Gegenstand gesehen, während sie auf den Feldern arbeiteten. Wir können sie getrost als die eigentlichen Experten bezeichnen, die mehr über echte und gefälschte Kornkreise wissen als alle gelehrten »Lehnstuhl-Forscher«.

So sind Menschen und Landschaft inniglich mit dem Phänomen verbunden. Auch das gehört mit zum echten Kornkreise-Phänomen und beantwortet die häufig gestellte Frage: »Warum ausgerechnet in Südengland?« Seit Tausenden von Jahren gehören die dort noch in großer Zahl erhaltenen Steinsetzungen zum täglichen Leben. Die Menschen in Wiltshire haben, anders als im Deutschland unserer Tage, ein intakteres Verhältnis zu ihrer Vor- und Frühgeschichte bewahrt und ein viel größeres Bewußtsein für die Realitäten entwickelt, die untrennbar mit den Steinkreisen verbunden sind.

So sind zum Beispiel auch die in der westlichen Wissenschaft offiziell abgelehnten »Dowsing Rods«, bei uns grausam mit »Wünschelruten« zu übersetzen, dort für viele Menschen aus allen Gesellschaftsschichten selbstverständliche Sensoren, mit deren Hilfe sie die dem Auge verborgenen, planetaren Energielinien und -felder aufspüren können. Es deutet alles darauf hin, daß das Wissen um die planetaren und kosmischen Energiefelder vor langer Zeit schon einmal für jemanden von größter Bedeutung war. Dafür stehen Stonehenge, Avebury und Silbury Hill.

3 Das Phänomen und
die Menschen

Innerhalb der weltweit existierenden zahlreichen Unter-suchergruppen lassen sich zwei große Strömungen erkennen. Die erste versucht, die Entstehung der Kreise mit übermenschlichen, nicht in der uns bekannten und vertrauten Natur vorkommenden Einwirkungen zu erklären, deren Merkmale so beschrieben werden: beabsichtigt, zielgerichtet, intelligent, technologisch zur Zeit nicht faßbar. Wir möchten hinzufügen: humorvoll und sympathisch.

Die andere Richtung bemüht sich, das Phänomen mit den uns zur Verfügung stehenden wissenschaftlichen Meßmethoden zu erfassen und es als möglicherweise neue Äußerungsform bereits bekannter natürlicher Erscheinungen zu erklären.

So glauben Vertreter der ersten Gruppierung, daß die Kreise direkt von Mutter Erde als lebendem Organismus (Gaia-Theorie) hervorgerufene Zeichen sind. Sie sollen uns bewegen, die Vernichtung der Natur und damit unsere Selbstverstümmelung zu beenden und endlich mit dem Planeten Frieden zu schließen, um die drohende, zumindest für den Menschen tödliche Katastrophe abzuwenden. Nachdem Colin Andrews sich jetzt häufiger in den USA aufhält, ist er mehr und mehr zu einem Verkünder dieser Botschaft geworden.

In der Tat hätte die Erde schon seit langer Zeit viele Gründe, sich zu melden. Sie hat in ihrer Milliarden Jahre währenden Lebenszeit alle kosmischen Katastrophen überstanden und sich immer wieder regeneriert. Auch als Leben auf die Erde kam, war dieses auf Dauer nur möglich, indem es sich durch Geburt und Tod dem Gleichgewicht des planetaren Stoffwechsels anpaßte. Dies ist das Grundgesetz jeglichen planetaren Lebens in der gesamten Galaxis. Erst der Mensch hat es hier geschafft, dieses Gleichgewicht nachhaltig durcheinander zu bringen.

Viele Gedanken sind hierzu in unzähligen Büchern geäußert worden. Letztendlich wissen wir alle, daß etwas nicht in Ordnung ist, daß wir ungesund leben und daß die Umwelt krank ist. Aber es ist uns einfach zu unbequem, unseren Lebensstil zu ändern, denn – es tut ja noch nicht weh!

Es sei Ihnen an dieser Stelle jedoch empfohlen, die kleine Geldausgabe nicht zu scheuen und sich die Rede des Häuptlings Seattle[3] zu besorgen, die er im Jahre 1855 an den Präsidenten der Vereinigten Staaten von Amerika richtete. Hier wird alles gesagt, was wichtig ist und – man kann sich diesem packend dramatischen Aspekt nicht entziehen – was nach so vielen Jahren heute aktueller ist denn je. Dieser Mensch hat recht gehabt. Zur ersten Gruppe gehören weiter die aus dem Umfeld der Kreise vielfach berichteten außersinnlichen Wahrnehmungen (ASW), Gerüche, Geräusche und unbekannte fliegende Objekte aller Klassen wie Lichter aller Größen, Farben und Formen bei Tag und Nacht bis hin zu handfesten, materiell strukturierten Objekten. Zu erwähnen sind ebenfalls hier die Erklärungsversuche jener Wissenschaftler (und informierter Laien), die durch ihre Forschungen grafische Parallelen aus den Bereichen Archäologie und Mystizismus aufzeigen konnten. Rupert Sheldrake meint, es handele sich um ein Phänomen morphischer Resonanz.[4]

Die Protagonisten der zweiten Gruppierung greifen auf ein bewährtes Repertoire an Meßmethoden und auf das Wissen zurück, das Wissenschaftler aller Fachrichtungen in den letzten Jahrhunderten über in der Natur ablaufende Vorgänge angehäuft haben. So sind Lichterscheinungen für sie kein außersinnliches Phänomen, sie argumentieren mit Entladungen elektrischer Felder und haben in der Erforschung von Plasmawirbeln bedeutende Fortschritte gemacht. Sie fanden in der Nähe von Kreisen geologische Besonderheiten[5] und referieren über die Fähigkeiten eines gepulsten Laserstrahles. Auch jene, die Kornkreise schlichtweg als Machwerk einiger Mitmenschen einstufen, können hier wiedergefunden werden.

Mit den vielen kleineren Veröffentlichungen in Newsletters oder Broschüren nicht so bekannter oder gerade deshalb gegründeter Verlage ist das Gesamtbild der widerstreitenden Meinungen noch vielfältiger und schillernder, als oben beschrieben.

Im Herbst und Winter 1991 sind Videodokumentationen unterschiedlicher Qualität und Preisklassen in Mode gekommen,[6] wie auch sonst mit den Berichten über das Phänomen kräftig Geld verdient wurde. Andererseits waren die Ausgaben der Untersucher vor Ort sehr hoch, betrachtet man die Reisekosten in die verschiedenen Landesteile oder Wartung und Betrieb des Fluggeräts. Busty Taylor rechnete uns einmal vor, wie sehr er auf Vorträge, Buch- und Bildereinnahmen angewiesen war, um wenigstens einen Teil der privaten Ausgaben für seine Flüge inklusive Kamera- und Fotomaterial wieder hereinzubekommen.

Daneben gab es natürlich auch Autoren, die das Kreisthema nur allzugern in ihre Bücher einbauten, um ihnen ein wenig aktuelle Würze zu verleihen. Na, und wem gefiel es nicht, seine Einschätzung der Dinge vor laufender Fernsehkamera eines Nachrichtensenders zu verkünden? War es nicht so, daß immer über etwas Außergewöhnliches berichtet wurde? Ist es daher nicht verständlich, daß so manch einer dachte, er müsse etwas Besonderes sein, weil er doch – scheinbar – so auffällig oft und intensiv mit dem Phänomen in Berührung kam?

Das Spektrum der Reaktionen auf solche Berichte reichte in den Extremen von überschäumender Glückseligkeit bis hin zu wütendem Haß. In der Mitte dazwischen gibt es viele Menschen, die mit Erstaunen und Interesse registrieren, daß sich vor ihren Augen etwas unerklärlich Reales entwickelt hat. Von diesen wiederum ist den meisten inzwischen klar geworden, daß die Formationen nicht nur zur Verschönerung der Landschaft da sind, sondern daß ein Phänomen unbekannter Herkunft hier ganz handfeste, dreidimensionale Botschaften an uns schickt, mitten hinein in unsere gute Stube. Klar ist auch, daß dieses Phänomen über Fähigkeiten verfügt, die auf diesem Planeten das Lebewesen Mensch nicht besitzt. Und das stört.

Wir entdecken, betrachten wir die Kreise und die hervorgerufenen Reaktionen zusammen, große Ähnlichkeiten zum länger bekannten Phänomen unidentifizierter Flugobjekte und der Art und Weise, wie in der Öffentlichkeit bisher damit umgegangen wurde. Es scheint so, als ob die gleichen gesellschaftlichen Abwehrmechanismen, die gegen das UFO-Phänomen eingesetzt wurden, auch hier aktiviert worden sind. Diese Mechanismen sind tief in unser tägliches Leben eingebaut und werden benutzt, ohne daß wir es meist bemerken.

Ein Beispiel unter sehr vielen ist die Art und Weise, wie Meinungen gemacht oder beeinflußt werden, woraus dann unsere sogenannten überkommenen Vorstellungen von Gut und Böse, von Erlaubtem und Verbotenem herrühren. Haben Sie schon einmal überlegt, seit wann, wie oft und von wem vor Ihnen warnend oder drohend ein Zeigefinger erhoben wurde?

Nehmen wir unseren Umgang mit den Nachrichtenmedien. Viele Menschen können es sich wochentags nicht leisten, morgens lange zu frühstücken und dabei die Zeitung zu lesen. Auch der Weg zur Arbeit gestattet selten ein konzentriertes Studium der neuesten Ereignisse oder gar von Hintergründen dazu. Während der Arbeitszeit müssen viele tatsächlich arbeiten und sind danach zu müde, weiter Zeitung zu lesen. Außerdem ist häufig nichts zu lesen übrig, denn viele der Marktführer in dieser Sparte legen mehr Wert auf Bilder, lockend große Überschriften und Bingo-Zahlen als auf längere Texte.

Die Sendezeiten der abendlichen, etwas ausführlicheren Nachrichtenmagazine kollidieren häufig mit den Freizeitinteressen, zur Nacht reicht es noch für drei müde Buchseiten oder einen Videofilm – Schluß für heute. Man hat schließlich genug andere Sorgen und kann sich nicht noch mit dem Unsinn von Kreisen in Kornfeldern beschäftigen! Die sind doch sowieso nicht echt, das hatte der Nachrichtensprecher vom ZDF vorhin gerade erst verkündet: »Das Rätsel der Kornkreise ist gelöst! Zwei britische Rentner, Doug und Dave, haben sie fabriziert.«

Na also, das war's dann. Wir können wieder zur Tagesordnung zurückkehren.

Die Auswirkungen dieser Desinformationskampagnen mit ihren unkritisch und unrecherchiert übernommenen Falschmeldungen sind jedoch unterschiedlich. Am einfachsten haben es Journalisten, die sämtliche Berichte über paranormale Phänomene unter der Rubrik »Sommerloch« verkaufen. Viele nehmen die Meldungen über vermeintliche Scherzkreise dankbar an und sind froh, daß die alten Grundwerte ihre Gültigkeit behalten. Sie müssen sich nicht weiter damit beschäftigen, daß es auf dieser Erde sowie in ihrer näheren und weiteren Umgebung eventuell anders zugeht, als man ihnen seit frühester Kindheit gepredigt hat.

Andere schwanken verunsichert zwischen den Informationen und Meinungen hin und her und schauen haltsuchend hinüber zur Wissenschaft. Doch seltsam, auch hier ist bislang kein Rettungsring in Sicht.

Wissenschaftler, die sich erst gar nicht mit dem Thema beschäftigen wollen, machen es sich natürlich am leichtesten. Viele erklären rundheraus, daß hier allein Menschen die Hände an den Halmen hatten. Einige sind schon mutiger und warten mit Erklärungen aus ihren Wissensgebieten auf, die jedoch häufig einen Fehler haben: Sie treffen auf echte Kornkreise nicht zu. Ein von Pilzen hervorgerufener Hexenring bleibt eben ein Hexenring und sieht ganz anders aus als ein Kornkreis.

Ein berühmtes Beispiel für die Schwierigkeit, das Phänomen wissenschaftlich zu erklären, ist Dr. Terence Meaden mit seiner Plasma-Vortex-Theorie. Als die Kreise noch rund waren, paßten sie in unser wissenschaftliches Weltbild. Nach Dr. Meaden entstanden die Kreise unter bestimmten meteorologischen Bedingungen, wenn spezielle Luftwirbel unterhalb von Abhängen in dort gelegene Felder hineinfuhren. Bisher waren in der Meteorologie Luftwirbel bekannt, die sich am Boden bildeten und sich dann nach oben fortsetzten beziehungsweise verstärkten. Hier nun schien der umgekehrte Mechanismus vorzuliegen, indem Wirbel, die sich oberhalb des Erdbodens gebildet hatten, durch mögliche Instabilitäten nach unten in die Kornfelder »fielen«. Besonders die vielen kleinen Kreise mit unregelmäßigem Muster, »grapeshots« genannt, etwa wie sie z.B. im Juli 1989 in einem Feld nördlich von Silbury Hill zu sehen waren, schienen Dr. Meadens These zu unterstützen.

Dann veränderten sich die Kreise und Dr. Meaden sah sich gezwungen, seine Theorie zu modifizieren. Doch die Kreise hatten ihre eigene Logik. Wurde erklärt, das Korn liege in den Ringen, passend zum Kreis, stets im Uhrzeigersinn, erschienen bald Ringe mit gegenläufigen Kornlagen. Die geometrische Anordnung von Kreisen, etwa wie bei den Fünflingen, würde nach der Meaden'schen Theorie durch mehrfaches Hin- und Herhüpfen von Wirbeln bewirkt. Und es wurde immer schwieriger. Die Kreise bekamen Binnenmuster, die Verwirbelungen des Korns unterschieden sich von Kreis zu Kreis.

Als dann Rechtecke und die Piktogramme auftauchten, glaubte keiner mehr so recht an die Plasma-Vortex-Theorie. Dr. Meaden selbst gab im Jahre 1992, wohl auch unter dem Eindruck des sehr schönen und komplexen Piktogramms von Barbury Castle, seine Theorie auf und wechselte in das Lager der Befürworter einer menschlichen Herstellungsweise der Kreise über.

Bis dahin mußte man Dr. Meaden auf alle Fälle zugute halten, daß er sich intensiv um eine wissenschaftliche Erklärung für das Phänomen bemüht und eine große Zahl wichtiger Daten gesammelt hat.

Später wurde durch George Wingfield bekannt, daß genau dieser in der Kornkreisszene bestens bekannte Meteorologe, wohl auf Grund gekränkter wissenschaftlicher Eitelkeit, dunkle Verbindungen zu bekannten Kornkreisfälschern unterhielt, die im Frühjahr 1992 eine Fälschungsserie für den bevorstehenden Sommer planten.[7] Ziel sollte es sein, prominente Kornkreisforscher derart hinters Licht zu führen, daß diese nach diesem Sommer bereuen sollten, sich jemals mit Kornkreisen beschäftigt zu haben. Wie der Verlauf des Sommers 1992 zeigte, sind sie auch aktiv gewesen, denn die Zahl der gefälschten Kreise stieg sprunghaft an.

Es gibt unter den Fälschern inzwischen Profis, wie der Kornkreis-Wettbewerb des Jahres 1992 zeigte. Unter der Schirmherrschaft von »The Cerealogist« und »The Guardian« arbeiteten zwölf Teams eine ganze Sommernacht lang an einem vorgegebenen Muster in einem extra angemieteten Feld bei West Wycombe, Buckinghamshire. Die Ergebnisse waren erstaunlich und hätten, für sich allein in einem Feld gelegen, von vielen Menschen nicht ohne weiteres als Fälschung erkannt werden können.

Doch weder das Abstempeln aller Kreise als Fälschung noch andere Erklärungen für eine natürliche Entstehungsweise haben bisher befriedigen oder das Phänomen insgesamt beschreiben können.

Allein schon die Art, wie die Kreise und Formationen da in den englischen Feldern liegen, und diese von ihnen ausgehende, eindeutige Sensation von Wichtigkeit, lassen einen immer wieder verwundert den Kopf schütteln. Was ist mit den Energiefeldern, die ihnen eigen sind? Wo kommt die benötigte hohe Energieeinwirkung her, die in und an den Pflanzenzellen zu den dramatischen Veränderungen geführt hat, wie der Biophysiker Levengood sie beschrieben hat? Welche Kraft – denn Thermik war es nicht – schüttelt über den Kreisen ein Flugzeug hin und her und verdreht den magnetischen Kompaß?

Alle diese im Zusammenhang mit Kreisen gefundenen Merkmale sind, unter Berücksichtigung aller möglichen Zufälle, örtlichen Besonderheiten und bekannten physikalischen, chemischen oder biologischen Einwirkungsmöglichkeiten, zur Zeit unerklärlich und können schon gar nicht durch zwei ältere Rentner hervorgerufen sein.

Wir befinden uns in einem Dilemma. Einerseits sind die Kreise da, andererseits sind wir so erzogen, daß wir für alle Vorgänge in unserer Umwelt eine vernünftige Erklärung erwarten sollten. Bisher war festgelegt, daß eine Hypothese experimentell bewiesen und das Experiment mit dem gleichen Ergebnis reproduzierbar sein muß, sonst hat sie in den Tempeln der Wissenschaft nichts zu suchen. Es kann nicht sein, was nach dem allgemeinen Konsens nicht sein darf, also gibt es auch keine außerirdische Intelligenz, die auf dem – vom Zentrum aus gezählt – dritten Planeten dieses Sonnensystems, im Orionarm unserer aus mehr als 200 Milliarden Sonnen bestehenden Galaxis, Piktogramme in die Getreidefelder zeichnet.

Wer das behauptet oder solche Zusammenhänge andeutet, wird vom wissenschaftlichen Establishment der Unseriosität bezichtigt, mit Verachtung gestraft und der Lächerlichkeit preisgegeben. Deshalb getrauen sich viele Wissenschaftler leider nicht, öffentlich zuzugeben, daß für sie sehr wohl eine handfeste, nicht-irdische Quelle für die Kornkreise in Betracht kommt – eine Möglichkeit, die von Jahr zu Jahr immer wahrscheinlicher geworden ist.

Kaum einer hat den leicht schizophrenen Zustand der Menschen besser beschrieben als Douglas Adams auf den ersten Seiten seiner wundervoll ironischen Space-Opera »Per Anhalter durch die Galaxis«. Da ist einerseits eine völlig mit sich selbst beschäftigte Menschheit mit all ihren kleinen täglichen Überlebenskämpfen und dem gemütlichen Stammlokal in der Nähe, während andererseits um sie herum im Weltall das Leben brodelt und hyperdimensionale Umgehungsstraßen durch das All gebaut werden.

Als schließlich die Erde gesprengt werden soll, weil sie einer dieser Straßen im Wege schwebt, verstehen die Menschen nicht, was überhaupt vor sich geht, und die galaktischen Bautrupps nicht, warum die Lebewesen auf diesem störenden Planeten jetzt zu jammern anfangen und so ein Gewese wegen der bevorstehenden Zerstörung machen. Sie hätten doch schließlich 50 ihrer Erdenjahre lang Zeit gehabt, sämtliche Unterlagen im für diesen Raumsektor zuständigen Planungsamt auf Alpha Centauri einzusehen. Dort sei aber niemand erschienen ...

4 Anfänge

Wir haben nicht gezählt, wie häufig wir nach langer Kornkreisdiskussion erstaunt auf die Uhren sahen und feststellen mußten, daß ein neuer Tag heraufgedämmert war. Immer wieder bemerkten wir in unseren Gesprächen, wie sich doch in der Vergangenheit scheinbar belanglose Ereignisse, Erfahrungen, Hinwendungen zu neuen Interessensphären oder Zusammentreffen mit bestimmten Menschen zu einer durchaus zielgerichteten Entwicklung zusammenfügten und uns dahin gebracht haben, wo wir heute sind: in die weiten Felder rund um Silbury Hill.

Wer kann jedoch nachher noch sagen, wie und wann ein wichtiger Abschnitt in einem Leben begann? Sind es allein Erfahrungen aus frühester Jugend, die unsere Interessen unterbewußt ein ganzes Leben lang in eine Richtung lenken? Sind es vielleicht sogar Erinnerungen, die aus früheren Leben zu uns herüberwehen? Warum haben Sie Angst vor dem Feuer, obwohl Sie nie in einem brennenden Haus waren? Warum fühlen Sie sich unwohl, wenn Sie über eine große Kanalbrücke gehen, obwohl Sie sich nie in Seenot befanden? Ist man tot, wenn man stirbt? Schläft man, wenn man träumt? Sind Dinge, die man nicht riecht, fühlt, schmeckt, sieht und hört, auch wirklich nicht vorhanden?

Auch wir Autoren können uns auf Ereignisse besinnen, die in weit zurückliegenden Jahren unseren Leben entscheidende Wendungen gaben.

Hans erinnert sich vage an ein Geschehen, das nach Angaben seiner Mutter im Alter von drei Jahren begann und bis zu seinem fünften Lebensjahr andauerte. Wie viele Kinder, besaß auch Hans ein Gitterbett mit heruntergeklappter Seitenwand. Immer wieder geschah es, daß er in seinem Bettchen stand, mit dem Finger in den Raum zeigte und dabei schrie: »Ding! Ding! Ding!« Er sah dabei ein großes, weißes Etwas mit nicht erkennbaren Umrissen durch das ganze Zimmer auf sich zukommen. Die herbeieilende Mutter, die nichts dergleichen sah, konnte ihn stets nur mit Mühe beruhigen. Phantasien eines Kindes? Begegnungen?

Die Technik wurde zum Leitfaden seines Lebens. In der Kindheit war, durch alle Altersklassen hindurch, das Automobil der Inbegriff des technischen Wunders. Doch wer hatte damals schon das Geld, alle Wünsche eines aufgeweckten Kindes nach funktionierendem Spielzeug zu erfüllen? So wurde mit allem herumgebastelt, was zu Hause oder beim Großvater an geeigneten Materialien zu finden war. Ganze Flotten von Holzschiffchen fuhren über Teichmeere, ausgediente Radios und Telefone waren in ihrem zweiten Leben beansprucht denn je – und bald zerlegt.

In späteren Jahren häuften sich Erfindungen technischer Geräte: Ellipsenzirkel für Schulzwecke, Kinderspielzeug für Seifenblasen, ein modifizierter Motor für den Weltraum, der mit einer ganz geringen Menge wiederverwendbaren Treibstoffs lief und vieles mehr.

Einmal fand er bei einem Freund in einer Schublade mehrere Linsen, Rohre und Fassungen, die dort in wildem Durcheinander schon einige Zeit schlummerten. Schnell waren die Schätze eingetauscht und dann zu Hause zusammengebaut. Der Lohn dieser Puzzlearbeit waren ein kleineres und ein größeres Fernrohr aus dem vorigen Jahrhundert, die noch heute zu den Heiligtümern in der privaten astronomischen Sammlung zählen. Mit der Zeit verlagerte sich das Interesse des dann Siebzehnjährigen immer mehr auf Themen, die mit dem Weltraum zu tun hatten. Das erste moderne Fernrohr wurde angeschafft, um in die Tiefen dieses faszinierend schönen Kosmos einzudringen und ihn zu erforschen.

Joachim fand vor Jahren einen alten Briefumschlag, in dem fünf kleine, im Stil der fünfziger Jahre am Rand gezackelte Fotos von einer Sonnenfinsternis steckten. Wehmütig erinnerte er sich, wie er als kleiner Junge in Moabit auf der Straße gestanden hatte, ein rußgeschwärztes Stückchen Glas vor den Augen, während neben ihm der Vater aufgeregt auf den Auslöser des Fotoapparates drückte, in der Hoffnung, daß die restlichen Sonnenstrahlen kein Loch in den Film brannten.

Als zehnjähriger Steppke bekam er von den Eltern den Jubiläumsatlas eines großen Verlages geschenkt, mit Landkarten darin, die halb so groß wie das ganze Kind waren. Der Atlas wurde zur liebsten Lektüre des Heranwachsenden, denn er war wie ein Fenster in eine große, fremde Welt. Diese Sehnsucht in die Ferne bestimmte die folgenden Jahre. Zu den Sternen gelangte er im Jahre 1980, als ihm von seiner Ehefrau Barbara ein Feldstecher auf den weihnachtlichen Gabentisch gelegt wurde.

Wieder könnte man Freund Zufall anschuldigen, daß sich unsere beiden Lebenswege im Jahre 1982 auf der Gründungsversammlung einer astronomischen Vereinigung trafen. Wir entdeckten schnell viele Gemeinsamkeiten in unseren Anschauungen und wurden nach fruchtbaren Jahren gemeinsamer astronomischer Betätigung Mitherausgeber des astronomischen Journals »Space«, das sich im Meer der Konkurrenten im deutschsprachigen Raum einen vorderen Platz erobern konnte. Wir erhielten Nachrichten von allen großen Raumfahrtagenturen und über die jeweiligen Pressedienste der großen Observatorien und Weltrauminstitute die faszinierendsten Fotos aus allen Winkeln des Weltraumes.

Es war die Zeit, als unsere Freunde Michael und Klaus ihre unbeschreibliche Space-Art schufen. Unvergeßlich wird bleiben, wie wir 1989 mit ihnen zusammen auf einer astronomischen Abenteuertour zum Pic-du-Midi in die wild zerklüfteten Pyrenäen fuhren. Eines Nachts lagen wir, in 2000 m Höhe oberhalb einer Paßkehre am Col-du-Tourmalet, eingehüllt in Decken auf dem Rücken, fühlten unter uns die Erde und ließen aus dem Walkman Magna Chartas »Lord of the Ages«, Pachelbels »Canon à 3 in D«, Vivaldis »Vier Jahreszeiten« und Pink Floyds »Dark Side of the Moon« in uns hineinschwingen. Wir waren sprachlos angesichts der atemberaubenden Schönheit der sich zwischen den Gipfeln ergießenden Sternenpracht. Man konnte die Filamente der Milchstraße durch die Finger der ausgestreckten Hand gleiten lassen, hatte Mühe, unsere große Schwester, die Andromeda-Galaxie, mit der Daumenkuppe abzudecken, während im Südwesten vor der grenzenlosen Sternenkulisse der rötliche Mars hell in Oppositionsstellung zur Sonne prangte.

Gedanken um Materie und Energie, Raum und Zeit, Leben und Sterben, Reinkarnation und Unsterblichkeit, Sinn und Sinnlosigkeit unseres Daseins, die Schädlichkeit dessen, der sich selbst Homo sapiens nennt, für diesen Planeten, die Gewißheit nicht-menschlicher Intelligenz und die Möglichkeit eines Kontaktes – geäußert an einem dieser besonderen Abende im Kreise der Besten. Es sind dies die Momente, in denen man glaubt, etwas von den Vibrationen da draußen verspürt zu haben.

Seit vielen Jahren betreiben wir nun Astronomie mit der für den Amateur typischen Begeisterung und Leidenschaft. Astronomie vereinigt in sich seit Urzeiten alle Wissenschaften in wunderbarer Weise und ist stetige Herausforderung an Geist und Gefühl. Das Wissen um die Gestirne und Planeten hilft uns, die hier selbst errichteten Grenzen leichter zu überwinden und unsere Existenz hier in einem größeren Zusammenhang zu sehen.

Am schönsten ist und bleibt es für uns, mit unbedecktem

Haupt und bloßem Auge das Weltall zu betrachten, weil man es so unmittbar und am intensivsten erfahren kann. Wir erinnern uns, wie wir im Jahre 1983 im Frühling eines Nachts hinter dem Haus im Garten damit beschäftigt waren, das Teleskop zu justieren. Nach einigen Blicken auf die »Krippe« (lateinisch: Praesepe, arabisch: Meleph, im Messier-Katalog die Nr. 44), einem offenen Sternhaufen im Sternbild Krebs, traten wir zur Seite, um uns am Himmel neu zu orientieren.

An diesem mondlosen Abend war trotz der Lichtverschmutzung der Großstadt Berlin ein leises Schimmern der Milchstraße wahrzunehmen – hier eine seltene Erscheinung. Dazu strahlten im Südwesten die hellsten Sterne der sich dem Horizont zuneigenden Wintersternbilder, während im Osten schon die ersten Frühlingssternbilder mit dem Löwen und dann der Jungfrau zu sehen waren. Ganz plötzlich fühlten wir uns von dieser Unendlichkeit wie umflutet, schwammen auf einmal mittendrin und waren durchdrungen von Wohlempfinden und Wärme. Und seltsam – es war, als hörten wir Musik, obwohl ringsherum alles still und friedlich schlief. Es war keine reguläre akustische Wahrnehmung, keine faßbare Melodie, kein Gesang, einfach nur das körperliche Gefühl von Schwingungen, gleichsam wie eine kosmische Berührung.

Wenn man dann so ganz allein dasteht, den weichen Boden unter den Füßen spürt, den Kopf hebt und diese funkelnde Pracht dort oben wahrnimmt, befällt einen eine unbeschreibliche Sehnsucht, man möchte sich erheben und in dieses Sternenmeer eintauchen, auf der Suche nach neuen Freundschaften.

Je intensiver man sich mit den Sternen beschäftigt, je mehr Wissen man über jene einstmals so unbekannten und fernen Welten anhäuft, desto unausweichlicher steuert man auf *die eine Frage* zu: Ist da draußen jemand?

Wer Astronomie ernsthaft und frei von allen Ideologien betreibt, muß sich früher oder später mit dem Problem befassen, wie er zur Möglichkeit der Existenz von Leben, zumal noch intelligentem, auf anderen Planeten steht. Bedenken wir dabei, daß ja noch nicht einmal klar ist, ob das Leben direkt hier entstanden ist oder z. B. durch den Einschlag von Meteoriten, kleineren und größeren Asteroiden oder Kometenkernen auf die Erde gebracht wurde.[8]

Wie diese Frage auch immer beantwortet werden mag, dieser spezielle Prozeß der Lebensentstehung oder Aussaat von Leben hat sich dann auch auf den anderen Planeten abgespielt, die in dem sicheren Abstand um ihre Muttersonne kreisen, der »Ökosphäre« oder »Lebenszone« genannt wird.

Viele dieser Planeten existieren im Weltall, kreisen seit Äonen um ihre Licht und Wärme spendenden Sonnen, waren Lebensraum, Heimat, vielleicht auch Zuflucht, Orte der Geburt und Freude, Stätten des Todes und der Trauer.

Planetenentstehung scheint ein »gewöhnlicherer« Vorgang im Kosmos zu sein, als wir es bisher gewußt haben. Erinnern Sie sich noch daran, wie Sie zuletzt den Sternhimmel betrachtet haben und sich wunderten, wie viele dieser Lichtpunkte in Ihr Auge hineinschimmerten? War es nicht ein ungläubiges Staunen, als Sie beim Blick durch den Feldstecher plötzlich zwei Sterne ausmachten, wo vorher nur einer blinkte? Bekamen Sie nicht auch diese wehmütige Ahnung, wie begrenzt unsere Sinne sind und wie plötzlich alles größer gesehen, weiter verlagert und tiefer empfunden wird, wenn wir uns eines entsprechenden Verstärkers bedienen? Ist es nicht immer wieder eine überwältigende Erfahrung, mit einem Feldstecher dorthin zu schauen, wo das Auge nur Dunkelheit wahrnahm, und plötzlich lauter Lichtpunkte zu sehen, die sich ohne Ende durch das Gesichtsfeld ergießen?

Die großen Teleskope dieser Erde können uns z. B. hervorragende Detaileindrücke von der großen Schwester unserer Milchstraße, nämlich der Andromeda-Galaxie, vermitteln. Sie ist ca. 2,2 Millionen Lichtjahre von uns entfernt und gegen unsere Blickrichtung leicht geneigt, so daß wir schräg auf ihre Spiralarme schauen. Das Licht vom hinteren Rand der Galaxie braucht ungefähr 100 000 Jahre länger, um auf unsere Netzhaut zu fallen, als jenes, das vom vorderen Galaxienrand abgestrahlt wird.[9]

Und wieder schauen wir auf Milliarden von Sternen, die dort zusammengeballt werden und irgendwann wieder vergehen. Auch dort sind Sonnen aller Spektraltypen zu finden, wie sie die Astrophysiker zur Klassifizierung benutzen, also auch ruhig und beständig im G-Spektralbereich leuchtende wie die im Zentrum unseres Sonnensystems. Wie viele G-Sonnen mag es dann wohl geben, wenn man weiß, daß Milliarden Galaxien durchs All fliegen? Um wie vieles größer noch mag die Zahl der Planeten sein, selbst wenn wir annehmen, daß aus den verschiedensten Gründen sich nicht um alle Sonnen Planetensysteme bilden konnten?

Astronomen des Space Telescope Science Institute (STScI) haben im Jahre 1987 an den Teleskopen der ESO (European Southern Observatory) den bisher stärksten Beweis für ein vorplanetares oder fertiges Planetensystem um einen zur Erde relativ nahen Stern gefunden.[10] Mit speziellen Beobachtungs- und Bildanalysemethoden konnten die Astronomen Paresce und Burrows die ersten Fotos im Bereich des sichtbaren Lichtes anfertigen, die eine ausgedehnte Materiescheibe um den Stern Beta Pictoris herum im südlichen Sternbild Pictor (dt.: Maler) zeigen.

Beta Pictoris ist ein relativ junger Stern mit dem Spektraltyp A5, der auf eine bisherige Lebenszeit von ca. 1 Milliarde Jahre geschätzt wird. Ungefähr 50 Lichtjahre weit von der Erde entfernt, gehört er zu den Hauptreihensternen wie unsere Sonne auch, ist aber wesentlich heißer. Der Durchmesser der jetzt fotografierten Scheibe beträgt ca. 80 Milliarden Kilometer, was etwa dem siebenfachen Durchmesser unseres Planetensystems entspricht.

Schon 1983 hatte der Satellit IRAS eine sehr hohe Infrarotstrahlung bei Beta Pictoris entdeckt, wie sie für zirkumstellare Materie typisch ist. Die Beobachtungen deuten stark darauf hin, daß die Scheibe aus relativ großen Partikelchen besteht. Wäre es nur der »übliche« interstellare Staub, würden nur die blauen Wellenlängen des Sternenlichtes gestreut werden. Hier jedoch stimmte das von der Scheibe reflektierte Licht in seinem Spektrum mit dem des Sternes überein. Die in der Scheibe herumfliegenden Partikel sind zehnmal größer als »normale« interstellare Materie.

Wir schauen hier auf die Phase im Prozeß der Entstehung eines Planetensystems, bei der sich der feine interstellare Staub zu größeren Klumpen zusammenballt. Wenn dieser Prozeß weiterläuft, ist es möglich, daß sich um Beta Pictoris Planeten bilden oder bereits gebildet haben, so wie es in unserem Planetensystem vor ca. 4,6 Milliarden Jahren geschehen ist.

Um diese vielleicht schon vorhandenen Planeten aufzuspüren, ist es nötig, Daten über den inneren, sternnahen Bereich der Staubscheibe zu gewinnen. In unseren irdischen Teleskopen überstrahlt Beta Pictoris jedoch genau diese so interessante Region und verwehrt den neugierigen Menschen den Einblick. Nachdem sich seit Anfang der achtziger Jahre bereits viele Forscherteams insgesamt bis auf 50 AE (Astronomische Einheiten, 1 AE = Entfernung Sonne–Erde = 149,6 Millionen Kilometer) nach innen vorgearbeitet hatten, gelang es nun mit Hilfe der CCD-Technik, die Scheibe bis auf 30 AE herunter, das heißt in Richtung auf den Zentralstern, zu beobachten.

Danach werden die feinen Partikel aus Silikaten, Kohlenstoff und Wassereis nach innen immer staubhaltiger und größer. Ab 75 AE nach innen ist Planetenbildung möglich, die schon begonnen haben kann, wie eine leichte Asymmetrie der gesamten Materiescheibe vermuten läßt. Unterhalb 30 AE nach innen scheint die Scheibe weitgehend staubfrei zu sein, weil sich vielleicht alle Partikel zu Planeten zusammengeklumpt haben oder gerade auf dem Wege dazu sind. Außerdem wird der Strahlungsdruck des Sterns sich hier zunehmend klärend bemerkbar machen.

IRAS hat einige solcher Anstiege im infraroten Bereich der elektromagnetischen Strahlung um näherliegende Sterne gemeldet. Hier warten weitere Kandidaten für Planetensysteme auf ihre Analyse. Nach der Korrektur des optischen Fehlers des Hubble-Weltraumteleskops ist man nun in der Lage, Planetensysteme um Sterne in der Nachbarschaft zu entdecken.

Ist da draußen jemand?

Für die Menschheit war und ist dies eine der grundlegendsten Fragen überhaupt. Wir wissen aus der älteren und jüngeren Geschichte, daß viele Menschen ein schreckliches Schicksal erlitten haben, die das durch weltliche oder geistliche Macht von oben verordnete Weltbild so nicht akzeptieren und durch eigene Meinungen und Forschungen Licht in das Dunkel bringen wollten. Doch die kirchliche Inquisition des Mittelalters ist lange abgeschafft, die totalitären Ideologien dieses Jahrhunderts sind an sich selbst zerbrochen. Deshalb ist die Suche nach unseren kosmischen Geschwistern eine Chance für uns, alte Werte neu zu überdenken und sie, wenn nötig, zu ersetzen.

Lassen Sie uns am besten gleich damit beginnen und das alte Gesetz »Es kann nicht sein, was nicht sein darf« in den Mülleimer der Geschichte werfen. Dafür soll von nun an gelten: »Es ist überall mehr, als hier sein darf!«

Im archäologischen Museum von Heraklion auf der Insel

Kreta liegen in einer Vitrine, für jeden sichtbar, mehrere kleine, rundliche, bikonvex geschliffene Glaskörper aus alter minoischer Zeit. Jeder, der sich von oben über die Vitrine beugt, um die hier ausgestellten Gegenstände zu betrachten, schaut durch diese Glaskörper hindurch und bemerkt das stark vergrößerte Gewebemuster des darunterliegenden Vitrinenstoffes. In der offiziellen Erklärung zu diesen Gegenständen heißt es lapidar: »Knöpfe«. Lassen Sie uns in Zukunft solche »Knöpfe« wieder Linsen nennen.

Auch die nicht von Menschen gemachten, echten Kornkreise in den Feldern Südenglands passen nicht in unsere alten Erklärungsmuster. Was wurde da nicht schon alles angeboten! Liebestolles Wild, das sich im Korn vergnügt? Geometrischer Pilzbefall auf 120 m Ausdehnung? Einflüsse unterirdischer Wassertanks? Leylinien? Vom Farmer präpariertes Getreide, das sich am 16. Juli pünktlich um drei Uhr morgens auf die Seite legt? Freiflugkünste artistisch begabter Ballonfahrer? Landeabdrücke seltsam geformter UFOs?

Keine der angebotenen Erklärungen konnte uns so recht befriedigen, obwohl wir die Kornkreise bis dahin ja auch nur aus Büchern kannten. Nach den anfänglichen »Mea-den'schen« Kreisformen der frühen siebziger und achtziger Jahre zeigten die nachfolgenden Muster zunehmend Zeichen bewußter Erschaffung der einzelnen Komponenten durch auffällige Geometrie, An- und Zuordnung, Symmetrie und Detailreichtum. Deutlich war eine Entwicklung von »einfachen« Formen oder Zeichen hin zu komplizierten Piktogrammen zu erkennen. Wollte man uns erst mit einer Reihe von Grundbausteinen vertraut machen, um dann später damit die komplizierteren Muster zu konstruieren?

Wir zeichneten also die Kreise und Piktogramme in *chronologischer* Reihenfolge nacheinander auf, soweit uns dafür

Bildmaterial zur Verfügung stand. Am Ende lag da vor uns etwas, das uns unheimlich an eine Art Bilderschrift erinnerte, die – faszinierend genug – vom ersten Kreis bis zum letzten Piktogramm auf eine noch unbekannte Art und Weise zusammenzuhängen schienen – Cerealoglyphen. Wir sollten lesen lernen.

5 Chemische Formeln?

Was wollte man uns mitteilen? Es schien anfangs unmöglich, aus den Kreisen eine spezielle Botschaft herauszulesen. Aber war es nicht vielleicht auch der Sinn des Ganzen – ein *allgemeines und gemeinsames* Prinzip darzustellen?

Während unserer Zeit als Redakteure des astronomischen Journals »Space« hatten wir viel über die epochemachenden Voyager-Raumsonden zu berichten, die am 20. August (Voyager II) und am 1. September 1977 (Voyager I) mit einer Titan-II-E-Centaur-Rakete zu ihrer großen Tour auf den Weg gebracht worden waren und der Menschheit später sensationelle Entdeckungen über die Planeten Jupiter, Saturn, Uranus und Neptun samt ihren exotischen Monden bescherten.

Bei den in den Jahren 1971 und 1972 zur Erforschung von Jupiter und Saturn gestarteten Sonden Pioneer 10 und 11 wurden außen je eine 15 x 23 cm große Aluminiumplatte angebracht, auf denen Informationen über uns, ihren Absender, eingeätzt waren. Die Väter der Voyager-Sonden hatten sich für den Fall, daß ihnen auf ihrem einsamen Flug in eine ferne Zukunft irgendwann einmal intelligente Wesen begegnen sollten, eine Besonderheit ausgedacht. Sie befestigten diesmal eine Bild-Ton-Platte, auf deren Hülle nebst Gebrauchsanweisung in Bildsymbolen wichtige Informationen über die Lage unseres Sonnensystems eingraviert waren und von der Geräusche, menschliche und tierische Sprachen, Musik sowie Bilder der Erde abgespielt

werden konnten. Carl Sagan beschreibt in seinem Buch
»Signale der Erde«[11] anschaulich die Arbeit des Teams bis
zum Start der Sonden.

Um den kosmischen Empfängern zu erklären, wie sie die
Platte verwenden sollen, wurden der Binärcode und Einheiten gleich der Periode der 21-cm-Strahlung verwendet, die
für das neutrale Wasserstoffatom kennzeichnend ist. Wasserstoff ist überall im Weltraum vorhanden, so daß anzunehmen ist, daß technisch fortgeschrittene Zivilisationen diese
Emissionen kennen müßten. Das Wasserstoffatom ist in
zwei verschiedenen Energiezuständen rechts unten auf der
Platte abgebildet. Der Atomkern – das Proton – liegt im
Zentrum eines Kreises, auf dem sich das Elektron herumbewegt. Jeder Energiezustand wird durch einen Kreis symbolisiert, die durch eine Linie verbunden werden.

An der Linie findet sich die Binärzahl I (= 1). Damit wird
bedeutet, daß das Zeitintervall des Übergangs von einem
zum anderen Energiezustand hier als fundamentale Zeitein-
heit dient und für die Dekodierung der Abbildungen auf der
Frontseite der Platte und der Bilder auf der Platte selbst benutzt werden soll.

Hatte diese Darstellung nicht eine unheimliche Ähnlichkeit
mit den Kornkreisen? Lag hier etwa der Schlüssel zu dem

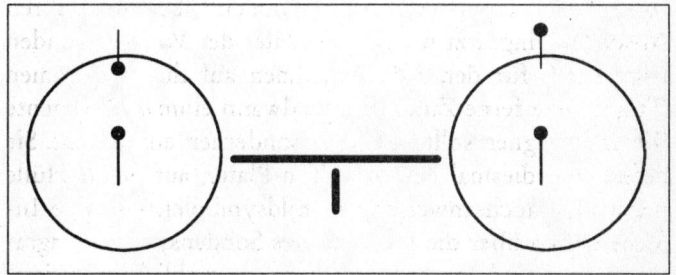

Abb. 1: Das Wasserstoffatom auf der Voyager-Bildplatte

ganzen Phänomen? Hatte man uns als erste Botschaft chemische Formeln übermittelt?

Irgendwo ganz oben links standen im Regal noch die Chemiebücher der Schul- und Studienzeit, fast vergessen und, allen Wedeln zum Trotz, immer wieder neu mit Staub bedeckt. Aufgeregt zogen wir sie hervor und entdeckten bald die Symbole, die uns an die Kornkreise erinnerten. Es waren die bildlichen Darstellungen nach der Theorie, die der dänische Physiker Niels Bohr 1913 veröffentlicht hatte. Bohr ordnete die um den Kern kreisenden Elektronen in sog. »Schalen« mit unterschiedlichen Abständen an. Diese Zeichnungen der Atommodelle bestanden typischerweise aus dem Atomkern im Zentrum und einem oder mehreren Ringen oder konzentrischen Hohlkugeln drumherum. Auf diesen Ringen oder Sphären befanden sich (in der Zeichnung!) die Elektronen meist in symmetrischer Formation abgebildet. Bohr gab sieben Schalen an, die er von innen nach außen mit den Buchstaben K bis Q bezeichnete.

Bis 1989 waren die Kreise einzeln, in Zweier,- Dreier- und Fünfergruppen entstanden und wiesen dabei, in Anzahl und Frequenz unterschiedlich, Ringe als Zusätze auf. Sollten

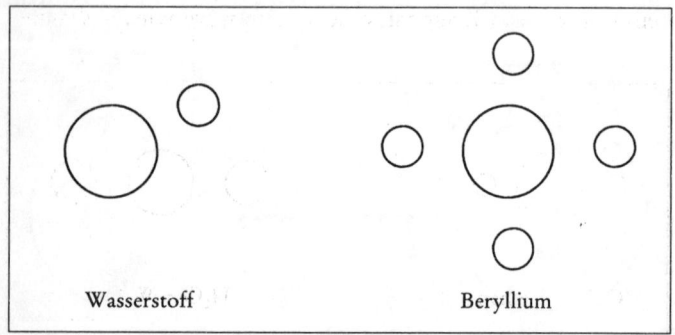

Wasserstoff   Beryllium

Abb. 2: Durch die Kornkreise lassen sich Moleküle abbilden

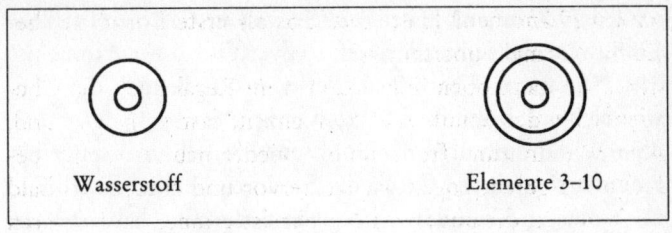

<table>
<tr><td>Wasserstoff</td><td>Elemente 3–10</td></tr>
</table>

Abb. 3: Weitere Möglichkeiten der Darstellung von Molekülen

die kleinen Trabantenkreise die Umlaufbahnen oder wahrscheinlichen Aufenthaltsbereiche von Elektronen darstellen?

Dann wäre das Paar bei Bratton Castle von 1987 (in der Nähe des White Horse bei Westbury) das Abbild des Wasserstoffs und ein Fünfling (großer Zentralkreis mit vier kleineren Trabanten), wie z. B. auf der Matterly Farm, Gander Down, 1985, würde Beryllium, ein Erdalkalimetall, darstellen. Helium wäre dann ein großer Kreis in Begleitung von zwei kleineren, wie sie zum Beispiel 1987 in der Nähe von Beckhampton gefunden wurden.

Die Ringe um die Kreise würden die Schalen symbolisieren, wie in einem Feld bei Winterbourne Stoke 1987 dargestellt sein könnte: Ein Kreis mit einem Ring wäre wieder Wasser-

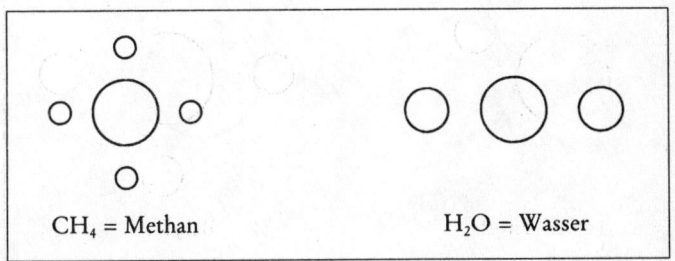

CH_4 = Methan H_2O = Wasser

Abb. 4: Auch komplexere Moleküle sind darstellbar

stoff, ein Kreis mit zwei Ringen, wie in Cheesefoot Head 1988, wäre zunächst allgemein stellvertretend für Atome mit den Nummern 3 bis 10 im Periodensystem der Elemente, weil sie nach Bohr zwei Schalen besitzen.

Könnte nun, um über das Bohr'sche Modell hinauszugehen, die unterschiedliche Größe der Satelliten bei den Fünflingen noch eine andere oder zusätzliche Bedeutung haben? Wäre es nicht logisch, wenn das Atomkern-Elektron-Prinzip erst einmal verstanden ist, zur nächsthöheren Ebene überzugehen, den Molekülen? Dann wäre eine Fünfergruppe, wie etwa die von Upton Scudamore 1987, eine Abbildung von CH_4 = Methan, eine wichtige Kohlenwasserstoffverbindung. Die Dreiergruppe vor Corhampton 1988 würde danach H_2O = Wasser darstellen, was durch die Wellenstruktur innerhalb der Kreise in wunderbarer Weise noch bekräftigt wird.

Bei Silbury Hill erschienen 1988 zwei Fünfergruppen, bei denen sich die Satellitensphären überschnitten. Dies wäre ein sehr schöner Hinweis auf molekulare Bindungskräfte, in diesem Fall der Aufbau zu höheren Kohlenwasserstoffen.

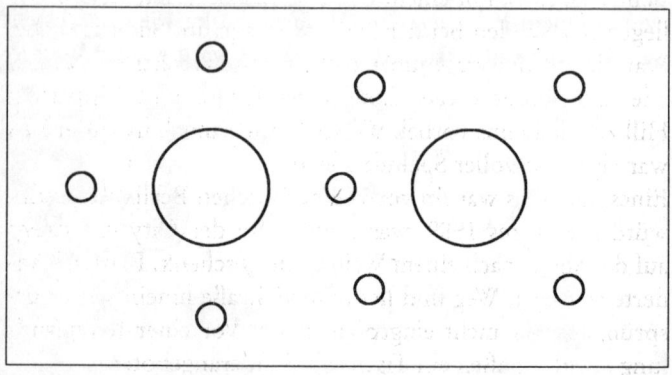

Abb. 5: Silbury Hill 1988

Damit hätte man uns in der ersten Phase der Kommunikation Atome und Moleküle gezeigt, von denen wir wissen, daß sie überall im Kosmos vorhanden sind – also auch in der Welt der Kreisemacher, deren Lebensform dann auch auf Kohlenstoff aufgebaut wäre. Sollte alles tatsächlich so einfach gewesen sein?

Auf der Suche nach neuen Veröffentlichungen über die Kornkreise stöberten wir immer wieder durch die Buchhandlungen. Wir fühlten uns wie Durstige in der Wüste, nirgendwo schien eine labende Quelle in Sicht. Auch in den Medien fanden sich weit und breit weder Nachrichten noch Fotos über neue Formationen. Neu erschienene, themenverwandte Bücher oder Artikel aus Zeitschriften wurden wie wertvolle Trophäen begutachtet und ausgetauscht. Wir trafen sehr oft zu abendlichen Besprechungen zusammen und diskutierten immer wieder über die Kreise und ihre möglichen Bedeutungen. Wir wußten auch, daß wir nach England fahren wollten, ja fahren mußten, aber es gab zunächst kein genaues Ziel.

Im Buch von Pat Delgado und Colin Andrews ist die Gegend, in der die häufigsten Kornkreise bis zu dieser Zeit gesichtet wurden, mit einem Dreieck markiert. Die Eckpunkte liegen im Norden bei der Stadt Wantage, im Südwesten bei Warminster und gegenüber östlich von Winchester. Namen wie Cheesefoot Head, Longwood Estate und Pepperbox Hill zogen an uns vorbei. Wo sollten wir uns hinwenden? Es war eine Zeit voller Spekulationen.

Eines Tages, es war im vorweihnachtlichen Berlin des denkwürdigen Jahres 1989, war Joachim in der City unterwegs auf der Suche nach einem Weihnachtsgeschenk. Plötzlich änderte er seinen Weg und lief in eine Straße hinein, die er ursprünglich gar nicht eingeplant hatte. Vor einer Buchhandlung stand draußen ein Tisch mit Sonderangeboten. Er trat heran und entdeckte ein Buch, auf dessen Umschlag die Linien in der Hochebene von Nasca, Peru, abgebildet waren. Die Fotos im Buch stammten von der bekannten amerikanischen Fotografin Marylin Bridges und zeigten Luftaufnahmen alter, heiliger Landschaften.[12] Dabei hatte sie für ihre Schwarzweißbilder die morgendlichen oder abendlichen Beleuchtungsverhältnisse gekonnt ausgenutzt und so eine geheimnisvolle Atmosphäre in ihren Bildern erzeugt. Eigentlich reizte ihn dieses Buch nur wegen der dort großformatig wiedergegebenen Linien und Piktogramme aus Nasca, Peru, die seit vielen Jahrzehnten von Fr. Dr. h.c. Maria Reiche so aufopferungsvoll gepflegt und erforscht wurden.

Das vierte und letzte Kapitel dieses Buches jedoch enthielt Fotos, die in Großbritannien aufgenommen wurden, womit wir überhaupt nicht gerechnet hatten, als wir das Buch Wochen später zufällig zusammen durchblätterten. Da erblickten wir Bilder vom Riesen von Cerne Abbas, vom Hambleton Hill Fort und Maiden Castle in Dorset, von alten Stätten in Cornwall, Oxfordshire und Wiltshire, alles Landschaften, die bisher völlig fremd für uns gewesen waren. Auf dem letzten Foto in dem Buch sahen wir das uns bis dahin unbekannte Avebury unter uns liegen, diese alte kreisrunde Megalithen- und Wallanlage, die von zwei neuzeitlichen, sich kreuzenden Straßen geviertelt wurde und in die man Steinhäuser und eine christliche Kirche hineingebaut hatte.

Dahinter erhob sich aus einer Senke ein dunkler, geheimnisvoll ruhender Kegel, eine große, uralte, grasbedeckte Stufenpyramide, deren Funktion bisher im Dunkel der Zeit verborgen blieb – Silbury Hill.

Als wir dieses Bild so betrachteten, schlug uns unvermittelt ein mächtiges Gefühl von Wichtigkeit entgegen, und unsere Blicke wanderten wie angezogen immer wieder hinüber zum Silbury Hill. Es war, als ob von dort, aus dem Foto heraus, eine nicht näher zu definierende Kraft auf uns einzuwirken schien. Und plötzlich befiel uns ein unbändiges Verlangen, da oben zu liegen und den Blick zwischen den Sternen zu verlieren. Dort mußten wir hin – dort und nirgendwo anders – dies war »unser Platz«.

Von Avebury und Silbury Hill hatten wir bis dahin, es war schon Frühjahr 1990, recht wenig gehört. Sicher fanden beide Plätze Erwähnung in dem einen oder anderen Buch über megalithische Bauwerke,[13] das wir seit längerer Zeit besaßen, aber es waren für uns eben nur Namen weit entfernter Orte ohne realistischen Bezug zu unserem aktuellen Lebenskreis. Auch als die Namen in den Kornkreisbüchern immer häufiger genannt wurden, waren es für uns eben nur die Bezeichnungen von Stellen, an denen eine Formation entstanden war, nicht mehr und nicht weniger.

Dies änderte sich schlagartig, als wir die beiden Fotos in Mrs. Bridges Buch erblickten. Wir fühlten uns wie angeknipst. Unser Blick wanderte immer wieder vom Hill an den Zäunen zwischen den Feldern und Wiesen entlang zurück zum Ring von Avebury, dann auf der Straße weiter bis ins Zentrum, wo sich vier Wege kreuzten, um die sich einige Häuser gruppierten. Was würde uns dort wohl erwarten?

Ach was, wir würden unser Auto einfach irgendwo abstellen und in den nächsten Pub gehen, den es dort sicher gab. Irgend jemand würde uns schon sagen, wo wir übernachten können, vielleicht sogar in einem dieser alten englischen Landhäuser irgendwo außerhalb des Städtchens mit Blick über die Landschaft.

Wir wußten damals noch nicht, wie seltsam nahe wir dem tatsächlichen Ablauf unserer späteren, ersten Reise nach Avebury mit »unseren Gedanken« gekommen waren ...

Aber so sehr wir auch hin- und herüberlegten, am Ende blieb nur die grausame Erkenntnis, daß es in diesem Sommer keine Chance gab, nach England zu fahren. Die Urlaubszeiten waren bereits festgelegt und eine neue Bleibe war zu suchen, da die bisherige Wohnung wegen »Eigenbedarfs« des Vermieters gekündigt war. Im Berlin des Jahres 1990 herrschte Wohnungsnot, die Mieten waren in wahnsinnige, unbezahlbare Höhen geschnellt. So vergingen Zeit und Geld mit Wohnungssuche, Renovierung und Umzug, und als wir wieder aufschauten, war der Sommer vorbei. Nirgendwo war etwas über Kreise zu hören oder zu lesen gewesen. Wann würden uns Neuigkeiten aus englischen Feldern erreichen?

Im August 1990 erschien dann endlich ein heißersehnter Ergänzungsband mit den neuesten Bildern aus England. Was wir dort sahen und lasen, verschlug uns den Atem. Es waren zwar noch Kreise und Satelliten entstanden, zusätzlich aber waren regelrechte Piktogramme aufgetaucht, die in stetiger Entwicklung immer komplizierter wurden und in den Formationen von Alton Barnes, Allington Down und Hazeley Farm Fields gipfelten.

Je länger wir die Bilder betrachteten, desto stärker wurden unsere Zweifel an der chemischen Theorie.

Sicher, der dreifach beringte Kreis von Longwood Estate, Hampshire, könnte in Fortsetzung von Cheesefoot Head die dritte Schale als nächste Stufe einführen, aber was bedeuteten die Bögen über den Kreisen? Wieso wurde von zwei untereinander verbundenen Kreisen einer ohne jegliche Zusätze dargestellt, während der andere geradezu überladen war? Sollte hier etwa ein ganzes Molekül dargestellt werden und wenn ja, welches? Waren es Ionen? Oder Isotope? Sollte sich das Phänomen ausgerechnet das alte Modell von Niels Bohr ausgesucht haben, um mit der Menschheit zu kommunizieren? Die Großpiktogramme von Alton Barnes, Allington Down und Hazeley Farm Fields gaben die Antwort.

Das komplexe Design der Formationen mit all den Anhängseln und Ausläufern hatte mit einem Schalenmodell nichts mehr gemein. Doch wo sollte man ansetzen, um sie zu entziffern?

Hier kamen wir an einen Punkt, der uns entscheidend für das gesamte Phänomen zu sein schien. Bisher waren die Kreise in aller Öffentlichkeit und für jeden sichtbar erschienen. Sicher, es gab in der Vergangenheit auch öffentliche UFO-Sichtungen, wo viele hundert Menschen gleichzeitig dasselbe Objekt gesehen hatten.[14] Dort war es jedoch immer ein flüchtiges, nicht reproduzierbares Phänomen. Hier tauchten Kreise in den Feldern auf und blieben bis zur Ernte und teilweise darüber hinaus, wie beabsichtigt, Tag und Nacht mit all unseren Sinnen erfahrbar.

Was besonders beeindruckend erscheint: Sie sind ohne Unterschied für alle Erdenbewohner geschaffen, jeder kann und soll sich darüber seine Gedanken machen. Dazu braucht man dann auch kein Spezialwissen, denn die uns vermittelte Form ist in unserem täglichen Leben allgegenwärtig. Der Kreis soll offensichtlich ein allgemeines Prinzip verdeutlichen, etwas, das alle kennen und das darüber hinaus eine herausragende Bedeutung im rationalen wie im metaphysischen Bereich unseres Lebens hat.

In all den vergangenen Jahrtausenden und auch heute noch war in den Kontakten der »Götter« mit der Menschheit stets eine Gruppe »Auserwählter« dazwischengeschaltet, die Kraft besserer Ausbildung das Privileg in Anspruch nahmen, die übermittelten Botschaften zu verstehen und dann auszuwählen, was davon dem ungebildeten Rest der Bevölkerung mitgeteilt werden konnte. Es ist hinlänglich bekannt, daß damit in den unterschiedlichsten religiösen und staatlichen Organisationsformen zu allen Zeiten unermeßlicher Mißbrauch getrieben wurde.

Sollte es nun wieder so sein? Sollte die Botschaft der Kornkreise tatsächlich nur einem kleinen Kreis phantasievoller

Chemiker verständlich und damit entschlüsselbar werden? Oder *war es diesmal anders*?

Lag vielleicht den Formationen ein *einfacheres und allgemeinverständlicheres Prinzip* zugrunde, das dem hochbezahlten Ingenieur am Jet Propulsion Laboratory in Pasadena genauso zugänglich war wie dem kretischen Schäfer aus Pitsidia?

Die Kreisform ist allgegenwärtig und begleitet uns durch unser tägliches Leben, vom ersten Blick morgens auf das runde Zifferblatt eines unerbittlichen Weckers bis zum hell leuchtenden Rund des nächtlichen Vollmondes. Sie ist angewandtes technisches Prinzip und in der runden Sonnenscheibe Verkörperung lebensstiftender Energie, ja sogar unser Lebensrhythmus wird bestimmt von der täglichen Drehung der Erde auf ihrem 29,8 km/sek. schnellen Flug um die Sonne.

6 Der Weg zu den Sternen

Es war inzwischen Herbst geworden. Wir wurden von einer eigenartigen Anspannung erfaßt und befanden uns in einer Stimmung wie unmittelbar vor der Abfahrt eines Zuges am Anfang eines aufregenden Reiseabenteuers mit noch unbekanntem Ziel. Da elektrisierte uns die Ankündigung eines Fernsehberichtes des Senders N3 über die Kornkreise. Zum erstenmal sollten wir endlich die Formationen in bewegten Bildern erleben.

Als dann der Abend heran war, saßen wir um den Fernseher versammelt, warteten aufgeregt auf den Beginn der Sendung und fühlten uns dabei an die Abende und Nächte der amerikanischen Mondlandungen erinnert. Atemlos sahen wir die Piktogramme, von kosmischer Musik begleitet, auf dem Bildschirm vorbeiziehen. Zum Schluß des Beitrages fuhr die Kamera auf dem Mähdrescher mit, der gerade ein Feld mit einem kleinen Kreis darin kahl schor. Der Anblick war regelrecht schmerzhaft, so als ob die Maschine geradewegs durch unser Herz fuhr.

Ohne daß wir es im Moment so recht bemerkten, stellte dieser Film die Weichen für einen Weg, der uns bald direkt in die Kornfelder von Wiltshire führen würde, wo sich all die aufregenden Dinge ereignen sollten, von denen wir jetzt noch nicht einmal zu träumen wagten.

Die Wochen vergingen. Die Dinge des täglichen Lebens forderten ihr Recht. Der schönste Teil des Herbstes war vorbei, der naßkalte November stand ins Haus, und an wogende sommerliche Kornfelder erinnerte uns nur noch das N3-Videoband.

Eines Abends, als wir es, wie so viele andere immer noch auf der Suche nach einer einleuchtenden Erklärung für die Kornkreismuster, zum x-ten Male abspielten, drückten wir plötzlich verdutzt auf die Stopptaste. Gerade war die bestimmte Szene vorübergezogen, in der die Kamera an Bord eines Flugzeuges über ein Feld mit einzeln und unregelmäßig verstreut liegenden Kreisen unterschiedlicher Größe flog (den sog. »grape-shots«).

Mit großen Augen schauten wir uns an. Das kannten wir! Das hatten wir schon mal gesehen! Woran erinnerte uns bloß dieser Anblick? Aufgeregt zeichneten wir, weil wir nichts besseres zur Hand hatten, mit Butterbrotpapier vom Standbild des Recorders die Kreise dort im Kornfeld als dunkle Punkte unterschiedlicher Dicke ab und kopierten sie anschließend auf ein weißes Blatt Papier.

Einen Moment lang starrten wir sprachlos und verblüfft auf den Fernsehschirm, dann auf die Skizze. Was da vor uns lag, sah genauso aus, wie – wie eine Seite aus einer der uns seit Jahren bekannten – Sternkarten! *Sterne!* Die Kreisemacher zeigten uns *Sterne!*

Es war phantastisch! Schon bei unseren allerersten Überlegungen, es könne sich bei den Kornkreisen um Kommuni-

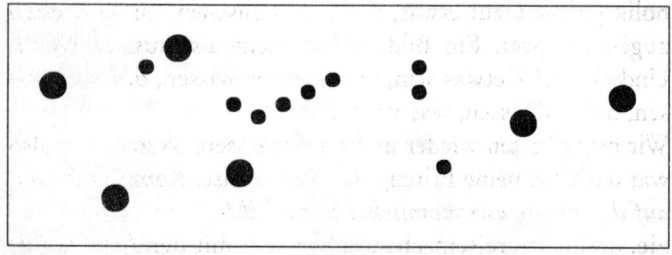

Abb. 6: Die denkwürdige Skizze mit den »grape-shots«

kationsversuche mit uns Menschen handeln, wobei zunächst offenbleiben mußte, von *wem* das ausging, war uns klar, daß einige grundsätzliche Dinge bei der Anbahnung solcher Kommunikation zwischen uns und »jemand anderem« bereits vorweggenommen beziehungsweise erfüllt waren.

So ging zunächst die Anbahnung der Kommunikation nicht von uns aus. »Jemand« hatte die Initiative ergriffen und das Kommunikationsmedium bestimmt, nämlich die Kornfelder in Südengland. Es bedurfte hier keiner Überlegungen mehr nach geeigneten Instrumenten oder Übertragungsfrequenzen, keiner langen Diskussionen, wohin eine Sonde fliegen oder welcher Himmelsabschnitt abgehört werden sollte. Und es war auch nicht mehr nötig, über irgendein Budget zur Finanzierung eines Kommunikationsprojektes zu beraten, das nun auch von keinem mehr bewilligt werden mußte.

Könnte es vielleicht sein, daß »Jemand« uns schon so gut kannte und uns dieses übliche, typisch menschliche Ritual ersparen wollte, bei dem ja bekanntermaßen alle relevanten Interessengruppen – Militärs, religiöse und wissenschaftliche Lobbyisten – immer ihr Wörtchen mitreden wollten? War »Jemand« uns vielleicht schon näher, als wir damals dachten?

Auch eine Abstimmung über den Kommunikationsinhalt war überflüssig geworden. Die Wahl war auf bildhafte Symbolik gefallen, auf etwas, das uns Menschen am leichtesten zugänglich war. Ein Bild erklärt mehr als tausend Worte. Und es mußte etwas sein, von dem sie wissen, daß wir wissen, daß sie wissen, was wir wissen!

Wir betrachteten wieder und wieder unsere Skizze. *Das* also war das allgemeine Prinzip der Kornkreise: *Kommunikation auf der Ebene astronomischer Symbolik!*

Sie, die Kornkreisemacher, haben sich mit der Astronomie genau den Bereich ausgesucht, der für *jeden Menschen gleich erfahrbar* ist, egal, wo er sich zu einem bestimmten Zeitpunkt auf der Erde befindet, egal, ob er gelernt hat, seine Umwelt zu durchdenken oder sie zu empfinden, unabhängig vom Alter, der Nationalität und auch von der individuellen politischen oder religiösen Überzeugung. Hier ist der Reiche einmal nicht im Vorteil, die Sterne funkeln für ihn wie für den Armen gleich schön, egal, ob sie mit einem teuren Fernrohr oder nur mit dem bloßen Auge betrachtet werden.

Die Sterne sind nicht das Privileg einer bevorzugten Wohnlage und dem, der auf der Straße schlafen muß, oft die einzigen Freunde. Sie haben Lebensrhythmen und Zeiträume bestimmt, Tempel, Pyramiden, ja ganze Städte sind überall auf dieser Erde nach ihnen ausgerichtet worden. Letztendlich tragen auch wir mit z. B. den Metallen Elemente in uns, die von als Supernova explodierenden Sternen in einem letzten Aufbäumen in ihrer Todessekunde vor langer Zeit in das All geblasen wurden. Wir alle bestehen aus dem »Staub« der Sterne.

Seit Tausenden von Jahren wird astronomisches Wissen von Generation zu Generation weitergegeben und weiterentwickelt, begleiten Sonnen und Planeten die Menschheit durch die Geschichte.

Die in unserer Sonne ablaufende Verschmelzung von Wasserstoffkernen zu Helium bringt uns das tägliche Licht, das, in der Erdatmosphäre vielfach gebrochen, den Himmel über uns hell und blau erscheinen läßt. Außer den Wolken, der Sonne, dem Mond und manchmal einem als hell leuchtenden »Morgen-« oder »Abendstern« bezeichneten Planeten – der Venus – gibt es dort am Tage nichts weiter zu sehen, weshalb der Mensch meistens den Blick gesenkt hält und sich hier unten in seiner ihm bekannten Umgebung umschaut.

Dann aber werden wir hier auf der Oberfläche der Erde in die nächtliche Schattenseite weitergedreht, und es ist, als ob man uns die kuschelige Bettdecke weggezogen hat und wir nackt und ungeschützt der kalten Umgebung ausgesetzt werden. Wir richten den Blick nach oben, und der ungewohnte Gedanke, in die endlose Vergangenheit zu starren, jagt uns einen Schauer den Rücken hinunter.

Besonders der Stadtmensch, der eigentlich den größten Teil des Tages eine Decke über dem Kopf hat, fühlt sich gegenüber diesem, nur durch den Horizont begrenzten, kosmischen Schauspiel häufig etwas erdrückt. Die meisten von uns werden in der Konfrontation mit dieser Tiefe und dem visuellen Reichtum des Weltalls unsicher und hilflos, denn wir müssen erkennen, daß es eine größere Unordnung als die hier von uns aufgestellte gibt.

Wir stehen nicht an der Spitze der Entwicklung, sondern *sind nur Teil* einer solchen, die sich hier auf diesem Planeten, in der Nähe des von uns so benannten »Orion-Armes« unserer Milchstraße, ca. 30 000 Lichtjahre von deren Zentrum entfernt, ereignet hat.

Hier befindet sich, etwas oberhalb der Ebene der spiralförmigen Galaxis, der die Menschen den Namen »Milchstraße« gaben, unsere Sonne, ein gelblich strahlender Stern sogenannter mittlerer Leuchtkraft, mit ihren derzeit bekannten neun Planeten. Zählt man von innen, d. h. von der Sonne nach außen, erhält die Erde die Nummer drei. Zählt man unsere Planeten von außen nach innen, d. h. in Richtung auf die Sonne, und geht davon aus, daß Pluto wirklich die Nummer eins ist, leben wir auf dem siebenten Planeten.

Hier stehen wir Menschen nun, schauen seit langer Zeit empor zu den Sternen, fragen sehnsuchtsvoll, ob es anderswo auch intelligentes Leben gibt, und bekommen, wie ein Echo aus einer dunklen Höhle, als Antwort Kornkreise, wie Sterne angeordnet, in die Felder geschmettert.

Die Aufgabe schien unlösbar. Wie sollten wir mit dem Bild von ungefähr einem Dutzend (oder mehr) Kornkreisen eine

Entsprechung am Nachthimmel oder in den Sternkarten finden? Wo sollten wir anfangen? Wo war ein Bezugspunkt?

Wir erinnerten uns einer Bemerkung von Carl Sagan, die auf den phantasiereich nach Erkenntnis suchenden Geist wie der Wasserentzug auf eine junge, aufkeimende Pflanze wirkt. Der bekannte Astrophysiker Sagan und sein jüngerer Kollege Steven Soter von der Cornell University hatten sich mit dem Sternenmodell von Mrs. Marjorie Fish beschäftigt, das diese in jahrelanger, mühevoller Arbeit nach den Zeichnungen von Betty Hill angefertigt hatte.

Betty Hill und ihr Mann Barney gaben unter Hypnose an, am 19. September 1961 von offensichtlich nicht irdischen Wesen an Bord eines offensichtlich nicht irdischen Flugkörpers entführt worden zu sein. Dabei sei Betty auch etwas gezeigt worden, das sie später als »Sternenkarte« bezeichnete. Unter posthypnotischer Suggestion konnte sie wesentliche Teile dieser »Karte« nachzeichnen. Mrs. Marjorie Fish versuchte, mittels von ihr in jahrelanger Handarbeit angefertigter, dreidimensionaler Sternenmodelle unserer näheren stellaren Umgebung die Echtheit der »Karte« nachzuprüfen, und kam schließlich für den größten Teil der Sterne auf der Hillschen »Karte« zu einer Übereinstimmung mit ihrem Modell, in dem die Positionen der die Sterne symbolisierenden Kugeln den tatsächlichen Sternenpositionen entsprachen.

Der Entführungsfall der Hills erlangte durch das Buch von John G. Fuller, »The Interrupted Journey«,[15] weltweit außerordentliche Publizität. Ebenso fand die Arbeit von Mrs. Marjorie Fish große Beachtung, nachdem das amerikanische Astronomiemagazin »Astronomy« im Dezember 1975 einen Artikel mit dem Titel »The Zeta Reticuli Incident«[16] darüber veröffentlicht hatte.

Natürlich wurden die Daten von Mrs. Fish verschiedenen kritischen Analysen unterzogen, so auch durch Sagan und

Soter. Sie fanden »wenig Ähnlichkeiten« zwischen den Sternenpositionen des Fish-Modells und der Hill-Sternenkarte. Sie meinten anschließend, wenn man sich hinsetzte, um eine Übereinstimmung in den Mustern zweier fast zufällig zusammengestellter Datenmengen zu finden, indem man willentlich einige Elemente auswählte und andere ignorierte, würde man immer erfolgreich sein.

In einer von uns im Jahre 1993 abgeschlossenen Untersuchung »Neue Entdeckungen in Betty Hills Sternenkarte«[66] konnten wir schlüssig nachweisen, daß Betty Hill *nicht ein fremdes Sternensystem,* sondern – *unser eigenes Sonnensystem* zum Zeitpunkt ihrer Entführung, von einem Beobachtungspunkt zwischen Saturn und Uranus aus, gesehen und nicht erkannt hat.

Tatsächlich ergaben sich zum Feld auf unserem Videoband in den Sternenkarten in der Umgebung bekannter SETI-Kandidaten, wie etwa den Sternen Epsilon Eridani, Tau Ceti oder Alpha Centauri, vermeintlich angedeutete Ähnlichkeiten. Sogar bei Teilen des Sternbildes Cassiopeia meinten wir Teile der Kreiseanordnung wiederzufinden – aber eben immer nur Teile. Wir mußten irgendwie eine Systematik entwickeln, um hier weiter zu kommen.

Wenn unsere Hypothese Bestand haben sollte, daß das allgemeine Prinzip der Kommunikation in den Kreisen aus den Sternen abzuleiten und für jedermann erfahrbar ist, dürften nur die Sterne in Frage kommen, die ohne größere Hilfsmittel sichtbar sind. Das macht in stockdunkler Umgebung die erkleckliche Menge von ca. 5000 Sternen, vorausgesetzt, man hat sich mindestens 30 Minuten lang an die Dunkelheit adaptiert und damit die maximale Pupillenweite von ca. 7 mm bei einem gesunden Erwachsenen erreicht.

Die helleren Sterne sind seit den Sumerern zu Sternbildern zusammengefaßt, deren Namen noch heute größtenteils ihre Gültigkeit haben. Die Sterne werden nach ihrer Helligkeit in

Größenklassen eingeteilt. Wir unterscheiden die »scheinbare Helligkeit« (m) von der »absoluten Helligkeit« (M). M und m stehen für »Magnitudo«. Dies ist ein lateinisches Wort und heißt »Größe«.

Die »scheinbare« (visuelle) Helligkeit gibt uns die Helligkeit der Sterne so an, wie wir sie mit bloßem Auge jede Nacht sehen können. Das Scheinbare daran ist unsere Unfähigkeit, ohne weitere Hilfsmittel nicht entscheiden zu können, ob ein Stern nun hell ist, weil er näher an der Sonne dran ist oder weil er in weiter Entfernung einen größeren Durchmesser besitzt. Die »absolute« Helligkeit ist die Helligkeit eines Sternes, die gemessen würde, wenn er sich in einer Reihe mit allen anderen Sternen in einer standardisierten Entfernung von 10 parsec (1 parsec = 3,26 Lichtjahre) befände, womit die Abhängigkeit der Helligkeit von der Sternenentfernung ausgeschaltet würde.

Sterne mit negativem Vorzeichen sind heller als die mit positiven. So ist z. B. der Stern Sirius im Sternbild Canis Major (deutsch: Großer Hund) der hellste von der Erde beobachtbare Stern mit einer visuellen Helligkeit von –1.5m. Der hellste Stern im Sternbild Virgo (deutsch: Jungfrau) mit dem Namen Spica (deutsch: Kornähre) ist +1.0m hell und damit 2,5 Größenklassen lichtschwächer. Sirius ist damit visuell zehnmal heller als Spica.

Das gesunde menschliche Auge kann Sterne so gerade bis zur 6. Größenklasse hinab (+6.0m) erkennen. Diese Sterne leuchten einhundertmal schwächer als Spica. Wenn die Kreise im Kornfeld in dieser speziellen Anordnung Sterne symbolisieren sollen, ist kaum anzunehmen, daß solche jenseits der menschlichen Wahrnehmungsgrenze gewählt wurden. Es müßten wohl eher die lichtstärkeren, markanten Sterne sein, damit die Interpretation der Kreisanordnung nicht zu kompliziert wird.

Auf dem Videoband sind Kreise von unterschiedlicher

Größe zu sehen. Es ließe sich hier, genauso wie bei der graphischen Darstellung des Bohr'schen Schalenmodells, einwenden, daß es unwahrscheinlich ist, daß sich die Kreisemacher ausgerechnet der hier in den Karten üblichen Darstellungsweise von Sternen bedienen, indem den hellsten Sternen die dicksten Punkte und den schwächeren abgestuft dünnere Punkte zugeordnet werden.

Doch wir brauchen uns nicht geschlagen zu geben. Wir können beruhigt davon ausgehen, daß das Weltall dort, wo sich Leben entwickelt hat, so ähnlich aussieht, wie hier bei uns. Natürlich werden am Himmel des betreffenden Planeten andere Sterne strahlen, aber es wird eine relativ ruhige Ecke der Galaxis sein, denn Leben braucht Zeit, um sich entwickeln zu können, meidet die unmittelbare Nachbarschaft zu Exoten wie Neutronensternen oder schwarzen Löchern und gedeiht nur in sicherem Abstand von der dem Planetensystem eigenen, gleichmäßig und stabil strahlenden Sonne.

Die Lebensspanne unseres Sonnensystems ist nach einem Szenario von Marochnik[17] die Zeit, die es auf seiner Wanderung zwischen den Spiralarmen unserer Galaxis zubringt. Der Kollaps der interstellaren Staub- und Gaswolke, aus der sich unser Sonnensystem gebildet hat, begann unter dem Einfluß von Supernovaexplosionen im Bereich des Sagittariusarmes. Die präsolare Wolke entwickelte sich, und es formte sich im Raum zwischen den galaktischen Mutterarmen das Sonnensystem, hier jedoch unter ganz ruhigen Bedingungen und fern von explodierenden Sternen. So erreichten das Sonnensystem und das Leben darin den gegenwärtigen Entwicklungsstand.

Die Sonne bewegt sich innerhalb der Galaxis weiter durch den Orionarm auf den Perseusarm zu. Terrestrisches Leben könnte durch die tödliche Strahlung von Supernovaexplosionen ausgelöscht werden. Auch andere Zivilisationen, die sich in der galaktischen Rotationszone befinden, könnten das gleiche Schicksal erleiden.[18]

Wir gehen davon aus, daß die Wesen, die diese anderen Zivilisationen bildeten, natürlich auch Sehorgane haben. Diese Augen könnten zum Beispiel größer sein als unsere, um mehr Licht sammeln zu können, weil ihre Sonne etwas kleiner und lichtschwächer als unsere ist oder weil sie andere spektrale Empfindlichkeiten, z. B. im infraroten Bereich, haben. Solche »Infrarot-Augen« wären mindestens fünfmal größer als die unsrigen und bräuchten spezielle, kühlende Umhüllungen und Lider, damit die Wärmestrahlung des eigenen Körpers nicht ständige und undifferenzierbare Helligkeit in den Sehzellen hervorriefe.[19]

Natürlich wären solche Wesen gezwungen, ihre Augen durch dunkle Filter zu schützen, wenn sie in Bereiche größerer Helligkeit kämen als die, an die sie angepaßt sind. Auch wir müssen Sonnenbrillen aufsetzen, wenn wir auf einer Expedition ins südliche Ägypten, nach Theben-West, in Scheich Abd el-Qurna, südlich von Deir el-Bahari, im grellen Sonnenlicht blinzelnd vor dem Grab des Senenmut stünden.

Derartige Wesen könnten also die Sterne sehen und würden um die räumliche Verteilung im Kosmos wissen. So geben sie uns mit den Kreisen im Kornfeld ein Bild als Kommunikationsgrundlage, dessen Inhalt die »einzige« Gemeinsamkeit darstellt, die wir zur Zeit zunächst mit ihnen haben: *den Anblick eines nächtlichen Sternenhimmels.*

7 Die Kreise in der Analyse

Eine gewaltige Aufgabe lag vor uns. Nach unserer Hypothese einer den Kornkreisen zugrunde liegenden Sternbildsymbolik mußten wir nun das zur Verfügung stehende Material sammeln, analysieren und dann hoffen, ein brauchbares Ergebnis zu erhalten.

Die Materialsammlung war schnell abgeschlossen, denn es standen uns ganze zwei Bücher und ein Videoband zur Verfügung! Es gab damals im deutschsprachigen Raum keine weitere Literatur außer den Büchern von Pat Delgado und Colin Andrews »Kreisrunde Zeichen« inklusive des Erweiterungsbandes vom Sommer 1990 sowie dem Werk von Ralph Noyes »Die Kreise im Korn«. Kornkreisvereinigungen waren noch nicht gegründet, deren Zeitschriften noch nicht herausgegeben.

Wir hatten keinerlei Verbindungen nach England und wußten nichts von den dortigen Forschergruppen und telefonischen Hotlines. Aus dem Anhang in »Die Kreise im Korn« erfuhren wir endlich etwas über das englische »Centre for Crop Circle Studies« (CCCS), das sich sogar in England erst im April 1990 gegründet hatte. Wir schrieben an die angegebene Adresse, aber wir erhielten nicht einmal eine Antwort.

Unzählige Male hatten wir die Bücher bereits durchgeblättert und die Felder mit ihren Kreisen (manchmal wie in einem Daumenkino) an uns vorbeiziehen lassen. Dabei verstärkte sich immer mehr der Eindruck, daß die Kreise eine Entwicklung durchgemacht hatten, von »einfachen« Kreisformen bis hin zu den komplexen Piktogrammen der neunziger Jahre. Vielleicht steckte ja in dieser offensichtlichen Evolution der Schlüssel zum besseren Verständnis der *Bedeutung* der Kreise?

Im Sinne wissenschaftlichen Vorgehens erschien es uns notwendig, zunächst eine eigene systematische Übersicht über die Kreise in der Reihenfolge ihres zeitlichen Auftauchens zu erstellen, was wir so bisher woanders noch nicht gefunden hatten. Die Daten in den Büchern waren nicht immer eindeutig, so daß wir einige Formationen, deren Erscheinungs- oder Untersuchungstag nicht genau angegeben waren, nur in einen geschätzten zeitlichen Rahmen einordnen konnten. Die Chronologie der Kreise ist dadurch nicht beeinträchtigt worden, wie wir später durch andere Publikationen nachprüfen konnten.

In unsere Liste gelangten
bis einschließlich:

	1986:	13 Formationen
aus dem Jahre	1987:	15 Formationen
aus dem Jahre	1988:	4 Formationen
aus dem Jahre	1989:	4 Formationen
und aus dem Jahre	1990:	20 Formationen

so daß uns insgesamt 56 Formationen

zur Auswertung zur Verfügung standen.

Gemessen an der viel größeren Gesamtzahl aller bis dahin erschienenen Kreise stellt unsere Liste nur eine kleine Auswahl dar, aber sie ist, und das ist nicht unwichtig, *repräsentativ* für jeweils bestimmte Erscheinungsformen der Kreise, die oft im gleichen Design an verschiedenen Orten in insgesamt größerer Anzahl aufgetreten sind. Pikanterweise haben nicht wir diese Auswahl getroffen, sondern die Autoren o. a. Publikationen, so daß der Vorwurf, wir hätten unsere Auflistung nach unseren Absichten erstellt, getrost nicht erhoben zu werden braucht. Wir nehmen vielmehr an, daß auch die Buchautoren interessiert waren, ihren Lesern einen repräsentativen Querschnitt der verschiedenen Kreisformen zu vermitteln.

Neben der rein ziffermäßigen Erfassung der Datumsangaben erstellten wir auch eine einfache grafische Übersicht in der vorgegebenen Reihenfolge und ließen diese einfachen Formen bei wiederholtem Betrachten auf uns wirken. Zum besseren Verständnis ist diese Übersicht für unsere Leserinnen und Leser weiter unten dargestellt. Wir verzichteten dabei auf die Darstellung von Binnenmustern der Kornlagen in den Formationsteilen. Zum einen gab es dazu in den Büchern nur vereinzelt Hinweise, zum anderen war nicht klar, ob das Korn »rein technisch« bedingt bei der Entstehung der Kreise in diese speziellen, musterartigen Lagen und Ausrichtungen gekommen waren oder ob dem eine tiefere Bedeutung beizumessen war.

Wir wußten zu diesem Zeitpunkt noch nichts über gefälschte Kreise, Skeptikergruppen und Geheimdienstaktivitäten. Die Buchautoren versicherten, nur echte Kornkreise abgebildet zu haben. Wir wissen inzwischen, daß sie das auch weitgehend geschafft haben, denn in den ersten Jahren war die Kornkreisszene noch weitgehend frei von den negativen Einflüssen, die in den letzten Jahren so deutlich zu spüren waren.

Nachstehend ist nun unsere grafische Übersicht aufgeführt, so wie wir sie in den Wintermonaten 1990/91 erstellt haben. Die Datumsangaben zu den einzelnen Kreisformen und Piktogrammen sind aus den o. a. Büchern übernommen und beziehen sich auf das Datum der Erscheinung im Feld oder der Registrierung durch örtliche Forscher. Wir haben nach reiflicher Überlegung an der Liste nichts verändert, um Ihnen zu zeigen, *wie und womit* wir auf unsere Ideen kamen.

Natürlich wäre es ein Leichtes, nicht korrekte Datumsangaben im nachhinein zu korrigieren, aber das käme einem (Selbst)Betrug gleich. Genau an dieser Stelle empfanden wir auch den Zwang zur Aufrichtigkeit gegenüber unserer Leserschaft, denn *wir* schreiben diese Zeilen nicht, um *uns* wichtig zu machen, sondern um *Ihnen* etwas Wichtiges mitzuteilen. Betrachten Sie die nachstehenden Formen nicht nur einmal, blättern sie vor und zurück, grübeln Sie, zweifeln Sie, vergleichen Sie Ihre Empfindungen mit unserem Text, sprechen Sie mit anderen Menschen darüber.

Es ist uns, bei der unterschiedlichen Größe der Kreise und Piktogramme nicht möglich gewesen, sie maßstabsgerecht darzustellen, da die Kreise von weniger als einem Meter Durchmesser bis hin zu mehreren hundert Meter Länge bei den Piktogrammen variierten. Wer an den genauen Abmessungen interessiert ist, dem seien z. B. die Publikationen von John Langrish, »Crop Circle Surveys«, empfohlen. Die Proportionen der einzelnen Formationsteile zueinander entsprechen hier jedoch weitgehend der Realität. Wir lassen unsere grafische Übersicht im Mai 1990 beginnen, da ungefähr ab hier die auffälligsten Variationen im äußeren Erscheinungsbild der Kreise begannen. Bis dahin waren fast nur sich wiederholende Kreisformen in den unterschiedlichsten Größen und Anordnungen, einzeln oder mit Ringen unterschiedlichster Dicke und mit verschiedenen Binnenmustern entstanden.

Das Tal von Pewsey – hier fing alles an. Im Vordergrund das Kliff am Milk Hill, in der Bildmitte Alton Barnes mit der Carson Farm dahinter, links davon Woodborough Hill mit seiner markanten kleinen Baumkrone, davor gelegen Wilcot Brow und East Field.

Stonehenge

The Windmill House

East Field, Alton Barnes (1991)

Kornkreis-Untersucher

Maisey-Farm, großes Piktogramm (1991)

Maisey-Farm, kleines Piktogramm

H.-J. Kyborg im kleinen Maisey-Piktogramm

In unserem ersten Experimentalpiktogramm (1991)

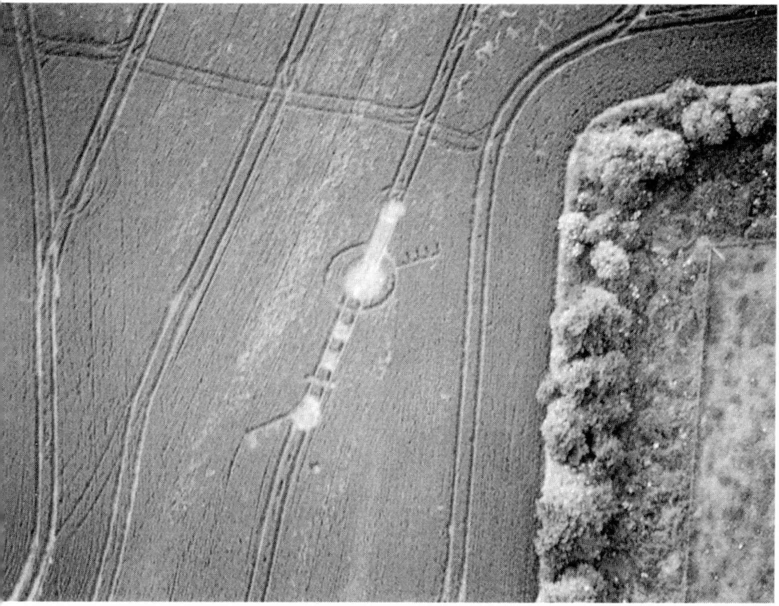

stes Experimentalpiktogramm, Luftaufnahme (1991) © Busty Tailor

tes Experimentalpiktogramm, Bodenansicht (1991)

Ein kleiner Kreis von 7 m Durchmesser, der einige Stunden vor Erstellung unseres Piktogramms entstand. Er wird untersucht von (v.l.n.r.): Busty Tailor, Joachim Koch, Una Dawood, Jo Holland

Die westlichen Ringwälle von Avebury

Das Mittelteil des kleinen Kreises war wie eine Kompaßnadel ausgerichtet und zeigte in Verbindung mit einer Energielinie überraschend direkt auf unser Fragepiktogramm (1991)

Temple-Fa
die Antwort (19

Ein weißes Pferd in der Landschaft

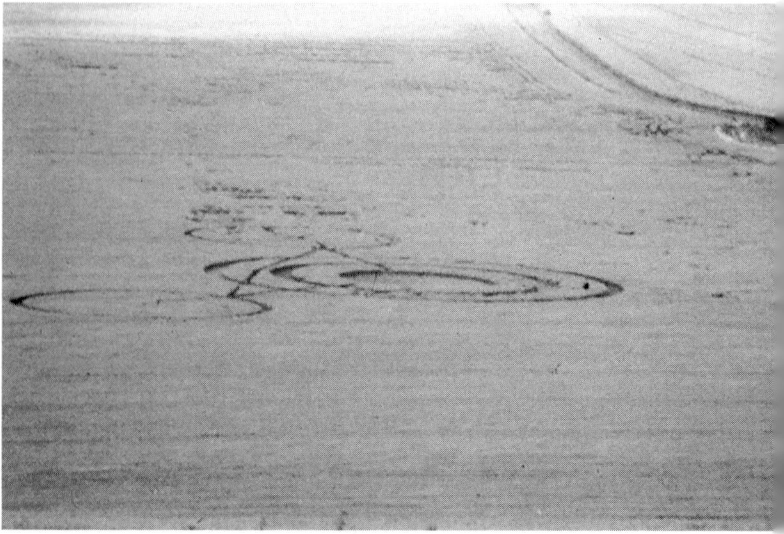

Barbury Castle, Teilansicht mit Windschäden (1991)

8 Kleine grafische Übersicht

*Abb. 7: Typische Kreisformation
Anfang Mai 1990*

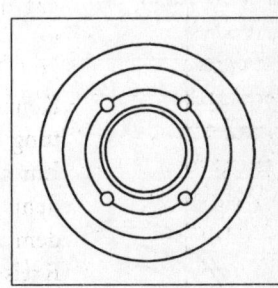

Abb. 8: 23. Mai 1990

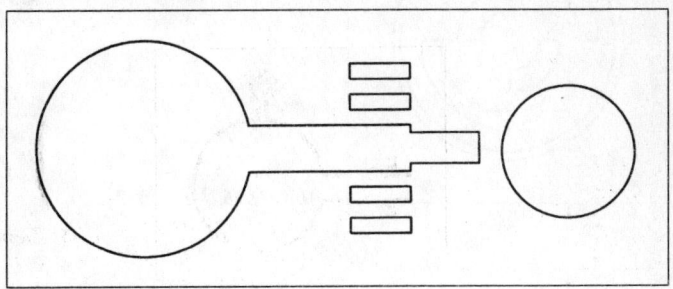

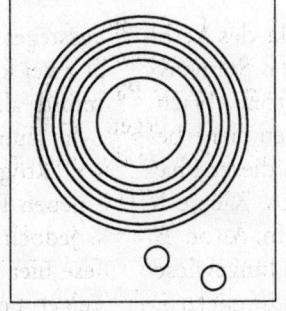

Abb. 9: 30. Mai 1990

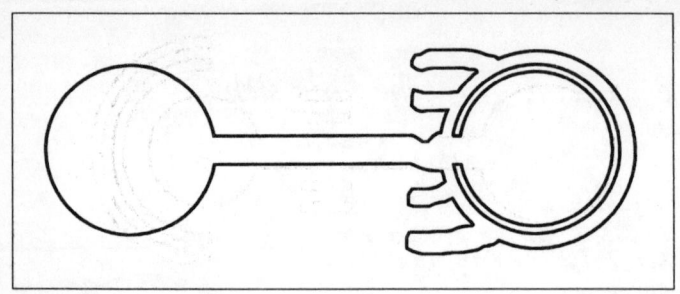

Abb. 10: 2. Juni 1990

Abb. 11: 6. Juni 1990

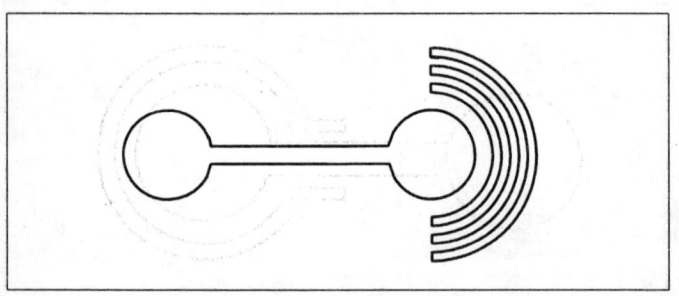

Abb. 12: 16. Juni 1990

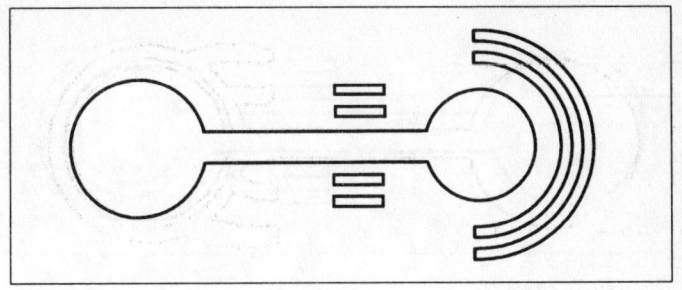

Abb. 13: 23. Juni 1990

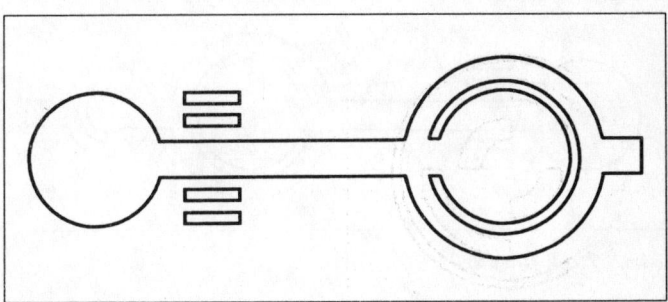

Abb. 14: 28. Juni 1990

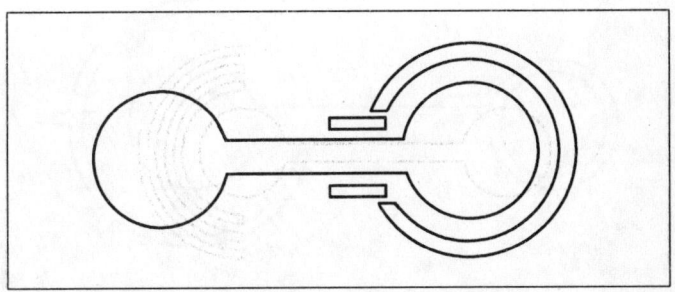

Abb. 15: 30. Juni 1990

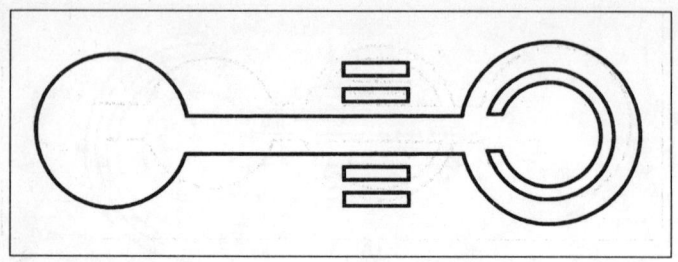

Abb. 16: 6. Juli 1990

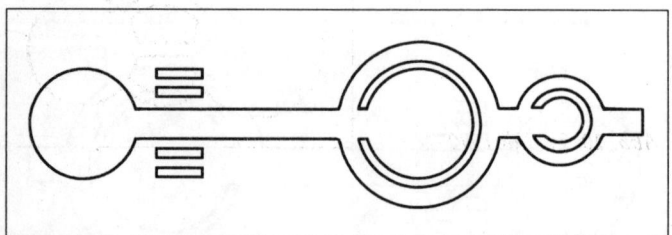

Abb. 17: 13. Juli 1990

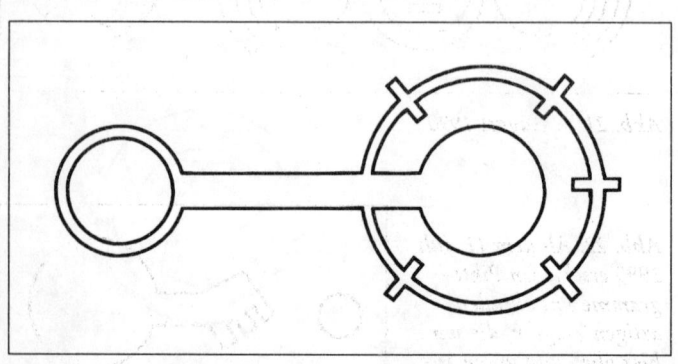

Abb. 18: 20. Juli 1990

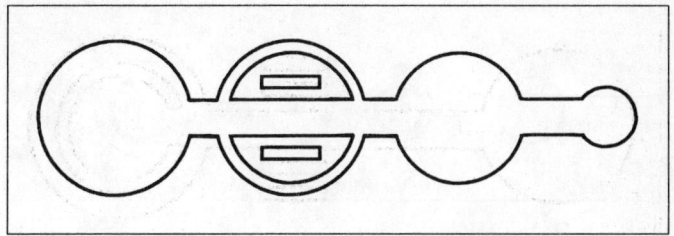

Abb. 19: 20. Juli 1990 (?)

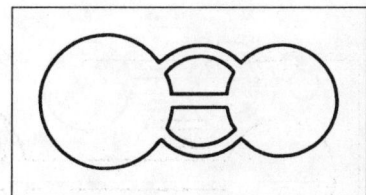

Abb. 20: 24. Juli 1990

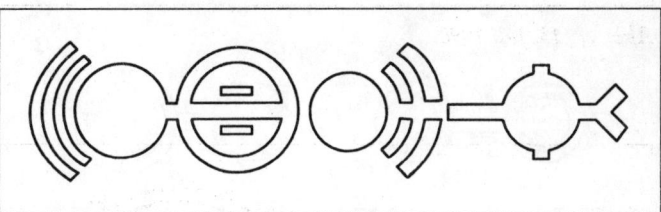

Abb. 21: 4. August 1990

Abb. 22: Ab dem 11. Juli 1990 erschienen Piktogramme mit »krallen«-artigen Zeigern, die wir hier oben und unten zusammengestellt haben

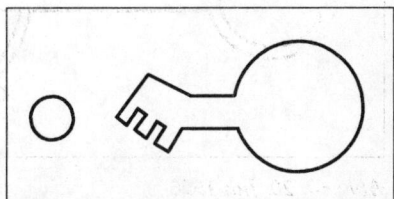

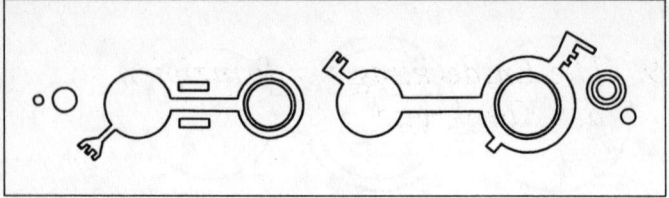

Abb. 23: 11. Juli 1990

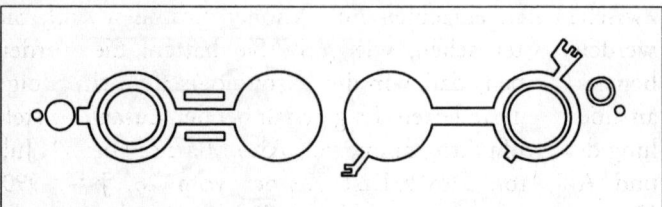

Abb. 24: 11. Juli 1990

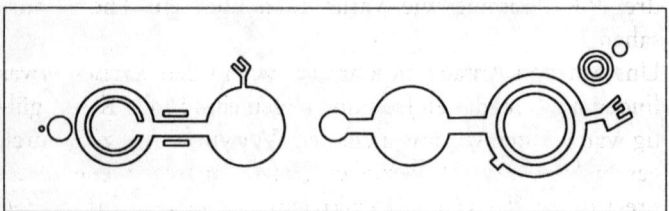

Abb. 25: 26. Juli 1990

9 Die Entdeckung der Prinzipien
   der Kornkreise

Vielleicht dachten Sie bei der Betrachtung der vorigen Seiten, daß Sie an einigen Stellen auf Ähnlichkeiten zwischen den einzelnen Formationen gestoßen sind. Sie werden später sehen, wie recht Sie hatten! Sie werden bemerkt haben, daß wir die chronologische Reihenfolge an einer Stelle änderten. Es geschah bei der Zusammenstellung der Großpiktogramme von Alton Barnes vom 11. Juli und Allington Down/East Kennet vom 26. Juli 1990. Hier wendeten wir einen kleinen Trick an, indem wir die Formationen alle gleich ausrichteten und uns nun des aufregenden Eindrucks nicht erwehren konnten, daß die drei Piktogramme wie Variationen über ein Thema aussahen.

Uns war von Anfang an klar, daß wir in den Kreisen etwas finden mußten, das einfach und allgemein für alle Kreise gültig war, wollten wir uns nicht dem Vorwurf aussetzen, durch geschickte Auswahl spezieller Details unsere eigene Interpretation in das ganze Kornkreisphänomen hineingedeutet zu haben.

Wir waren jedoch stets davon überzeugt, daß in den Kreisen mehr steckte, als nur der Nachahmungstrieb pointenloser Witzbolde oder professioneller Fälscher. Wenn es nicht Igel, Rehe oder andere Tiere, Liebespaare, Pilze, Spezialdünger, unterirdische Wasserspeicher, Reste alter Bauwerke oder meteorologische Plasmawirbel waren, welche die Kornkreise entstehen ließen, sondern *intelligentes Wirken* dafür verantwortlich war, mußte irgendwo irgendwie etwas existieren, das uns einem Verstehen näher bringen konnte, etwas, das dem allem zugrunde lag – *ein Prinzip*.

Immer wieder betrachteten wir die Bilder. Waren die Kreise nicht einfach zu an*schauen*swert, um wieder nur physikalisch und chemisch seziert zu werden? Warum hatten sie diese Formen, wenn nicht mit dem Sinn, daß ihnen eine *Bedeutung* zukäme? Warum waren sie viele Meter groß, wenn man den Schlüssel zum Verständnis nur unter dem Elektronenmikroskop zu finden hätte? Sollte diesmal nur *das Ganze wichtig* sein, analysierbar mit unseren körpereigenen Sensoren? *Schau hin – und denke?*

Wir begannen mit der Analyse. Bis ungefähr Ende Mai 1990 erschienen hauptsächlich Kreise, Ringe und Kombinationen von beidem in vielen Variationen. Eine Kreislinie, um einen anderen Kreis gezeichnet, ergibt einen »Umkreis«. Etwas, das sich auf dieser zweiten kreisförmigen Linie um den ersten Kreis herumbewegt, »umkreist« diesen. Ihre Gedanken kreisen jetzt um diese Zeilen, Elektronen kreisen um Atomkerne, die Erde dreht sich mit dem sie umkreisenden Mond fast kreisförmig um die Sonne, die sich ihrerseits auf einer abgerundeten Bahn um das Zentrum unserer Milchstraße bewegt, die sich wiederum mit ihren Nachbargalaxien innerhalb der sogenannte lokalen Galaxiengruppe um einen gemeinsamen Schwerpunkt herumbewegt.

Ihr Blut fließt jahrzehntelang im Kreislauf mehr oder weniger durch Ihren Körper und hält in ihm viele wichtige Funktionen aufrecht, deren Zusammenspiel wir gewöhnlich als körperliches Leben bezeichnen. Entscheidende Störungen dieser Körperfunktionen führen letztendlich zu dem, was wir alle als körperliches Sterben kennenlernen werden. Unser Sterben wird neues Leben hervorbringen, so oder so.

Unser Leben auf diesem Planeten wäre nicht möglich gewesen ohne den Tod eines Sternes irgendwo in der Galaxis.

Sein Todeshauch verbreitet die schweren Elemente ins All, die wir so nötig für die uns bekannte Daseinsform brauchen, wie zum Beispiel das Eisen in unseren roten Blutkörperchen. Die Todeskrämpfe dieses Sterns regen anderswo interstellare Materie an, neue Sonnen- und Planetenklumpen zu bilden. *Leben und Sterben – ein kosmischer Kreislauf, kreisen und umkreisen – ein kosmisches Prinzip.*

Stellen Sie sich vor, Sie säßen in einem ansonsten kahlen Raum an einem Tisch, auf dem sich ein großer Stapel Schreibmaschinenpapier und einige Schreibutensilien befänden. Sie hätten die Aufgabe, alles aufzuschreiben, was Ihnen zum Thema »Kreis« im engeren und weiteren Sinne einfiele. Was glauben Sie, wie lange Sie schreiben würden? Stunden? Tage? Wochen?

Die einfachen Kreisformen der früheren Jahre enthalten also eine grundlegende Information. Was würde zu Beginn einer Kommunikation besser geeignet sein, als die Übermittlung elementarer Informationen in Form einfacher grafischer Symbole? Haben nicht auch wir als erstes Bild auf der Voyager-Platte den Kreis gewählt, um den Empfängern das richtige Verhältnis von Höhe und Breite im Bildraster und damit den Erfolg ihrer Bemühungen bei der Entzifferung zu bestätigen?[20]

Kreis – kreisen – umkreisen, dies sei unser erstes Prinzip (P1).

Schon bald nach den ersten einzelnen Kreisen erschienen auch Kreisgruppen, manchmal ungeordnet über das Feld verstreut, so wie auf dem Videoband, manchmal jedoch auch in geometrischer Beziehung zueinander. Häufiger fand man die Darstellung von vier kleineren Kreisen (Satelliten) um einen Mittelkreis, wie zum Beispiel am 22. August 1987 in Bratton. Natürlich hatte man auch bald einen Namen für solche Formationen: Es war ein sogenannter »Fünfling« oder »Quincunx«. Auch hier ließ sich eine interessante Entwicklung verfolgen. Anfangs lagen fünf Kreise, wenn auch durch ihre räumliche Nähe als zusammengehörig erkennbar, ohne sichtbare Verbindung untereinander im Korn. Später bildeten sich dann dünne Ringe und verbanden die Trabanten miteinander, so daß diese alle auf einem (Um-)Kreis zu liegen kamen. Wir kennen eine derartige Darstellung aus der Astronomie, indem wir so symbolisieren, daß ein Himmelskörper, z. B. ein Stern, von anderen Gebilden, z. B. Planeten, auf einer bestimmten Bahn umkreist wird.

Bis Mai 1990 dominierten diese Formationen und ließen uns daraus unser 2. *Prinzip (P2)* ableiten: *Vier Satelliten umkreisen eine Sonne (Stern)*

Ungefähr im Jahre 1986 erschienen Kreise mit breiten Ringen, wie etwa in Cheesefoot Head im August. Die grundsätzliche Aussage von P1 ist erhalten, die Bedeutung dieses speziellen Umkreises bzw. der Umlaufbahn durch die Verbreiterung jedoch enorm hervorgehoben, gleichsam unterstrichen und mit einem Ausrufungszeichen versehen.

Wir haben unser 3. *Prinzip (P3)* gefunden: *Die Tatsache des Umkreisens ist hier wichtig. Wenn es zu einer bestimmten Zeit nicht wichtig ist, wieviel da kreist, sondern daß überhaupt etwas kreist, kann mit einem Kreis und einem breiteren Ring symbolisch verkürzt ein ganzes Sonnensystem dargestellt werden.*

Vereinzelt bekamen die Kreise und Ringe Ausläufer, so im September 1986 in Wantage, Oxfordshire, und im Juni 1987 in Whiteperish. Waren dies zufällige Verwischungen oder regelrechte Fehler der Kreisemacher? Die retrospektive Betrachtung der Gesamtentwicklung bestätigte unsere Annahme, daß es sich hier um Zeiger und Betonungszeichen an Piktogrammen handeln könnte. Es soll damit gezeigt werden, daß in diesem Teil andere Details enthalten sind und entweder zukünftig genauer dargestellt werden oder schon früher ausführlicher gezeigt wurden.

Der Zeiger ist unser *4. Prinzip (P4): Ein Zeiger besagt, daß hier noch mehr enthalten ist, es kommt noch mehr, es kommt noch eine nähere Erklärung zu diesem Teil.*

Teilweise lagen in einem Feld ein Kreis mit vier Satelliten und ein beringter Kreis zusammen. Hier wird deutlich, was wir schon in Verbindung mit P3 äußerten, nämlich daß eine symbolisch verkürzte Darstellungsform eingeführt wird. Ein Kreis mit Satelliten im Umlauf wird verkürzt durch einen Kreis mit einem breiteren Ring dargestellt. Man weiß also, daß der Ring eine Umlaufbahn darstellt, die, wenn sie breit ist, etwas beinhaltet, das zumindest nicht ganz unwichtig ist, aber zur Zeit nicht einzeln mit Satellit dargestellt wird.

So benutzen wir die o. a. Beobachtung, um daraus unser *5. Prinzip (P5) abzuleiten: Werden zwei Formationen in einem Feld oder in unmittelbarer Nachbarschaft dargestellt, ist die eine Formation zumindest teilweise in der anderen enthalten und wird dort verkürzt dargestellt.*

Immer wieder fiel die unterschiedliche Größe von Kreisen und auch Satelliten auf, die zusammen in einem Feld lagen. Wie aus P3 hervorgeht und in P5 enthalten ist, haben die Proportionen der Formationsteile zueinander ihre Bedeutung. Dies erfassen wir mit unserem sehr wichtigen *6. Prinzip: Von großen und kleinen Formationen oder deren Teilen, die zusammenliegen, ist wichtig, was groß dargestellt ist.*

Bis ungefähr Mai 1990 erschienen immer wieder Satelliten um einen Kreis, vier dünne Ringe um einen Kreis oder lagen vier Satelliten auf einem breiteren Ring um einen Kreis herum. Diesem letzten Formationstypus gab man die Bezeichnung »Keltisches Kreuz«. Für bemerkenswert halten wir die Formation in der Nähe von Bishops Cannings vom Mai 1990, die schon seit einiger Zeit bestand, als sich zu den bestehenden drei dünnen Umkreisen noch ein vierter bildete, als ob die Zahl vier wichtig und die Formation nun erst komplett gewesen wäre.

Im Juni 1990 entstand eine Formation mit einem großen Kreis in der Mitte, vier dünnen Außenringen und vier Satelliten auf dem zweiten Ring. Drei Wochen später entstand daneben eine Formation, bestehend aus einem Kreis und dünnem Umkreis mit vier kleineren Satelliten darauf. Ohne Mühe könnten wir hier schon P5 anwenden. Das Besondere an dieser Formation jedoch war, daß einer der Satelliten der zuletzt entstandenen Formation genau auf dem dünnen Außenring der älteren Formation zu liegen kam und damit eine eindeutige Verbindung symbolisierte. Ähnlich dazu lagen 1988 zwei Fünfergruppen unterhalb Silbury Hill im Korn.

Daraus formulieren wir *Prinzip 7 (P7): Überlappungen verschiedener oder ähnlicher Formationen bedeuten eine Verbindung dieser verschiedenen oder ähnlichen Systeme.*

10 Die Formationen von 1990 in der Analyse

Sie besteht aus einem großen Kreis und einem Balken unterschiedlicher Breite, der wie ein Zeiger auf einen Einzelkreis, der viel kleiner ist, zeigt, ohne mit diesem verbunden zu sein.

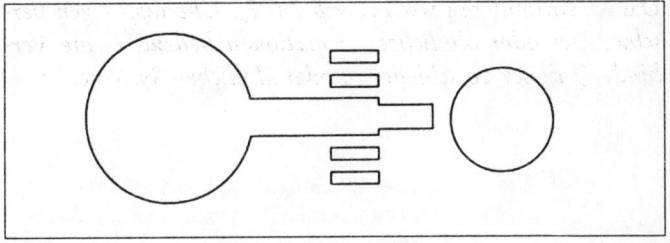

Abb. 26: Die Formation vom 23. Mai (Chilcomb Farm) wurde gemeinhin als »Erstes Piktogramm« bezeichnet

Neben dem Zeiger liegen zu beiden Seiten je zwei längs ausgerichtete Rechtecke, insgesamt also vier an der Zahl. Wir sehen hier die Zusammenfassung oder abgekürzte Darstellung eines sogenannten »Fünflings« (das war bisher ein größerer Kreis mit vier Satelliten) und zugleich unser *8. Prinzip (P8): Ab jetzt wird in neuen Piktogrammen ein Stern, der vier Satelliten hat, nur noch symbolisch verkürzt durch vier Rechtecke in Assoziation zu einem Kreis dargestellt, sonst würden die Piktogramme mit allen ihren Umkreisen zu unübersichtlich!*
Die innere Struktur der Rechtecke wurde mit »zum Teil ge-

genläufig« beschrieben: innen war das Korn hin zum großen
Kreis, außen hin zum kleinen Kreis gelegt. Diese sicher sehr
interessanten Details konnten wir für unsere theoretischen
Überlegungen nicht nutzen, da sie in der uns damals zur Verfügung stehenden Literatur nicht immer angegeben waren.

Die *Formation vom 30. Mai (Longwood Estate)* wurde aus
einem Kreis mit drei breiten Ringen und zwei Einzeltraban-
ten gebildet. Hier wird uns ganz deutlich unser 3. Prinzip
vor Augen geführt: Die Umlaufbahnen hier sind breit, sie
sind wichtig. Der Grund dafür wird nebenan dargestellt: Es
ist etwas in ihren Umlaufbahnen enthalten – nämlich umkreisende Körper!

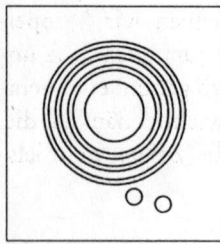

*Abb. 27: Longwood Estate, 30. Mai 1990.
Hier wird das 3. Prinzip deutlich dargestellt*

Die Tatsache, daß wir hier erstmals eines der bisher gefundenen Prinzipien wiederfanden, machte uns ganz kribbelig.
Wir schienen auf dem richtigen Weg zu sein!

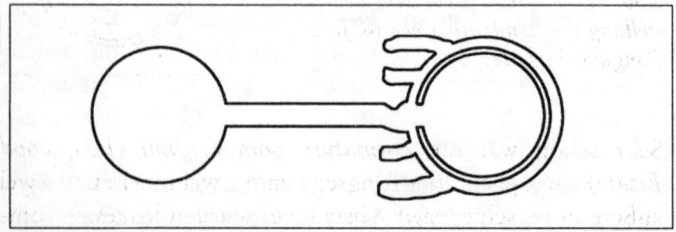

*Abb. 28: Die Formation vom 2. Juni (Hazeley Farm) war das
zweite Piktogramm des Jahres*

Ein Kreis mit einem Ring, von dem vier Zeiger abgingen, war über einen Steg mit einem anderen unberingten Kreis verbunden. Eine interessante Neuerung ist hier, daß der Kreis über den Steg mit dem inneren unberingten Kreis *verbunden* ist und damit nicht auf den Ring zeigt (siehe Formation vom 23. Mai), sondern ihn durchbricht. Vom breit dargestellten Ring (P3) gehen vier Zeiger ab, die damit andeuten, daß hier noch vier Dinge enthalten sind (P4). Dies können vier Satelliten (P8) oder, wieder abgekürzt, vier Umlaufbahnen sein.

Aus dem Vorstehenden leiten wir das *9. Prinzip* ab: *Die Verbindung von gleichen Dingen bedeutet auch das gleiche.* In diesem Falle haben wir also zwei Sterne, die miteinander verbunden sind. In der Astronomie kennen wir Doppelsternsysteme, d. h. zwei Sonnen gleichen oder auch ganz unterschiedlichen Typs kreisen gravitatorisch gebunden umeinander. Im obigen Falle wäre eine Sonne wichtig, nämlich die, die beringt ist und, angedeutet durch die Zeiger, beispielsweise vier Planeten beherbergen könnte.

Abb. 29: Weitere Verkürzung der Darstellung von Umlaufbahnen (6. Juni, Longwood Estate)

Sehr schön war die *Formation vom 6. Juni (Longwood Estate)* anzusehen: Vier Ringsegmente, zwei innere und zwei äußere in verschiedenen Abständen, wurden insgesamt umringt von einem kompletten Kreis. Dies war der erste Hinweis darauf, daß in Zukunft keine vollständigen Ringe mehr gezeigt würden. Das hieße, daß auch Halb- oder Viertelsegmente um Kreise Umlaufbahnen symbolisierten. Die dritte Umlaufbahn in diesem Piktogramm ist anders, eben durchgehend, dargestellt. Damit kommt ihr eine besondere Bedeutung zu. In dieser Formation finden wir unser *10. Prinzip (P10): Ringsegmente sind die abgekürzte Darstellung von Umlaufbahnen.* Damit stellt P10 eine Erweiterung von P8 dar.

Wieder fanden wir das Prinzip der abgekürzten Darstellungsweise von früher ausführlicher dargestellten Einzelheiten. Wir brüteten über den Kreisen wie im Fieber mit roten Köpfen und heißen Ohren und fühlten uns wunderbar. Wenn sich das so fortsetzte, müßten wir auch an die so kompliziert erscheinenden Großpiktogramme auf irgendeine Weise herankommen können. Doch bis dahin gab es noch einige harte Nüsse zu knacken. Wo würde uns das alles hinführen?

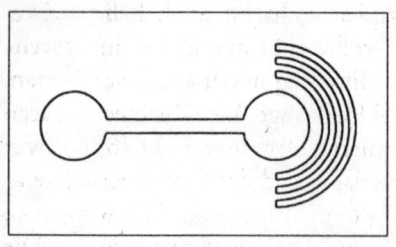

Abb. 30: Ein neues Piktogramm, eine klare Aussage (16. Juni, Telegraph Hill)

Die *Formation vom 16. Juni (Telegraph Hill)* war wieder ein Piktogramm: Zwei Kreise waren durch einen Steg verbunden, ein Kreis war mit drei fast halben Kreissegmenten umgeben. Wir fanden leicht P1, P8, P9 und P10 in dieser Formation wieder. Da der Verbindungssteg einfach und gerade vom Kreis mit den Segmenten zum einfachen Kreis geht, müßte auch dieser wieder einen Stern darstellen. Hierzu fanden wir auch wieder einmal eine Beschreibung der Kornlagen: Beide Kreise sind im Uhrzeigersinn gleich gedreht, ebenso die beiden inneren Ringsegmente, das äußere Segment liegt linksherum (gegen den Uhrzeigersinn). Damit wird wieder die dritte Umlaufbahn betont. Der Mittelsteg »zeigt«, bedingt durch die Kornlage, zum umringten Kreis.

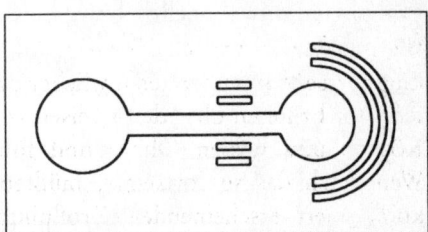

Abb. 31: Eine harte Nuß (23. Juni, Lichfield)

Die *Formation vom 23. Juni (Lichfield)* war eine der oben erwähnten Nüsse. Wir konnten nur hoffen, daß uns die bisher erarbeiteten Prinzipien nicht im Stich ließen. Zwei Kreise unterschiedlicher Größe, je 11 m und 7 m im Durchmesser, waren über einen Mittelsteg miteinander verbunden. Um einen Kreis lagen zwei Halbringe. Vier Rechtecke waren neben dem Steg positioniert. Der innere Halbring war rechtslagig, der äußere linkslagig und der Länge nach geteilt. Die Steglänge betrug 18 m, die Kornlage der vier Rechtecke war, wie die des Steges, zum beringten Kreis zeigend. Die Kreissegmente waren im Uhrzeigersinn gewunden.
Zwei Kreise waren durch einen Steg miteinander verbunden, bedeuteten nach P9 das gleiche, hier also zwei Sterne. Ein Stern war größer, was einmal ein Hinweis auf einen anderen Spektraltyp bedeuten, aber auch nach P6 die Wichtigkeit dieser Sonne hervorheben könnte. Sie sind jedoch ohne weitere Zusätze dargestellt, was bedeutet: schon wichtig, aber im Moment haben die Einzelheiten des anderen Systems

Vorrang, deshalb dort die vielen Einzelheiten. Und welche finden wir?

Es sind vier Rechtecke, die sich in ihrer Lage deutlich mehr zum kleineren Kreis hin orientieren. Der besitzt zwei Halbringe. Nach P8 kann die kleinere Sonne also vier Satelliten haben, und daß nur zwei Umlaufbahnen dargestellt sind, bedeutet nach P3 deren Wichtigkeit. Von den vier Satelliten sind also nur zwei wichtig bzw. nur die zweite Umlaufbahn ist wichtig.

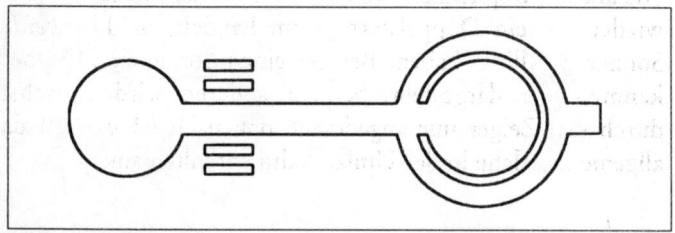

Abb. 32: Ein Zeiger taucht auf (28. Juni, Longwood Estate)

In der *Formation vom 28. Juni (Longwood Estate)* sind die Mehrfachringsegmente jetzt verschwunden. Dafür erscheint ein kompletter Ring mit einem kleinen »Zeiger« (P4) um einen der zwei rechtslagigen Kreise, die mit einem Steg verbunden sind, der den Ring um den einen Kreis durchbricht, womit P9 Anwendung finden kann. Der Steg zeigt, durch die hier erwähnte Kornlage, zum beringten Kreis, der Zeiger auf der anderen Seite in Fortsetzung dieser Linie vom Ring weg. Die Innenkreise sind ungefähr gleich groß. Das Korn in den äußeren Rechtecken zeigt zum beringten Kreis, das in den inneren beiderseits zum unberingten Kreis. Die Rechtecke lagen in der Realität etwas schief, d. h. auf der Seite des unberingten Kreises etwas näher an den Steg heran. Die äußeren Rechtecke weisen zum beringten, die inneren zum unberingten Kreis.

Nach P9 und P3 handelt es sich hier um zwei gleichartige, miteinander verbundene Objekte, in diesem Fall wieder um zwei Sterne. In Verbindung mit P8 kann es bedeuten, daß beide Seiten des Piktogramms identisch sind. Was auf der einen Seite mit Kreis und Rechtecken dargestellt ist, erscheint auf der anderen Seite nur noch als Kreis mit einem Zeiger, denn es ist hier im Moment nicht wichtig, wie viele, sondern nur, daß da Satelliten enthalten sind.

Die andere Möglichkeit besteht in der Annahme, daß es sich wieder um ein Doppelsternsystem handelt, in dem *beide* Sonnen Satelliten haben. Bei der einen Sonne sind die bekannten vier dargestellt, bei der anderen wird zunächst durch den Zeiger nur angedeutet, daß nach P3 und P4 da allgemein welche in der Umlaufbahn enthalten sind.

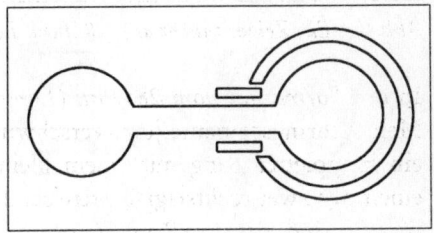

Abb. 33: Immer neue Feinheiten

In der *Formation vom 30. Juni* finden wir einen Kreis, der durch einen Steg mit einem anderen Kreis verbunden ist. Dieser besitzt einen Ring, der jedoch nicht vollständig herumreicht. Zwei Rechtecke liegen nahe am beringten Kreis, so daß sie den Ring zusammen mit dem Steg unterbrechen. Es gibt hier also eine enge (Lage-)Beziehung zwischen Rechtecken und beringtem Kreis. Die Rechtecke haben gegenläufige Kornlage.

Wieder sind zwei Kreise miteinander verbunden (P9) und

bedeuten hier wieder zwei Sterne. Sie sind in natura fast gleich groß und dokumentieren dadurch ihre annähernde Gleichberechtigung. Einer von beiden ist aber offenbar doch etwas wichtiger, da Einzelheiten dargestellt werden. Es ist gleichsam ein »Prinzip 8a« in Kombination mit P3, denn es werden zwei Rechtecke in engster Lagebeziehung zum Ring gezeigt, der durch sie wie unterbrochen wirkt. Um diese Sonne kreisen also in irgendwelchen Umlaufbahnen zwei Satelliten oder der zweite von allen umkreisenden Satelliten ist wichtig.

Die *Formation vom 6. Juli aus Wiltshire* würde von den enthaltenen Informationen besser zwischen die vom 23. Juni und 28. Juni passen, da es, wenn man die chronologische Entwicklung betrachtet, keine neuen Informationen zu enthalten scheint.

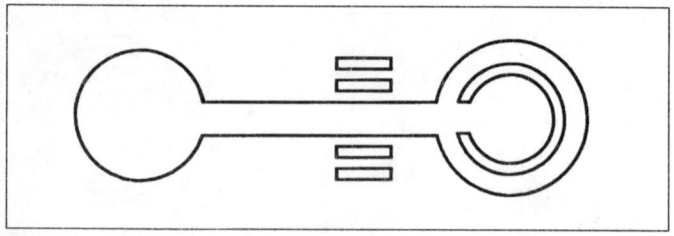

Abb. 34: Viele Piktogramme dieser Art (6. Juli, Wiltshire) erschienen in den Sommermonaten dieses denkwürdigen Jahres

Der Text der Bildtafel 51[21] spricht von »...entdeckt am 6. Juli...« unter »...mehr als 20 Piktogrammen dieser Art...«. Hat also das Phänomen der Kornkreise die Piktogramme an verschiedenen Orten erstellt, um die Aufmerksamkeit auf eine ablaufende Entwicklung zu lenken? Es ist natürlich auch davon auszugehen, daß die Dokumentation, soweit sie uns vorlag, unvollständig war. Zwischen Entstehung und

Entdeckung können auch einige Tage verstrichen sein, so daß dieses Piktogramm in die Reihe passen würde.
Von der linken Sonne reicht ein Steg zur rechten, die kleiner ist. Ihr Ring ist jedoch breit und damit wichtig. Es findet sich kein Zeiger am Ring, jedoch haben die Rechtecke eine Lagebeziehung zum umringten Kreis.

11 Die Dekodierung der Großpiktogramme von Alton Barnes 1990

Die *Formationen vom 11. Juli (Alton Barnes)* stellten in jeder Hinsicht eine Herausforderung dar. Abgesehen von der enormen Größe mit 168 m (Alton Barnes I, Abb. 35) und 150 m Länge (Alton Barnes II, Abb. 36) waren es

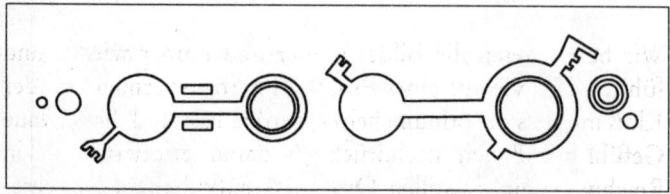

Abb. 35: Das Großpiktogramm Alton Barnes I (11. Juli 1990)

Doppelpiktogramme, und sie besaßen mit den Ausläufern bisher nicht gesehene Bestandteile. Die Bezeichnungen dafür reichten von »Zeigern« über »Schlüssel« bis zu »Hand Gottes« und »dreifingerig segnende Hand« in den verschiedensten Publikationen.

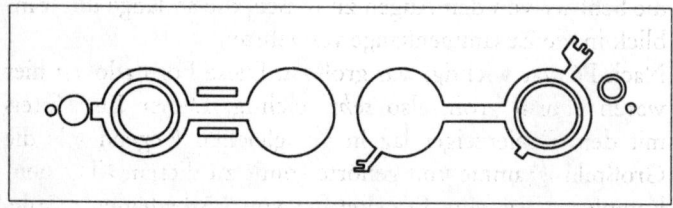

Abb. 36: Das Großpiktogramm Alton Barnes II (11. Juli 1990)

Separat von den Großpiktogrammen waren ein Kreis mit einem Dreierzeiger und einem Einzelkreis in räumlicher Lagebeziehung zu den Großpiktogrammen mit immerhin 76 m Formationslänge entstanden.[22] Eine enorme, die Wichtigkeit dieser einzelnen Formation betonende Größe.

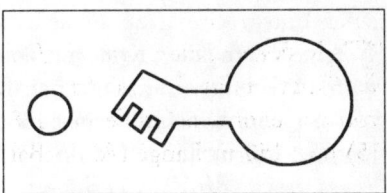

Abb. 37: Der Schlüssel
zum Verständnis (11. Juli
1990, Alton Barnes)

Wir betrachteten die Bilder immer und immer wieder und fühlten uns wie vor einer Prüfung im Staatsexamen, wo der Kloß im Hals die Stimme heiser werden läßt und dieses flaue Gefühl im Bauch nachdrücklich daran erinnert, sich in Reichweite eines »stillen Örtchens« aufzuhalten. Es schienen tatsächlich schon auf den ersten Blick einige unserer Prinzipien in diesen Mega-Formationen enthalten zu sein. Es war also möglich, hier zumindest den Versuch einer Analyse zu unternehmen! Bald waren wir erfüllt von diesem Gefühl des stillen Jubels der ersten Ahnung, wenn man da so sitzt, in die Faust beißt, vor sich hin starrt und zu sich selber sagt: »Meine Güte, tatsächlich ...« Es sind dies die Momente, in denen man mit der Kraft der Erkenntnis in der Lage ist, die Schleier von den Augen zu reißen, die so lange den Einblick in die Zusammenhänge verwehrten.

Nach P6 war wichtig, was groß ist. Diese Formationen hier waren enorm groß, also *sehr* wichtig. Dieser Einzelkreis mit dem Dreierzeiger lag in der gleichen Gegend wie die Großpiktogramme und gehörte somit zu diesem »Themenkomplex«, was eine Erweiterung von P5 bedeuten würde. Wenn P5 insgesamt gültig ist, müßten wir den Dreierzeiger in den Großformationen wiederfinden. Und sie waren da – unübersehbar! Wir alle wissen, wie sehr diese Dreierzeiger durch ihre Größe die Formationen beherrschten, wie wichtig sie also den Kreisemachern gewesen sein müssen.

Wenn dem so war, hatten wir, wenn unsere Theorie ihre Gültigkeit behalten sollte, irgendwo in der Astronomie nach einer Entsprechung zu suchen. Nach P3 wurden Sonnensysteme durch einen Kreis mit Umkreis dargestellt. Nach P2 wurden Satelliten mit einfachen Kreisen dargestellt. Satelliten in einem Sonnensystem bezeichnet man z. B. als Planeten. An solch einem Satelliten (Planeten) finden wir hier etwas, das an die Zahl 3 erinnert. Lassen Sie uns diese »Erinnerung« an die Zahl 3, wie oben geschehen, als »Dreierzeiger« bezeichnen. Wir kennen z. Zt. nur ein Planetensystem etwas genauer, nämlich unser eigenes. Wir sagen, der Planet Merkur sei der sonnennächste, der erste Planet von der Sonne aus gerechnet. An zweiter Stelle folgt die Venus und an dritter Stelle unsere Erde. Der dritte Planet! Die Erde. *Der Kreis in dem Kornfeld mit dem Dreierzeiger bezeichnet unsere Erde!*

Wenn man im Originalfoto genauer hinschaut, kann man erkennen, daß einer der »Zählbalken« breiter ist. Damit finden wir sogar im Detail P6 wieder, gleichsam als doppelte Bestätigung. Und als »Punkt auf dem i« lag noch ein kleiner Kreis direkt neben dem Zeiger, denn die Erde wandert nicht allein durchs All, sie hat einen Begleiter – den Mond!

So hatten wir hier zum ersten Male einen konkreten Hinweis, daß sich tatsächlich eine astronomische Bedeutung hinter den Kreisen verbarg. Unsere Theorie hatte damit eine erste Bestätigung erfahren.

Als nächsten Schritt zerlegten wir die Großpiktogramme mit Hilfe unserer Prinzipien in ihre einzelnen Bestandteile.

Leicht ist zu erkennen, daß sie aus zwei Hauptkomponenten zusammengesetzt sind. Sie liegen in unmittelbarer Lagebeziehung zueinander im gleichen Feld, womit wir wieder P5 erkennen können. Besonders auffällig ist zusätzlich, wie dicht sie in derselben Ausrichtung beieinander liegen, womit ihre Zugehörigkeit noch unterstrichen wird. Obwohl sich die Teile unterscheiden, wirkt das Ganze zusammengehörig und ähnlich.

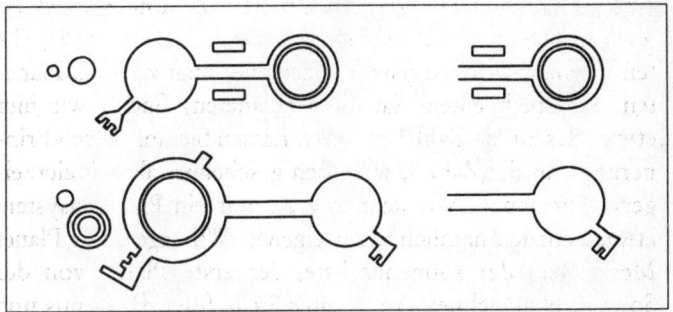

Abb. 38: Die beiden Komponenten von Alton Barnes I (links) untereinander angeordnet. Rechts davon Ausschnitte

So nahmen wir die Komponenten von Alton Barnes I, legten sie untereinander, drehten die eine Hälfte um 180° herum und erkannten, als die Dreierzeiger untereinander lagen, daß hier demonstriert wurde, wie mit verschiedenen Symbolen identische Aussagen gemacht werden können.

In Abb. 38 erkennen wir, daß vom Ring des rechten Kreises ein Zeiger ausgeht, der mit zwei Rechtecken versehen ist. Nach P8 kreisen also zunächst zwei Planeten um einen Stern. Der Steg kommt später an die Reihe. Im unteren Teil von Abb. 38 erkennen wir am rechten Kreis einen Zweierzeiger. Der Kreis ist groß, nach P6 also auch wichtig, und über einen Steg mit dem Ring des Nachbarkreises verbunden. Es sind also entweder zwei Planeten, die umkreisen, oder der zweite Planet an sich ist hier bezeichnet.

Als nächsten Schritt vergleichen wir analog die linken Seiten der Piktogramme. Im linken Teil von Abb. 39 erkennen wir das gleiche Prinzip wie eben im unteren Teil rechts bei der vorhergehenden Abbildung. Ein großer, also wichtiger Kreis besitzt einen Dreierzeiger. Der Kreis ist über einen Steg mit einem Ring (einer Umlaufbahn) verbunden. Gemeint sind also drei Planeten oder der dritte Planet in der Umlaufbahn einer Sonne.

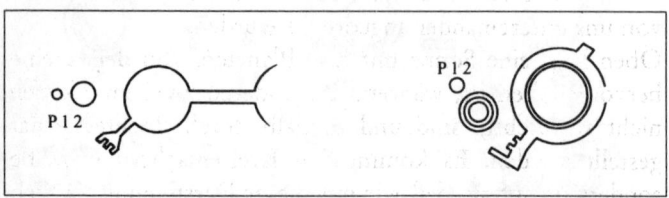

Abb. 39: Auch auf die linken Seiten des Piktogramms lassen sich unsere Prinzipien anwenden

Im rechten Teil dieser Grafik erkennen wir ebenfalls einen Dreierzeiger, der von einem Ring ausgeht. Dieser Ring bietet noch einen weiteren, stummelartigen Zeiger, der nach P4 auf weitere Trabanten hinweist, von denen zur Zeit aber nur zu wissen wichtig ist, daß sie vorhanden sind, ohne auf eine nähere Anzahl einzugehen. Dadurch gewinnt aber der Dreierzeiger besondere Bedeutung, da aus der Menge unbekannter Satelliten oder Planeten der dritte hervorgehoben wird.
Beide Male erscheinen links oberhalb der Zeiger ein kleiner und ein noch kleinerer Kreis, im unteren Teil der Grafik sogar mit dünnen Ringen als Gegensatz zu den breiten Planetenringen. Dies ist, wie mit einem Mikroskop, ein weiterer Schritt ins Detail, ein quasi physisches Abbild dessen, was sich da an dieser dritten Stelle im Sonnensystem befindet. Hatten wir das nicht schon einmal? Ein großer und ein klei-

ner Kreis in Verbindung mit einem Dreierzeiger? Die Erde! Es ist wieder die Erde mit ihrem kleineren, einzigen Mond. Es ist unser Sonnensystem!

Das Piktogramm Alton Barnes I demonstriert uns also auf wunderbare Weise, wie man mit verschiedenen Kreiskomponenten die gleiche Aussage machen kann und durch Betonung von Einzelheiten bei gleichbleibenden Grundbedingungen besondere Gewichtungen schaffen kann. Betrachten wir noch einmal die Abb. 38, in der die beiden Piktogramme von uns untereinander angeordnet wurden.

Oben liegt eine Sonne mit drei Planeten, von denen einer hervorgehoben ist, während die anderen zwei im Moment nicht so wichtig sind und deshalb durch Rechtecke dargestellt werden. Es kommt den Kreisemachern ganz besonders darauf an, daß wir mit dieser Darstellungsmöglichkeit die Wichtigkeit der Zahl 3 verstehen. So geben sie, um unser Verständnis zu unterstützen, dem betonten Kreis zusätzlich einen Dreierzeiger und stellen dann auch noch, in Lagebeziehung zu diesem, das gemeinte Erde/Mond-System dar.

Unten liegt in dieser Grafik rechts ein Planet mit einem Zweierzeiger. Er ist groß dargestellt und damit wichtig. Es kommt den Kreisemachern ganz besonders darauf an, daß wir mit dieser Darstellungsmöglichkeit die Wichtigkeit der Planetenzahl 2 verstehen. Das Planetensymbol (einfacher Kreis ohne Ring) mit der Zahl 2 ist über einen Steg mit einem Sonnensystem verbunden, von dem bereits ein Dreierzeiger und ein Stummelzeiger abgehen. Neben dem Dreierzeiger liegen wieder Erde und Mond, diesmal sogar beringt als Ausdruck des Umkreisens der kleineren Komponente. Interessant ist bei allen Dreierzeigern, daß ein Zählbalken sich immer durch Form, Größe und Ausrichtung von den anderen unterscheidet, womit immer »einer von dreien« hervorgehoben wird.

Wir formulieren nunmehr unser *11. Prinzip (P11): Geht ein numerischer Zeiger von einem Ring aus, weist er auf im Umlauf befindliche Körper hin und bestimmt deren Anzahl oder, wenn ein Zählbalken hervorgehoben ist, die Umlaufbahn bzw. die Position. Geht ein Zeiger von einem Kreis aus, bezeichnet er die Gesamtzahl der Satelliten/Planeten oder die Position.*

Die separat zusätzliche (in sich doppelte) Darstellung des Erde/Mond-Systems oder Hervorhebung eines Planeten/Satelliten bei bereits bekannter Position durch einen Zeiger läßt uns unser *12. Prinzip (P12)* finden: *Besonders wichtige Dinge werden zusätzlich oder zusätzlich und ausführlicher abgebildet bzw. breit und/oder groß dargestellt.* P12 ist somit eine Erweiterung von P6.

Das *11. Prinzip* verdeutlicht ganz besonders, welche Entwicklung die Einzelkomponenten der Kreise und Piktogramme bisher durchgemacht haben. Ganz zu Anfang lagen Satelliten in der Nähe größerer Kreise, dann wurden sie angeordnet und durch Umkreise miteinander verbunden. Aus ganzen Ringen wurden Ringsegmente, daraus zusammengefaßt breite Ringe, die so auf einen gewissen Inhalt hindeuten sollten. Wenn es dann wichtig war, wurden den Ringen allgemeine oder konkret numerische Zeiger angehängt oder den Kreisen in Verbindung mit einer Umlaufbahn ihr numerisches Attribut gegeben. Unser früher gefundenes Prinzip der verkürzten Darstellung (P8) erfährt beim Piktogramm Alton Barnes I seine volle Anwendung. Stellen Sie sich nur einmal vor, wie viele Kreise hier zu zeichnen wären, um alle Umlaufbahnen darzustellen. Es würde wohl ziemlich groß und zudem unübersichtlich werden, wohingegen hier alles übersichtlich geblieben ist, die Wichtigkeit bestimmter Teile betont und eine Aussage gemacht werden konnte.

Das Geschwisterpiktogramm Alton Barnes II wies ähnliche

Merkmale auf. So machten wir uns also hoffnungsfroh daran, seine Botschaft zu verstehen.

Wieder handelt es sich um ein Doppelpiktogramm. Die hier unten abgebildete Komponente erinnert uns stark an einen Teil von Alton Barnes I. Auf der linken Komponentenseite

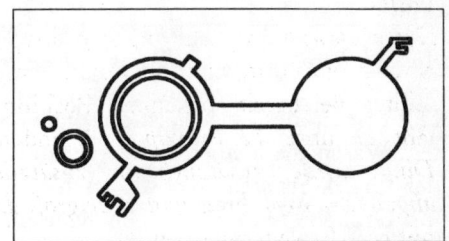

Abb. 40: Analoge Aussagen in der einen Komponente von Alton Barnes II

finden wir wieder ein Sonnensystem, bei dem durch den Stummelzeiger angedeutet wird, daß da noch mehr enthalten ist. Dem gegenüberliegend ist ein Dreierzeiger dargestellt, bei dem ein Zählbalken (auf dem Originalfoto deutlich sichtbar[23]) betont erscheint. Daneben liegt wieder das, worauf der Zeiger in diesem System hinzudeuten hat: ein kleiner Satellit, der von einem noch kleineren umkreist wird. Wir erkennen wieder das Erde/Mond-System. Rechts davon liegt ein großer, also wichtiger Kreis mit einem Zweierzeiger. Wir sehen hier den zweiten oder zwei Planeten in Beziehung (weil mit einem Steg damit verbunden) zu einer Umlaufbahn um eine Sonne.

In der anderen Komponente ist eine Sonne dargestellt, die drei Planeten hat, von denen einer wichtig ist. Der Stummelzeiger, der sonst angibt, daß hier noch mehr in dieser Umlaufebene enthalten ist, zeigt direkt und in unmittelbarer Nachbarschaft auf das uns bekannte Erde/Mond-System.

Der Dreierzeiger ist durch die bildliche Darstellung seines Inhaltes ersetzt: drei Planeten, von denen einer wichtig ist.

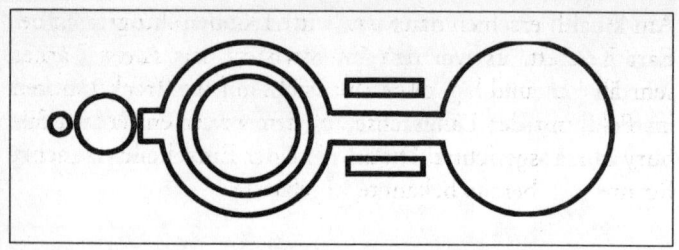

Abb. 41: Rechts wie links, die hohe Schule der Agroglyphen

Das Prinzip des Zeigens ist durch den Stummelzeiger erhalten. Wären die kleinen Kreise auf der Seite des anderen (in der Grafik rechten) Kreises erschienen, wären wir schwer ins Grübeln gekommen. Die Kreisemacher achten jedoch sehr darauf, uns nicht zu verwirren, sondern eindeutig zu erklären. So ordnen sie die kleinen Kreise genau gegenüber (am Zeiger) an und verdeutlichen damit, daß die eine Seite die Erklärung der anderen darstellen soll.

Es war faszinierend zu sehen, wie durch Anordnungsvariationen verschiedener »einfacher« Kreiskomponenten die Aussagemöglichkeiten erweitert werden konnten, ohne jedesmal völlig neue Symbole einführen zu müssen. Ist das nicht die Grundlage jeglicher Kommunikation – *verständlich zu sein?*

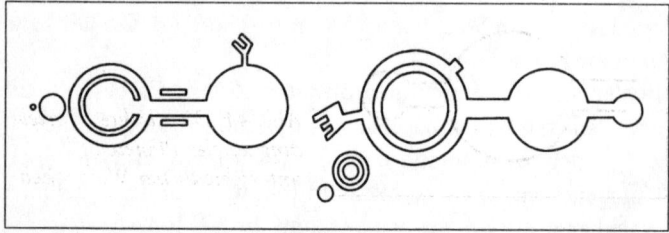

Abb. 42: Das dritte Doppelpiktogramm dieses Sommers. Die rechte Komponente ist hier um 180° gegen den Uhrzeigersinn gedreht

Am 26. Juli erschien dann das dritte Doppelpiktogramm bei East Kennett. Es war den Geschwistern aus Alton Barnes sehr ähnlich und lag, ohne Rücksicht auf die Treckerspuren im Feld, mit der Längsachse auf den weiter entfernten Silbury Hill ausgerichtet. Die Analyse der Einzelteile erbrachte für uns nun bereits bekannte Ergebnisse.

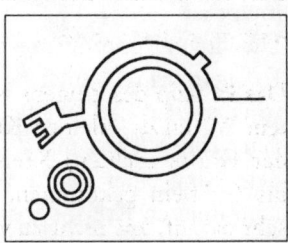

Abb. 43: Ein weiteres Detail, der kleine Ring um den Planeten und die Darstellung dessen, was da umkreist

Durch einen Dreierzeiger wird auf einen dritten Planeten hingewiesen, der sich in einer Umlaufbahn um eine Sonne befindet. Der Planet wird samt seinem Mond dargestellt, am Planeten ist durch einen Ring das Umkreisen der kleineren Komponente dargestellt. Ein Stummelzeiger weist wieder auf weitere Inhalte der Umlaufebene hin. Es kommen P11 und P12 zur Anwendung.

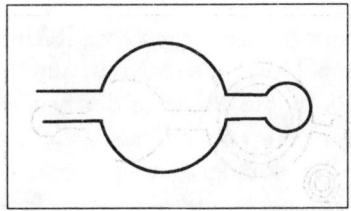

Abb. 44: Die direkte Darstellung zweier Planeten unterschiedlicher Wichtigkeit

Der (in der Abb. 42) rechte Teil der rechten Komponente der Formation zeigt zwei Kreise unterschiedlicher Größe, die untereinander, aber auch mit dem Ring der Sonne durch einen Steg verbunden sind. Dies weist sie als Planetensymbole aus, von denen einer wichtig zu sein scheint (P6). Wir erinnern uns: Bei den Mega-Piktogrammen in Alton Barnes trug der mit dem Sonnensymbol verbundene Kreis einen *Zweier*zeiger. Hier wird auf den Zeiger verzichtet und direkt dargestellt, was gemeint ist.

Die linke Komponente des Doppelpiktogramms von East Kennett bringt nun eine Neuerung, deren enorme Bedeutung erst auf den zweiten Blick ersichtlich ist.

Ein großer Kreis mit Zweierzeiger ist über einen Steg mit dem Ring einer Sonne verbunden und darüber hinaus mit dem inneren Kreis, der Sonne selbst. Nach P9 muß also der Kreis mit dem Zweierzeiger ebenfalls eine Sonne sein!

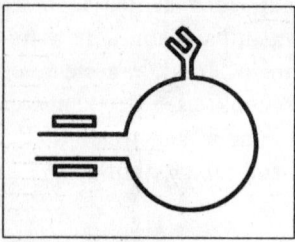

Abb. 45: Zum erstenmal: eine Sonne mit zwei Zeigern!

Rechts und links des Verbindungssteges liegen zwei Rechtecke, neben dem Sonnensymbol zwei kleine Kreise unterschiedlicher Größe. Nach P8 müßte also eine der beiden Sonnen Planeten beherbergen, die zumindest so wichtig sind, daß sie in dieser Phase der »Piktogrammbildung« Erwähnung finden. Kleine Kreise neben Piktogrammen fanden wir auch in Alton Barnes, jedoch wurde bisher mit Zeigern auf sie hingewiesen. Diese hier liegen ohne numerischen oder stummelartigen Zeiger neben den größeren

Teilen, kleinere Umkreise sind nicht vorhanden. Sie werden also der daneben liegenden Sonne nicht speziell zugeordnet, sie liegen separat.

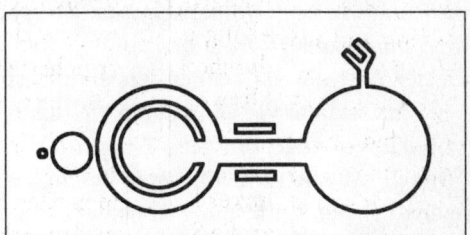

Abb. 46: Darstellung zweier Sonnen auf zwei unterschiedliche Arten in einem Piktogramm

Hätten die Kreise auf der anderen Seite gelegen, müßte man sie nach P12 mit dem Zweierzeiger am rechten Kreis direkt in Verbindung bringen, womit sie eine spezielle Bedeutung nur für diesen Kreis erlangen würden. Die Kreise liegen jedoch genau auf der anderen Seite, ohne unmittelbare Bezeichnung, aber genau in der Verlängerung des Steges, der für das Piktogramm eine entscheidende Bedeutung besitzt. Immerhin eine ins Auge fallende Plazierung. Wenn wir uns hier P12 in Erinnerung rufen und daran denken, daß uns nach P9 zwei Sonnen gezeigt werden, können die zwei kleineren Kreise eine zusätzliche Darstellung zweier Sonnen sein, von denen eine kleiner bzw. größer als die andere ist. Bezieht man die Reihenfolge der kleinen Kreise auf die der großen, müßte bei letzteren die linke Sonne die größere und die rechte die kleinere Sonne sein. Hier ergibt sich für die gesamte Teilformation eine Übereinstimmung.

Im Kern besagt P8 auch, daß das, was umkreist, abgekürzt numerisch durch Rechtecke dargestellt werden kann. Wenn wir das begriffen haben, können wir dieses Prinzip nicht nur auf »planetare«, sondern auch auf »solare« Begleiter anwenden. In dem oben abgebildeten Teilpiktogramm fällt bei den

Rechtecken die Nähe zum Ring des rechten Kreises auf, von dem der hier so wichtige Steg ausgeht. Hier kreisen also zwei Körper. Der Zeiger am linken Kreis, welcher durch den Steg mit seiner Verbindung zum rechten Kreis als Sonne ausgewiesen ist, zeigt numerisch 2 an. Zwei Sonnen kreisen und sind miteinander verbunden.

In der Astronomie kennen wir eine Entsprechung, von der wir inzwischen wissen, daß sie viel häufiger vorkommt, als vor Jahren angenommen: *Doppelsternsysteme!* Dies sind Sonnen oft unterschiedlichster Beschaffenheit, die in unterschiedlichster Entfernung voneinander um einen gemeinsamen Masseschwerpunkt kreisen müssen und so gravitatorisch aneinander gebunden sind. Man schätzt, daß mehr als die Hälfte aller Sterne zu echten Doppel- oder Mehrfachsystemen gehören.

Wir erinnern uns an die Piktogramme vom Juni 1990. Hier durchbrechen die Stege bereits die Ringe und verbinden so zwei Sonnen miteinander. Im Lichte des oben angeführten erscheint uns nunmehr das Piktogramm vom 30. Juni wie ein Vorläufer für die Darstellung von Doppelsternsystemen, jedoch fehlt hier noch der die Zweisamkeit unterstreichende Zeiger an der Schwester- oder Brudersonne. Damit könnte das Piktogramm vom 6. Juli mit der Lagebeziehung der vier Rechtecke zum rechten Kreis zusätzlich auch auf Mehrfachsternsysteme hindeuten, was in dem uns umgebenden Weltall ebenfalls keine Seltenheit darstellt.

Sie alle kennen vielleicht das Sternbild Großer Bär (lateinisch: Ursa Major). In nördlichen Breiten gehört es zu den zirkumpolaren Sternbildern, was bedeutet, daß diese während der uns Tag und Nacht bringenden Drehung der Erde nicht unter dem Horizont versinken und immer sichtbar sind. Mit Sicherheit kennen Sie aber den »Großen Wagen«, der durch nichts weiter als durch die sieben Hauptsterne eben dieses Großen Bären seine markante Form mit »Wagenkasten« und »Deichsel« erhalten hat.

Der Stern im Knick des Schwanzes des Großen Bären bzw. in der »Deichsel« heißt Mizar. Wie viele Eltern haben wohl schon ihren Kindern diesen Stern gezeigt und gefragt, ob sie sein kleines »Reiterlein« erkennen können? Wenn die stolzen Nachkommen dies glaubhaft bejahten, wurden sie gelobt und in die Gilde der Späher aufgenommen und für die Schärfe ihrer Augen gepriesen. Dieser kleine Stern vierter Größe heißt Alkor.

Mit einem Feldstecher können Sie dicht neben Mizar ein weiteres kleines Sternchen erkennen, Mizar B. Spektroskopische Messungen des von Mizar A und B abgestrahlten Lichts haben ergeben, daß die Komponenten jeweils noch einmal Doppelsterne sind, womit wir bereits ein Vierfachsystem vorliegen haben. Alkor, ebenfalls ein Doppelstern, gehört zum Mizar-System, womit hier also ein Sechsfachsystem durchs All fliegt.[24]

12 Die Analyse weiterer Piktogramme

Die Tage und Wochen vergingen. Wir waren mit unserer Analyse schon ein gutes Stück vorangekommen. Es war eine eigenartige Zeit, denn einerseits forderte das »normale Leben« mit Arbeit und Familie sein Recht, andererseits beanspruchten die Kreise voll unser Denken und unsere Emotionen bis tief hinein in unsere Träume. Besonders angenehm erschien uns immer wieder das Erkennen einer bekannten Form in einer kleinen Variation in Verbindung mit einer weiteren bekannten Form, aus deren Anordnung sich eine neue Bedeutung ableiten ließ. Es machte regelrechten Spaß, sich auf eine neue Formation zu stürzen und zu sehen, ob man mit den bereits bekannten Parametern auch hier eine Aussage entlocken konnte.

An ein Zurücklehnen war jedoch nicht zu denken, denn die Saison 1990 hatte noch einige knifflige Aufgaben parat.

Zwischen den Piktogrammen von Alton Barnes vom 11. Juli

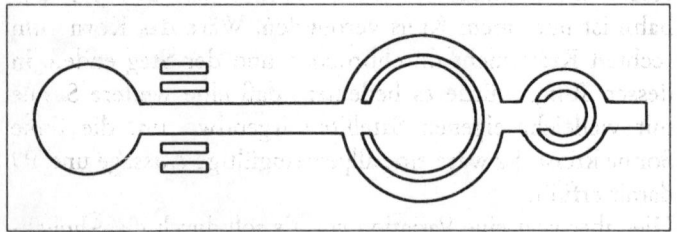

Abb. 47: Diese Formation vom 13. Juli ist eine Erweiterung des Piktogramms von Longwood Estate vom 20. Juni

und dem von Allington Downs vom 26. Juli erschien am 13. Juli bei Crawley Down in der Nähe von Winchester ein außergewöhnlich schönes und sehr kompliziertes Piktogramm. Es erinnert sehr an die Formation vom 20. Juni in Longwood Estate. Der Unterschied liegt hier auf der rechten Seite. Damals war am beringten Kreis nur ein Zeiger zu sehen, der nach P4 auf weitere Inhalte hindeutete. Jetzt wurde dargestellt, wie nach dem (bekannten) Prinzip »Schritt für Schritt«, was gemeint war. Ein weiterer Zeiger macht uns jedoch darauf aufmerksam, das dies noch nicht alles war, daß zu einem späteren Zeitpunkt zu diesem »Thema« noch weitere Informationen zu erwarten sind, daß es immer weiter geht.

Das Anhängsel auf der rechten Seite sieht aus, wie eine Miniaturausgabe seines linken Nachbarn. Ein Kreis mit einem Ring, ein typisches Sonnensymbol, ist einerseits über einen Steg mit dem Ring des linken Kreises verbunden und besitzt andererseits, ausgehend vom eigenen Ring, einen einfachen Zeiger (P4). Der Steg, der vom linken Ring ausgeht, dort das stehende Korn nicht durchbrochen hat wie auf seiner linken Seite zum unberingten Kreis hin, durchbricht beim rechten Ring die stehende Korngrenze zum zentralen Kreis. Nach dem von uns aufgestellten Prinzip P9 bedeutet die Verbindung von gleichen Dingen auch das gleiche. Das erscheint hier zunächst nicht eindeutig, denn eine Umlaufbahn ist mit einem Kreis verbunden. Wäre das Korn zum rechten Kreis nicht durchbrochen und der Steg endete in dessen Ring, würde es bedeuten, daß eine weitere Sonne mit vielleicht eigenen Satelliten irgendwo um die linke Sonne kreist. Es wäre eine allgemeingültige Aussage und P9 damit erfüllt.

Hier aber liegt eine Variation vor. Es soll durch die Ähnlichkeit zum linken, größeren Kreis klar gemacht werden, daß es sich um eine Sonne handelt. Es wäre auch möglich gewesen, einen Kreis auf der rechten Seite als Sonne zu klassifizieren, indem man ihn einfach mit der linken Sonne (dem zentralen Kreis des gesamten Piktogramms) verbunden hätte. Das wäre eine klare Aussage und die Sache damit erledigt. So aber besteht die Möglichkeit, weitere Eigenschaften des ganzen Systems mit einzubringen. Links tangiert der Steg nur den Ring, rechts durchdringt er ihn und erreicht den zentralen Kreis. Links durchdringt rechts, links ist stärker. Es geht hier also darum, nicht nur zu zeigen, daß irgendeine Sonne um eine andere kreisen kann, sondern daß diese Sonne der anderen untergeordnet ist. Sie muß also, wie abgebildet, kleiner sein und weniger Masse haben, denn die Gravitationskraft der anderen durchdringt sie. Irgendwas kreist um diese kleine Sonne, denn sie besitzt einen Ring. In allen Kreisen liegt das Korn gleichartig im Uhrzeigersinn.

Wir haben es also mit einem dreifachen Sternsystem zu tun, zwei größeren Sonnen und einer kleineren. Von den größeren Sonnen dominiert eine, bei der zweitgrößeren sind nach P8 vier Satelliten durch Rechtecke besonders hervorgehoben.

Eine recht bizarre Formation entstand um den 20. Juli. herum in Etchilhampton, ungefähr 6 km südlich von Devizes, und bereitete natürlich auch uns einiges Kopfzerbrechen. Sie verführte viele geradezu, die verrücktesten Sachen hineinzudeuten, wie etwa »Handspiegel« oder »Windmühle«. Wir konnten unsere Prinzipien anwenden und waren damit zunächst gegen derartige Auslegungen gefeit, jedoch verspürten auch wir beim notwendigen häufigen Betrachten des Fotos den Reiz der Ästhetik dieses Piktogramms. Rechts wird ein zentraler Kreis liegenden Korns von einem Ring umgeben. Dieser wird symmetrisch von kleinen Rechtecken radial durchkreuzt. Gegenüber dem kleinen Rechteck in der Hauptachse des ganzen Piktogramms verläßt ein breiter Steg den

Kreis, durchkreuzt ebenfalls den Ring und ist mit einem Ring verbunden, der einen Kreis stehenden Korns umschließt.

Die nach P9 verbundenen Kreise sind Sonnen. Rechts wird bei der traditionellen Darstellungsweise einer Sonne mit zentralem Kreis und Ring letzterer durch die Rechtecke auffällig betont. Er wirkt wie durchgestrichen, was heißt, er

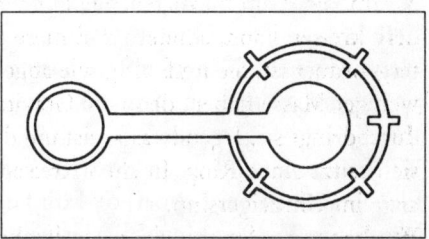

Abb. 48: Das wirklich merkwürdige Piktogramm von Etchilhampton sollte uns später noch eine wertvolle Hilfe sein

soll wegfallen. Hier wird also eine Veränderung beschrieben. Durch den Steg wird deutlich gezeigt, was dabei herauskommt, wie nämlich zukünftig Sonnen noch einfacher symbolisiert werden können. Lag vorher das Korn im zentralen, eine Sonne (Stern) symbolisierenden Kreis flach, bleibt es jetzt stehen und wird von einem Ring liegenden Korns umgeben. Damit wurde der bisher Sonne und Umkreis (Umlaufbahn) trennende Ring stehenden Korns eingespart.

Das neue Symbol wirkt fast wie eine inverse Darstellung des bisherigen Sonnenzeichens. Somit ist auch P8 enthalten, das im Kern genau diese symbolischen Verkürzungen als neue Darstellungsweisen beschreibt. Auch P12 ist zu erwähnen, denn diese Besonderheit ist hier ausführlich und groß dargestellt worden. Letztendlich erfährt auch P3 eine nachdrückliche Unterstreichung, denn die Tatsache des Umkreisens kommt im neuen Symbol hervorragend zum Ausdruck. Es kann wieder mit einem Kreis und einem Ring ein Sonnensystem dargestellt werden.

Es war letztlich dieser linke Teil der Formation, der uns zu unserer Erkenntnis brachte, denn, ohne zu wissen, was damit gemeint war, hätten durch den Steg ins Spiel gebrachte, umkreisende Planeten oder Sonnen keinen rechten Sinn ergeben. Das Ganze ist eine Erklärung und soll weiterhelfen, ganz genau so, wie das kleinere Erdsymbol in Alton Barnes als Erklärungshilfe wertvolle Dienste leistete.

Wenn wir richtig lagen, müßte das neue Symbol in Zukunft als Sonnensystem in den Piktogrammen wiederzufinden sein.

Wir mußten nicht lange warten. Schon bei den nächsten Piktogrammen bei Pepperbox Hill fanden unsere neuen Erkenntnisse Verwendung. Hier erregte das Mittelteil mit den beiden Querbalken unsere Sinne, ein Detail, das uns bisher noch nicht begegnet war.

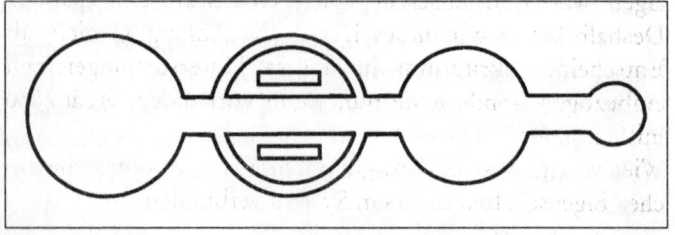

Abb. 49: In diesem Piktogramm wurde ein neues Detail eingeführt

Wie deutlich zu sehen ist, sind die unterschiedlich großen Kreise, deren Kornähren alle gleich im Uhrzeigersinn liegen, durch dieses Mittelteil nicht getrennt, sondern, ganz im Gegenteil, durch einen Mittelsteg miteinander verbunden. Ein Ring umschließt diesen Mittelsteg und würde allein als ein

Exemplar dieses neuen inversen Sonnensymbols durchgehen. In den durch den Mittelsteg fabrizierten Hälften stehenden Korns findet sich je ein Rechteck. Anstatt um jeden Kreis einen Ring zu zeichnen und ihn damit als Sonnensymbol auszuweisen, wird er um das verbindende Element, den Steg, gelegt. Damit gilt die Eigenschaft als Sonne mit Umlaufbahnen und eigenem Umlauf als Teil eines Doppel-/Mehrfachsystems gleichberechtigt für die verbundenen Kreise.

Die Rechtecke weisen numerisch auf zwei Körper hin. Der kleine Kreis ganz rechts ist, wie durch den Verbindungssteg deutlich gemacht, mit diesem System assoziiert, wenn auch in diesem Falle hier nicht so wichtig wie die beiden anderen Sonnen. Ein weiteres Indiz dafür, daß dieser kleine Kreis im Gesamtsystem etwas variierende Konditionen besitzt, könnte sein, daß der Verbindungssteg zu den nächsten Kreisen eine entgegengesetzte Kornlage hat, als es bei diesen untereinander der Fall ist. Dies erwähnen wir jedoch nur am Rande, denn die Angaben über die Kornlagen waren in unserem Analysematerial sehr spärlich. Deshalb haben wir dieses Detail von Anfang an nicht als Entscheidungskriterium in unsere Untersuchungen mit einbezogen, sondern sie nur, wenn vorhanden, ergänzend mitbetrachtet.

Wieder zeigt uns ein Piktogramm drei Sonnen unterschiedlicher Eigenschaften in einem System verbunden.

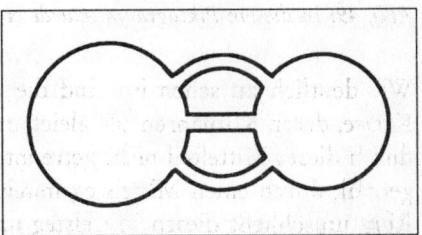

Abb. 50: Wieder lieferte das Phänomen ein kleineres »Erklärungspiktogramm«

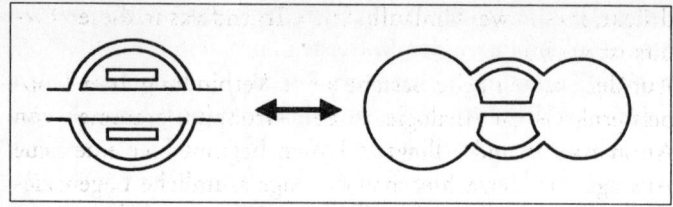

Abb. 51: Wie rechts, so links

Vier Tage später erschien ganz in der Nähe ein neues kleines Piktogramm. Nach P5 müßten beide Piktogramme in Beziehung zueinander stehen. Und tatsächlich! Sahen sich das Mittelteil und das kleine Piktogramm nicht unheimlich ähnlich? Hier wurde wieder eine Erklärung eines Formationsteils gegeben!

Zwei Kreise unterschiedlicher Größe sind miteinander durch einen Mittelsteg verbunden (P9) und kreisen in irgendeiner Form umeinander, wie dies die sie verbindenden Ringsegmente (P10) andeuten. Insgesamt ist die Eigenschaft gegenseitiger Verbindung, hier dreifach dargestellt, stark hervorgehoben. Die grafische Zusammenstellung verdeutlicht die obigen Ausführungen.

Am 4. August lag dann ein wunderschönes Piktogramm in einem Feld der Hazeley Farm in Cheesefoot Head. Im gleichen Feld war am 2. Juni das »verbogene« Piktogramm, das zweite überhaupt, entstanden und lag, in einiger Entfernung, noch immer dort. Natürlich war das zunächst hervorstechendste Merkmal wieder der Doppelsternkreis, hier nun mächtig und wichtig herausgestellt (P12). Mit ihm verbunden ist diesmal nur ein Kreis, in Analogie zum Piktogramm von Pepperbox Hill auf der linken Seite auch ein größerer. Links davon befinden sich zwei breite und kräftige Ringsegmente (P10 und P12). Einer dieser Sonnen kommt also eine besondere Bedeutung zu, genauer ausgedrückt, ihren zwei Umlaufbahnen. Irgendwas in diesen Orbits ist wichtig.

Auf der rechten Seite besteht keine Verbindung zum Doppelsternkreis. In Analogie zu den Großpiktogrammen von Alton Barnes und Allington Down beginnt hier eine neue Aussage, die, betrachtet man die enge räumliche Lagebeziehung, sehr wohl mit dem linken Teil zu tun haben kann. Zunächst einmal wäre ein Kreis ohne Ring als Planetensymbol zu werten. Rechts von ihm liegen in der Mitte durchbrochene Ringsegmente. Wären sie durchgezogen, hätten sie dieselbe Bedeutung wie bei dem Kreis auf der linken Seite, eine weitere Sonne mit zwei Umlaufbahnen würde dargestellt.

Das soll nun aber gerade nicht damit verwechselbar sein, also muß an den Segmenten etwas geändert werden, um mit ihnen weiterarbeiten zu können. Deshalb sind sie unterbrochen dargestellt und dies gerade so, daß gleichsam ein Ausblick auf die dahinter liegenden Teile eröffnet wird.

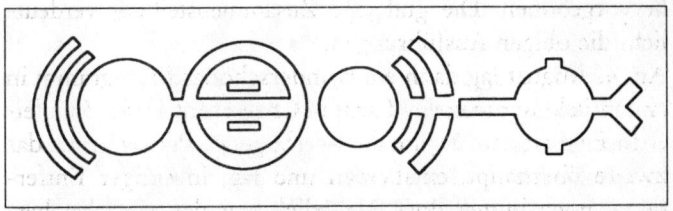

Abb. 52: Hazeley Farm, 4. August. Für ein echtes Piktogramm fast zu kompliziert und fast zu schön

Links ist eine Sonne mit zwei wichtigen Umlaufbahnen dargestellt, rechts wird dieses Motiv übernommen, aber umgemünzt auf das, was in diesen Umlaufbahnen wichtig ist: umkreisende Körper – Planeten. Der ganz rechte Formationsteil besitzt links einen langen Steg, der nach links auf Ringsegmente und Kreis zeigt und wie ein Schlüssel in die Lücke zu passen scheint.

Wenn man diesen Formationsteil ausschneidet und in die Lücke schiebt, reicht der Steg (abgemessen am Originalfoto der Formation) tatsächlich bis in die Mitte des separaten Kreises. Dies ist jedoch eine Manipulation, die wir bisher unterlassen haben und hier nur einmal als Spielerei anführen. Gerade so etwas wollen wir auch in Zukunft unterlassen, denn wir hatten uns als oberstes Gebot vorgenommen, die Formationen in der Analyse stets so zu belassen, wie sie erschienen waren, nichts wegzulassen, hinzu- oder mutwillig zusammenzufügen. Wir durften uns nicht dem Vorwurf der Manipulation aussetzen, um glaubhaft zu bleiben. Erlaubt war jedoch, die Formationen aus verschiedenen Blickwinkeln »zu betrachten«, wie wir es bei den Großpiktogrammen taten.

Nach rechts weist der lange Steg auf einen Kreis, der, seitlich gegenüberliegend, zwei rechteckige Ausläufer besitzt. Es ist ein Planetensymbol auf »seiner« zu beiden Seiten segmentartig angedeuteten Umlaufbahn (P10). Finden wir nun noch einen Hinweis, wo dieser Planet seine Sonne umkreist? Tatsächlich existiert in Verlängerung der Hauptachse des Gesamten ein weiterer Zeiger, der an seinem Ende zwei fast V-förmig angeordnete Rechtecke besitzt. Beide Rechtecke unterscheiden sich (im Originalfoto gut sichtbar) in Winkel, Länge und Breite (P12).[25] Für uns bedeutet das: Es gibt einen Planeten auf einer von zwei Umlaufbahnen um eine Sonne in einem Mehrfach-Sternensystem.

Weiteres Bildmaterial lag uns zu diesem Zeitpunkt – es war Winter 1990/91 – nicht vor. Wir lehnten uns tief durchatmend zurück und zogen ein erstes Resümee. Wir waren tatsächlich an einem Punkt angekommen, der uns Wochen zuvor selbst wie ein ferner, unerreichbarer Planet erschienen war. Mit Hilfe unserer prinzipiellen Überlegungen war es uns gelungen, in den Kornkreisen eine sinnvolle Entwicklung nachzuweisen. Darüber hinaus fanden unsere inhaltlichen Erwägungen und Schlüsse ihre volle Bestätigung, denn zu Beginn dieser einzigartigen Kommunikationsaufnahme bediente »man« sich des nächstliegenden kleinsten gemeinsamen Vielfachen: der Sterne.

13 Alpha Centauri

Inzwischen war es Frühling geworden. Die Natur war wieder zum Leben erwacht, und das Grün in den Straßen Berlins nahm dieser Großstadt ein wenig die Ecken und Kanten und verlieh ihr ein freundlicheres Aussehen.

In dem noch vor uns liegenden Sommer des Jahres 1991 wollten wir nun nach England fahren, um die Kreise vor Ort zu untersuchen. Unsere Theorie von der Bedeutung der Kornkreise mit ihren astronomischen Inhalten lastete schwer auf uns. Einerseits war es ein wunderbares Gefühl, eine derart wichtige Entdeckung gemacht zu haben. Andererseits fühlten wir uns unsicher, denn wir wären in England erstens Ausländer, die keiner kannte, zweitens traten wir mit einer Theorie gegen alle die Untersucher an, die sich vor uns schon an einer Erklärung der Kornkreise versucht hatten. Darunter befanden sich in der Kornkreisszene inzwischen prominent gewordene Männer und Frauen, gegen die wir wirkliche Nobodies darstellten, mit dem Anspruch, etwas gesehen und gefunden zu haben, worauf sie alle bisher noch nicht gekommen waren.

Drittens wußten wir im Frühjahr 1991 zunächst noch überhaupt nicht, was wir konkret mit unserer Entdeckung anfangen sollten, dabei schrie unser Ergebnis – Kommunikation auf der Basis einfacher astronomischer Symbolik – geradezu nach einer Reaktion unsererseits.

In einer unserer langen abendlichen Besprechungen faßten wir schließlich, es war Mitte März, den Entschluß, in England ein Piktogramm selbst zu erstellen und dabei ausschließlich die von den Kreisemachern vorgegebenen grafischen Module zu verwenden. Welchen Bezugspunkt sollten wir jedoch wählen? Welche Aussage sollten wir hineinlegen?

In seinen Piktogrammen, so hatten wir es ja herausgefunden, wies das Kornkreisphänomen auf Sterne und sie umkreisende Planeten hin. Es stellte ganze Sternensysteme dar, Einfach-, Doppel- und Dreifachsternsysteme. Doch welche realistische Entsprechung an unserem Sternenhimmel hatten sie? Außer den paar vom Satelliten IRAS gefundenen protoplanetaren Staubscheiben um einige Sterne herum wußten wir ja noch nichts von dem Vorhandensein von Planeten um andere Sonnen. Wo sollten wir suchen?

Immer wieder veranlaßte uns die eine oder andere Idee, nach unseren Sternenkarten und Atlanten zu greifen, in der Hoffnung, ein passendes Sternensystem gefunden zu haben. Doch jedesmal stellten wir sie wieder in die Regale zurück, ohne einen Schritt weiter gekommen zu sein, denn uns erschien die Auswahl einfach immer zu willkürlich. War unsere Theorie falsch oder zumindest so nicht anwendbar?

Mitten hinein in unsere Zweifel erschien die Aprilausgabe des amerikanischen Magazins »Astronomy« mit einem Beitrag von Ken Croswell,[26] dessen Titel uns aufhorchen ließ: »Gibt es intelligentes Leben auf Alpha Centauri?« Je weiter wir lasen, desto mehr zog uns dieser Artikel in seinen Bann. Es war, als ob wir nach einer langen Nacht wach wurden und langsam die Augen öffneten, bis wir schließlich klar sahen, was da vor uns lag.

Wir erblickten Alpha Centauri zum ersten Male 1981 am Strand der Südseeinsel West-Samoa, als wir in einer sternklaren Nacht unseren 10 x 50-Feldstecher mitten hinein in die funkelnde Pracht über uns hielten. Das Sternbild des Centauren mit seinen 31 in den Katalogen Bayer und Flamsteed erwähnten Sternen bis zur visuellen Größe 8.0m ist ein sympathisches, ein kraftvolles Sternbild. Die Konfiguration ist gut nachvollziehbar und sein Hauptstern, Alpha Centauri, ist leicht unter den anderen Sternen auszumachen.

Inmitten dieser Konstellation ist eines der schönsten Objekte am Himmel zu finden, der Kugelsternhaufen Omega Centauri. Er gehört zu den größtformatigen Kugelsternhaufen, die wir beobachten können. Er hat die Größe des Vollmondes und rief bei uns einen gehörigen Schreck hervor, als er so unvorbereitet plötzlich das gesamte Sichtfeld des Feldstechers mit seinem milchig schimmernden Licht ausfüllte.

Alpha Centauri – schon allein der Name ist Faszination. In den dunklen Weiten des Weltalls kreisen hier drei Sonnen um ihren gemeinsamen Masseschwerpunkt. Der eine freundliche Lichtpunkt, den wir dort am pazifischen Himmel über uns erblickten, ist eine Kombination des abgestrahlten Lichtes dieser drei Himmelskörper, unmöglich für unseren Feldstecher mit 50 mm Objektivöffnung, sie in Einzelsterne aufzulösen. Man gab den Einzelkomponenten die Buchstabenbezeichnungen Alpha Centauri A, B und C.

Alpha Centauri A ist der größte, hellste und wärmste Stern von den dreien, genau wie unsere Sonne vom Spektraltyp G2 und mit 1,09 Sonnenmassen ein wenig massiver. Alpha Centauri B, der zweithellste Stern des Systems ist ein orangefarbener Stern vom Spektraltyp K1 und kleiner und kälter als unsere Sonne. Seine Oberflächentemperatur liegt mit ca. 5300° Kelvin ca. 500° niedriger als die der Sonne, seine Masse liegt bei 0,9 Sonnenmassen, die Helligkeit ist um 44 % geringer als die der Sonne. Alpha Centauri C ist ein schwach schimmernder, roter Zwerg, sehr viel dunkler, kühler und kleiner als die Sonne. Seine Spektralklasse ist M5, die Temperatur ist um die Hälfte geringer als die der Sonne, seine Masse um neun Zehntel kleiner.

Das Alpha-Centauri-System kann ab ca. 25° nördlicher Breite am Südhimmel gesehen werden. Es ist 4,35 Lichtjahre von der Sonne entfernt. Die beiden helleren Komponenten umrunden sich ca. alle 80 Jahre, dabei variiert die Entfernung beträchtlich. Am Punkt der nächsten Annäherung sind Alpha Centauri A und B ca. 11 AE voneinander entfernt. So weit liegen hier bei uns Sonne und Saturn auseinander. Bei ihrer weitesten Entfernung beträgt die Distanz 35 AE, entsprechend Sonne–Neptun. (Zur Erinnerung: 1 AE = 1 astronomische Einheit = mittlere Entfernung Sonne–Erde = 149,6 Mill. km.)

Alpha Centauri C fällt hier etwas aus dem Rahmen, weshalb einige Astronomen Zweifel an der gravitatorischen Bindung und damit der Zugehörigkeit zum Gesamtsystem hegen. Er ist von den beiden Hauptkomponenten 13 000 AE entfernt, was vierhundertmal der Distanz Sonne–Neptun entspricht. Sollte er doch mit A und B schwerkraftmäßig verbunden sein, wird er ca. 1 Million Jahre brauchen, um sie zu umrunden. Alpha Centauri C liegt mit 4,22 Lichtjahren näher zur Sonne als Alpha Centauri A und B mit ca. 4,35 Lichtjahren Entfernung. So ist Alpha Centauri C der sonnennächste, individuelle Stern und bekam deswegen den Namen Proxima Centauri.

Alpha Centauri – lag die Lösung unseres Problems etwa so nahe? Doch hatten wir in den Piktogrammen nicht Hinweise auf Sterne gefunden, die miteinander *verbunden* waren? Hatten wir nicht sogar eindeutig das Prinzip von Doppel- und Dreifachsystemen identifiziert, in denen obendrein die Einzelkomponenten unterschiedliche Bedeutung besaßen, so wie in der Realität des Weltalls die Sterne durch ihre physischen Merkmale? Und gab es nicht die Hinweise auf räumliche Nähe zum Sonnensystem?

Hatten wir nicht auch ganz konkrete Hinweise auf ein Dreifachsystem mit drei unterschiedlichen Komponenten erhalten, waren uns nicht die Planetenzahlen 2, 3 und 4 vorgestellt worden und wurde nicht auf die Bedeutung von zwei Planeten beziehungsweise eines von zweien hingewiesen?

Wie sieht es denn nun mit Planeten im Alpha-Centauri-System aus? Wir wissen zur Zeit nicht, ob sich dort welche gebildet haben. Als sich in der protosolaren Staub- und Gasscheibe die Ursonnen des Systems verdichteten, kann die Gravitationskraft der einen die Bildung von Planeten um die andere Sonne verhindert und nur die Bildung von asteroidenähnlichen Körpern zugelassen haben. Proxima Centauri könnte davon unbehelligt geblieben sein und Planeten entwickelt haben. Sie dürften jedoch leblos sein, da die kleine Sonne zu kalt ist, um Leben zu unterstützen.

Haben sich jedoch um Alpha Centauri A und B Planeten gebildet, stellt sich die Frage nach stabilen Umlaufbahnen, ebenfalls eine Grundvoraussetzung für die Unterstützung von Leben. Stünden beide Sterne stets nahe beieinander, könnten stabile Orbits um beide Sonnen herum existieren. Bewohner eines solchen Planeten hätten das wunderbare tägliche Wechselspiel zweier Sonnen an ihrem Tageshimmel. Stünden beide Sonnen weit genug voneinander entfernt, könnte jede ihr eigenes System beherbergen. Bedingt durch ihre exzentrischen Umlaufbahnen fallen Alpha Centauri A und B genau zwischen diese beiden Möglichkeiten.

Nach der Himmelsmechanik könnten um diese beide Sonnen separate Planetensysteme mit stabilen Umlaufbahnen existieren, vorausgesetzt, die Planeten liegen nicht weiter von ihrem Stern entfernt, als ein Fünftel der nächsten Distanz, welche die Sterne zueinander haben können. Da sich A und B höchstens bis auf 11 AE nähern, kann jeder einzelne Stern Planeten mit stabilen Orbits bis auf weitestens 2 AE Entfernung haben.[27]

In unserem Sonnensystem liegen innerhalb dieser Entfernung vier Planeten: Merkur (0,4 AE), Venus (0,7 AE), Erde (1,0 AE) und Mars (1,5 AE). Wenn wir diese Verhältnisse auf

Alpha Centauri A und B übertragen, könnten beide also bis maximal vier Planeten beherbergen. Nehmen wir auch noch an, daß die Abstände centaurischer Planeten zueinander mit ca. 0,4 AE sich so ähnlich verhalten, wie hier bei uns, dann hätten wir eine gute Chance, daß sich zumindest ein Planet in der sog. Lebenszone um sein Muttergestirn herumbewegt, die in einer ungefähren Entfernung von 0,9 bis 1,5 AE bei Sternen wie Alpha Centauri A und B anzusiedeln ist.

Wir können in diesem Rahmen nicht auf alle Aspekte eingehen, die zur Untersuchung eines Sternensystems auf mögliche Lebensbedingungen gehören. Natürlich müssen die Zentralgestirne eines solchen Systems Hauptreihensterne sein und den richtigen Spektraltyp haben, denn letzterer legt fest, wieviel Energie ein Stern in seine Umgebung verstrahlt – denken Sie nur an Ihren letzten Sonnenbrand. Damit zusammen hängt auch, ob ein Stern diese Energie gleich- oder unregelmäßig abgibt, ob er sich rhythmisch aufbläht oder nicht, kurz, ob es ein stabiler Stern ist. Eine weitere Rolle spielen das Sternenalter und der Metallreichtum in der chemischen Zusammensetzung des Gestirns. Als Metalle werden hier im astronomischen Sinne alle Elemente bezeichnet, die schwerer als Helium sind.

Uns ist auch bewußt, daß sich an den Begriffen Leben und Lebensform viele Geister scheiden. Es werden die bekannten Proteste auftauchen, etwa, daß Leben in anderen Ecken der Galaxie ganz andere Äußerungsformen haben *muß*, bis hin zu den beinahe inquisitorischen Formulierungen, der sei ein Chauvinist, der annehme, Leben anderswo müsse dem terrestrischen ähnlich sein.

Es ist allerdings seltsam, daß häufig bei der Erörterung der Möglichkeit von Leben in anderen Welten *eher von der Existenzmöglichkeit ganz anderer, viel phantastischerer Erscheinungsformen* ausgegangen wird, als anzunehmen, *eine der hier bereits existierenden Lebensformen könnte woanders ebenfalls oder zumindest so ähnlich existieren.* Betrachtet man das Spektrum dessen, was wir hier auf der Erde nach den geltenden Paradigmen als »lebendig« bezeichnen, ist leicht festzustellen, daß es schon allein hier auf diesem Planeten viele Lebensformen gibt, die es auf anderen Himmelskörpern recht angenehm finden würden.

Erinnern Sie sich noch an die Berichte über die wurmartigen, afterlosen Lebewesen, die in den Tiefen des Ozeans in der Nähe vulkanischer Schwefelquellen entdeckt wurden? Erinnern Sie sich noch an die Voyager-Bilder des schwefelspeienden Jupitermondes Io? Und – erinnern Sie sich noch an die Bilder und Stimmen, die uns alle von unserem eigenen Mond erreichten, als die Astronauten dort ihre Späße trieben?

Gibt es eigentlich überhaupt einen vernünftigen Grund, anzunehmen, *keine einzige* Lebensform auf dieser Erde würde irgendwo anders im Universum noch einmal vorkommen? Wer hindert uns, anzunehmen, daß »Jemand« jemanden auch noch *woanders* nach seinem Ebenbild geschaffen haben kann?

Warum soll denn das »Modell Erde« so unübertragbar sein? Hier haben wir ein Sonnensystem, in dem Leben auf einem Planeten existiert, der im Orbit Nummer 3 sein Muttergestirn umkreist. Wir wissen inzwischen viel über dieses Sonnensystem und kennen die Bedingungen, unter denen hier Leben existiert. Wer hindert uns ernsthaft, diese Bedingungen nicht an anderen Sonnen zu überprüfen, die dem gleichen oder annähernd gleichen Spektraltyp entsprechen, den unsere eigene Sonne hat?

Wenn es legitim ist, über Geistwesen in anderen Dimensionen, Projektionen aus Parallelwelten oder Erinnerungen an die Zukunft zu spekulieren beziehungsweise ganz konkrete, nach den derzeit geltenden Paradigmen – oder auch Dogmen – gültige, mathematisch-physikalische Formeluniversen zu errechnen, dann ist es auch genauso legitim, sich auf der anderen Seite einfach an das Gute, Naheliegende zu halten und die Verhältnisse in dem einen bekannten System einer gelb-weißlichen Sonne auf ein anderes, physikalisch ähnliches System einer anderen, gelb-weißlichen Sonne vergleichsweise zu übertragen.

An diesem Punkt unserer Arbeiten an der Erforschung des Kornkreisphänomens angekommen, spürten wir zum ersten Male eine tiefe Sympathie für die echten Kreisemacher, denn sie schickten uns nicht auf eine ziellose Irrfahrt, sondern brachten uns, wie bisher, auf nichts weiter als auf das Naheliegendste, führten uns hin zum nächsten kleinsten gemeinsamen Vielfachen, zur nächstliegenden Sonne, die, schöner kann man es sich didaktisch gar nicht wünschen, auch noch den gleichen Spektraltyp besitzt: Alpha Centauri A.

Sicher, wir können einige Fragen zu Planeten und Sternensytemen astronomisch beantworten, aber geraten natürlich bei den biologischen Aspekten – gerade im Hinblick auf intelligentes Leben – in Schwierigkeiten. Dies sollte uns jedoch nicht davon abhalten, die Möglichkeiten zu betrachten, die ein System wie Alpha Centauri unter den 70 nächstgelegenen Sternen für lebentragende Planeten bietet.

Nun war uns auch klar, wie wir weiterkommen konnten. Wir mußten den Kreisemachern in England ein Piktogramm präsentieren, in dem die kodierte Frage enthalten war: Kommt ihr von Alpha Centauri?

Es muß an dieser Stelle klargemacht werden, daß wir hier nicht in die leidige Diskussion einsteigen wollen, was unter »Außerirdischen« zu verstehen ist, ob es sie überhaupt gibt, ob sie von irgendwoher kommen und wenn ja, von wo. Für uns gehört die ETH in ihrer allgemeinsten Auslegung einfach mit dazu, auch wenn sie nur einige der UFO-Effekte, so, wie wir sie zur Zeit wahrnehmen können, erklären kann. Bedenken wir immer, daß es eben nur die uns zur Zeit mögliche Sicht der Dinge ist, die Sicht eines Wesens, daß sich selbst Homo sapiens sapiens genannt hat.

Echte Wissenschaft muß dem gesamten UFO-Phänomen mit *allen* seinen Spielarten offen und *unvoreingenommen* gegenüberstehen. Wenn sich das Phänomen weiterentwickelt, muß sich auch die Wissenschaft weiterentwickeln. Dies ist ja die eigentliche Herausforderung des UFO-Phänomens an uns, denn wir müssen uns in allen Bereichen, auf rationaler wie auf geistig-spiritueller Ebene, weiterentwickeln und uns endlich darauf vorbereiten, aus beidem eine Synthese zu bilden, die uns die größere Realität, die uns umgibt, besser oder überhaupt erst einmal verstehen läßt.

Wir jedenfalls zählten einfach eins und eins zusammen, und Alpha Centauri war dabei einfach nichts weiter als der nächste Schritt, der zu tun war, um mit der praktischen Umsetzung unserer Theorie voranzukommen. So legten wir also den Baukasten mit seinen Kreiselementen und Piktogrammteilen vor uns hin und begannen, die oben gestellte Frage grafisch umzusetzen.

Die Abb. 53 zeigt das Ergebnis, nachdem wir alle Module, entsprechend unseren Prinzipien, zusammengefügt hatten.

Die Komponente A zeigt einen einfachen Kreis, ein Planetensymbol, mit einem numerischen Zeiger für die Zahl 3. Eine Zacke ist betont, also wichtig. Ein kleiner, beigeordneter Kreis symbolisiert einen Mond. Es ist also ein Planet in Umlaufbahn 3 mit besonderer Bedeutung, der einen Mond besitzt. Es ist das Symbol für die Erde, entsprechend den Piktogrammen von Alton Barnes 1990 und unser Rufzeichen: »Hallo! Hier sind wir!«

Vom Planetensymbol weist ein kleiner Zeiger weg auf Komponente B. Dies ist, in Anlehnung an die Rechtecke, die verschiedentlich bei Piktogrammen aufgetaucht waren, der Binärcode für die Zahl 4. Er steht zwischen den Pikto-

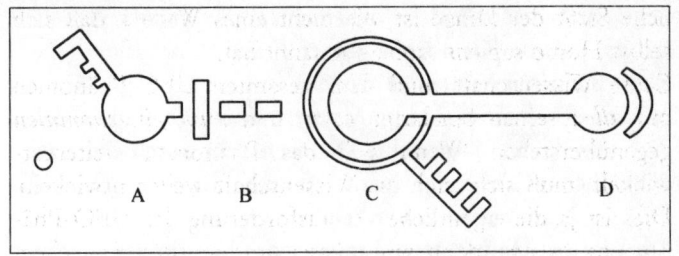

Abb. 53: Unser erstes Frage-Piktogramm von 1991

grammkomponenten A und C und soll tatsächlich den Abstand numerisch symbolisieren: vier Lichtjahre (Lj) entfernt. Wir wußten nicht, wie wir den Abstand Erde-Alpha Cen mit 4,3 Lj binär ausdrücken sollten und haben hier deshalb etwas schummeln müssen und daher abgerundet. Die Komponenten C und D stehen für Alpha Cen A und B. Proxima Centauri haben wir weggelassen, da wir ihm wegen seiner physischen Eigenschaften keine Chance für Leben beherbergende Planeten gaben.

Komponente C zeigt ein klassisches Sonnensymbol: zentraler Kreis, breiterer Ring stehenden Korns, schmaler Ring liegenden Korns als Symbol der Umlaufebene der Planeten. Vom Ring geht ein Viererzeiger ab, alle Zacken sind gleich lang. Hier werden also vier mögliche Orbits/Planeten angenommen, die zunächst alle gleichberechtigt sind. Für unsere Frage bedeutet das: »Diese Sonne soll Alpha Centauri A sein. Wir vermuten vier Planeten in seiner Umlaufebene. Von welchem Planeten kommst Du?« Wir hofften, das Phänomen würde dann einen der Zacken betonen und uns somit zeigen, welcher Planet bei Alpha Cen A wichtig ist.

Komponente D ist Alpha Centauri B. Durch seinen Verbindungssteg, der, entsprechend dem Prinzip Nummer 9, bis in den zentralen Sonnenkreis von Alpha Cen A reicht, ist Alpha Cen B eindeutig als Sonne symbolisiert. Das Kreissegment bezeichnet das Vorhandensein möglicher Planetenorbits, auf die wir aber in dieser Frage keinen Bezug nehmen, denn wir wollen ja wissen, wie es um Alpha Cen A herum aussieht. Sie sind im Moment nicht wichtig und daher nur angedeutet dargestellt. Dadurch und durch die unterschiedliche Größe der beiden Sonnen ist sehr schön das Prinzip Nummer 6 verdeutlicht.

Im Klartext lautet unsere Frage an das Kornkreisphänomen also: »Hallo! Hier sind wir von der Erde, dem dritten Planeten in unserem Sonnensystem, das ca. vier Lichtjahre von Alpha Centauri entfernt ist. Die größere dieser beiden Sonnen ist Alpha Centauri A, die kleinere Alpha Centauri B. Wir nehmen an, daß vier Planeten um Alpha Cen A kreisen können. Kommt Ihr von einem dieser Planeten? Wenn ja, bitten wir, ihn am Viererzeiger zu kennzeichnen.« Gleichzeitig zeigten wir dem Phänomen, daß wir seine Symbolik verstanden hatten und wie wir damit umgehen konnten.

Der Sommer des Jahres 1991 kündigte sich an. Es war Juni geworden. Wir hatten uns inzwischen nach der Anleitung von Richard Andrews[28] metallene Kleiderbügel aus der chemischen Reinigung besorgt und aus ihnen jene Sensoren gebaut, von denen wir in den Kornkreisbüchern schon so vieles gelesen hatten: unsere ersten eigenen Dowsing Rods. In der deutschen Sprache heißen sie übersetzt unglücklicherweise und völlig mißverständlich »Wünschelruten«, obwohl sie absolut nichts mit »Wünschen« oder ähnlichen, in der Erwartung schon vorher festgelegten, Manipulationen zu tun haben, wie wir später noch oft feststellten. Deshalb wollen wir sie ab hier weiterhin auch nur »Rods« oder höchstens »Ruten« nennen, um den negativen Beiklang des Wortes »wünscheln« zu vermeiden.

So liefen wir durch den Garten, schaukelten mit den Ruten hin und her und wußten eigentlich nicht so recht, was wir davon halten sollten. Diesem einen, ständig wiederkehrenden Ausschlag der Ruten nach beiden Seiten an der einen Stelle im Garten trauten wir noch nicht so recht über den Weg, eigentlich nahmen wir die Ruten damals überhaupt noch nicht so ernst.

An einem sonnigen Nachmittag saßen wir hinter dem Haus auf der Veranda, vor uns auf dem Tisch die Bücher mit den Kornkreisfotos, daneben die große Skizze mit unserem Piktogramm. Über uns segelten ein paar Wolken langsam nach Westen, in die Richtung, in die uns unser Auto ebenfalls bald tragen sollte, nach England! Natürlich drehten sich unsere Gespräche nur um das eine Thema: unser geplantes Experiment in den Feldern Südenglands. Wir wußten zwar von der Karte her, wo die Grafschaft Wiltshire ungefähr lag, hatten aber nicht die leiseste Idee, wie es dort wirklich aussah und was uns dort erwarten würde.

Wir hatten nur eines in unseren Köpfen: das Bild von Avebury und Silbury Hill aus unserem Buch. Immer wieder fuhren wir mit dem Finger von rechts in den Kreis auf dem Foto hinein und hielten an der Kreuzung inne. Hier würden wir parken und uns nach einem Pub umsehen, wo wir nach einer Unterkunft fragen konnten. Der Finger fuhr weiter, ein paar kleine Wege entlang bis zum Silbury Hill. Hier würden wir sitzen und nachts fotografieren, und wer weiß, vielleicht würden wir ja auch etwas Besonderes dort erleben. Dann würden wir versuchen, einen Farmer zu finden, auf dessen Land wir gegen eine kleine finanzielle Entschädigung unser Piktogramm in irgendein Feld legen konnten.

Der Juli rückte näher. Die Fahrkarten für die Fähre von Calais nach Dover waren gebucht. Je schneller die Zeit bis zur Abreise verstrich, desto mehr mischte sich auch in unsere Vorfreude auf die kommenden Ereignisse eine gewisse Skepsis, gleichsam die Angst vor der eigenen Courage. Was hatten wir eigentlich vor? Wir wollten doch tatsächlich nach England fahren und dort den Versuch unternehmen, mit einer nicht-menschlichen Intelligenz Kontakt aufzunehmen. Wir fühlten uns ein wenig mulmig, denn sprengten wir damit nicht den Rahmen unserer bisherigen Lebensweise? Und was wäre, wenn wir etwa auf unsere Theorie sogar eine Antwort bekämen?

Wie seltsam gradlinig war doch unser Weg bis hierher gewesen. Manchmal schüttelten wir verwundert den Kopf, wenn wir daran dachten, wie wir uns vor Jahren getroffen hatten und wie wir über unsere gemeinsame Sehnsucht nach den Sternen über die Astronomie zum UFO-Phänomen und dessen Erforschung kamen. Nahtlos schloß sich nun das Kornkreisphänomen an und bewirkte gemeinsame Aktivitäten, von denen wir zwei vor kurzer Zeit noch nicht einmal geträumt hatten. Welch seltsamer Zufall, der zum Kauf des Buches mit den Luftaufnahmen von Avebury und Silbury Hill führte. Wie eigenartig, daß gerade zu dem Zeitpunkt, als wir mit unserer Theorie ein wenig hilflos herumstanden, der Artikel über Alpha Centauri erschien. Wie wunderbar, daß dies nun alles in ein Vorhaben einmündete, dessen Dimensionen wir uns kaum vorzustellen getrauten.

Und wenn irgendwo in der Nähe unseres Piktogramms statt einer erhofften Hervorhebung an irgendeinem Zeiger nur ein kleiner, echter Kreis erscheinen würde, einfach nur ein kleiner Kreis, gleichsam als Zeichen: »Jungs, es stimmt zwar nicht, was ihr hier aussagt, aber ihr sollt wissen, daß wir euch bemerkt haben«, dann wären wir die glücklichsten Menschen. Das allein schon würde uns reichen.

So fuhren wir schließlich los, hin in ein unbekanntes Land, nicht ahnend, was uns dort erwarten würde. In unserem Gepäck hatten wir die Pläne für ein Experiment, das die Grenzen unseres bisherigen Lebens sprengen könnte, sollte es erfolgreich verlaufen. In unseren Köpfen trugen wir Gedanken an Freundschaft und Kommunikation, in unseren Herzen das Gefühl von Demut gegenüber einer größeren, weit über unser bisheriges Dasein hinausreichenden Realität. Wir wußten damals noch nicht, wie aufregend die folgenden Jahre werden sollten.

Teil II

Eine kosmische Freundschaft

»Wir hatten den Himmel da droben, übersät mit Sternen, und legten uns oft auf den Rücken, und schauten zu ihnen hinauf und unterhielten uns darüber, ob sie erschaffen oder nur zufällig da waren.«

MARK TWAIN, »Huckleberry Finn«

14 Avebury – erste Begegnungen

Nach zehnstündiger, störungsfreier Autofahrt von Berlin nach Calais genossen wir auf der Kanalfähre den Anblick der Kreidefelsen von Dover, wie sie aus dem Dunst heraus immer mehr Gestalt annahmen, als ob sie sich dort vorn gerade materialisierten.

Am 9. Juli 1991 betraten wir um 17.30 Uhr zum ersten Male gemeinsam englischen Boden.

Wir wollten uns für unsere ersten Schritte in unbekanntem Terrain etwas Zeit lassen und hatten deshalb eine Übernachtung in Küstennähe eingeplant. So landeten wir in dem kleinen »Old Oak«-Hotel in Charing, nahe dem Motorway M2. Unserer Unkenntnis englischer Dinnergepflogenheiten wurde vom Personal mit reservierter Toleranz begegnet, als wir, mangels großen Hungers, eine kleine Vorspeise als Hauptgang bestellen wollten. Diesen ersten Mißverständnissen förderlich war natürlich auch der Umstand, daß längere Konversationen in Englisch schon ca. zehn Jahre zurücklagen.

Am nächsten Morgen brachen wir zur letzten Etappe unserer Reise auf. Schon in Berlin, es war genau der 11. Juni, hatten wir beschlossen, zuerst nach Stonehenge zu fahren. Dies hatte am wenigsten touristische Gründe. Obwohl über England mehr als 900 größere und kleinere neolithische Steinmonumente verstreut liegen, schien Stonehenge, nach allem, was wir bisher darüber gelesen hatten, eine besondere Bedeutung zu besitzen. Besonders die astronomische Enkodierung, wie sie Prof. Thom [29] in seinen detaillierten Analysen herausgefunden hatte, faszinierte uns. Intuitiv hatten wir, die wir ja eine astronomische Theorie in unseren Köpfen trugen, beschlossen, diesen Ort gleichsam als Eintrittspforte in die Welt der Kornkreise zu benutzen.

Als wir auf dem Motorway das Grenzschild zur Grafschaft Wiltshire passierten, stieg eine eigenartige Spannung in uns hoch. Wir ertappten uns, wie wir immer öfter seitlich auf die wogenden Kornfelder blickten, sobald der Verkehr das zuließ. Was hatte uns der Wirt vom »Old Oak«-Hotel bei der Abfahrt lachend zugerufen? Wenn wir ein UFO träfen, sollten wir nach Charing fliegen und ihn mitnehmen! Waren wir auf dem richtigen Weg? Würden wir jemals auch nur in die Nähe des Phänomens gelangen?

Wir verließen den M3 und fuhren die A 303 entlang in Richtung Andover, erblickten die ersten Wegweiser, und dann lag es vor uns: Stonehenge. Von der Kuppe des Hügels, aus der Entfernung und aus dem Auto heraus gesehen, kam es uns klein vor, kleiner, als wir gedacht hatten. Später jedoch, als wir dann davor standen, nahm uns der erhabene Anblick dieser alten Steine gänzlich gefangen. Es war aber nicht nur das bloße Anschauen der Sarsen- und Bluestones, der Trilithen und des Heelstones, das in uns das Gefühl hervorrief, an einem besonders wichtigen Platz zu sein. Trotz der vielen Touristengruppen, die laut schnatternd um die Anlage pilgerten, ging von diesen Steinen eine ehrwürdige Ruhe aus, die hoch aufragenden Monolithen vermittelten den Eindruck von Kraft und Energie.

Wir ließen uns etwas abseits nieder und betrachteten stumm die Szenerie. Wir waren dankbar, so unbeschadet bis hierher gelangt zu sein, wir freuten uns, diesen kraftvollen Ort hier erfahren zu dürfen, und auch auf das, was vor uns lag: »Hallo, Kornkreisphänomen, wir kommen!«

Weiter ging die Fahrt nach Avebury. Wir nahmen die Straße Nr. A 360 und durchquerten so das militärische Sperrgebiet der Salisbury Plains. Wir fuhren durch kleine Ortschaften, sahen zum erstenmal die für die Gegend typischen kleinen, reedgedeckten Landhäuser und freuten uns ob der farbenprächtig aufgemachten, ländlichen Pubs mit ihren großformatigen, einladenden Namensschildern: »The Old Crown«, »King and Roses«, »The White Horse«. Bald war Devizes durchquert, wir näherten uns Beckhampton.

Hinweisschild Avebury, noch zwei Meilen, Avebury-Trusloe, dann plötzlich links ein großer Parkplatz, dann rechts, dahinten in der Senke, war das nicht – Silbury Hill? Nun linker Hand ein großer Erdwall, das Ortsschild »Avebury«, große Steine wurden sichtbar, vorbei, hinein – wir waren am Ziel.

Und tatsächlich – mitten im Steinkreis von Avebury, genau an der Kreuzung der beiden Straßen, lag ein Pub mit dem Namen »The Red Lion«. Daneben befand sich ein Parkplatz, auf dem wir unseren treuen Passat (»Wullerich«) abstellten. Als der Motor erstarb und sich für einen Moment Stille ausbreitete, schauten wir uns vielsagend an.

Ein erster Blick in die Runde zeigte uns, daß nur noch einige der alten Steine standen, die Erdwälle und Gräben aber noch gut erhalten waren. Östlich vom Pub stand natürlich eine Kirche mitten zwischen den beiden inneren Kreisen, einige Häuser gruppierten sich drumherum. Westlich vom Pub verlief die kleine Hauptstraße nach Avebury hinein, das hier die alte Kreisanlage regelrecht angefressen hatte. Der Hauptverkehr verlief offensichtlich von Süden, auf der Straße, auf der wir gekommen waren, in den Kreis hinein, in einer S-Kurve am Pub vorbei und nach Norden wieder aus dem Kreis hinaus.

Im Pub, in dem es wohl nur wenige gerade Balken gab, herrschte eine angenehm gemütliche Atmosphäre. Wir bestellten unser erstes, erfrischendes Pint of Bitter und fragten den äußerst freundlichen Wirt, Mr. Alen Incledon, ob er uns

e Red Lion, Avebury

lle und Graben am Barbury Castle Hillfort

Barbury Castle in der Bildmitte, dahinter der alte Flugplatz von Wroughton

Barbury Castle 1992, ein Jahr danach. Beim dunklen Fleck in der Bildmitte lag 1991 das Piktogramm

e Windmill House aus der Luft

bury Hill, im Hintergrund Beckhampton

Milk Hill (1992)

Die Schnecke (Hoax? 1992)

wsmead Field (1992)

nser zweites Experimentalpiktogramm (1992)

Das kann kein Mensch:
rechtwinklig gebogener
Halm

Cherh
Monume

Der Waden-Hill-Hoax (1992)

West Kennet Long Barr

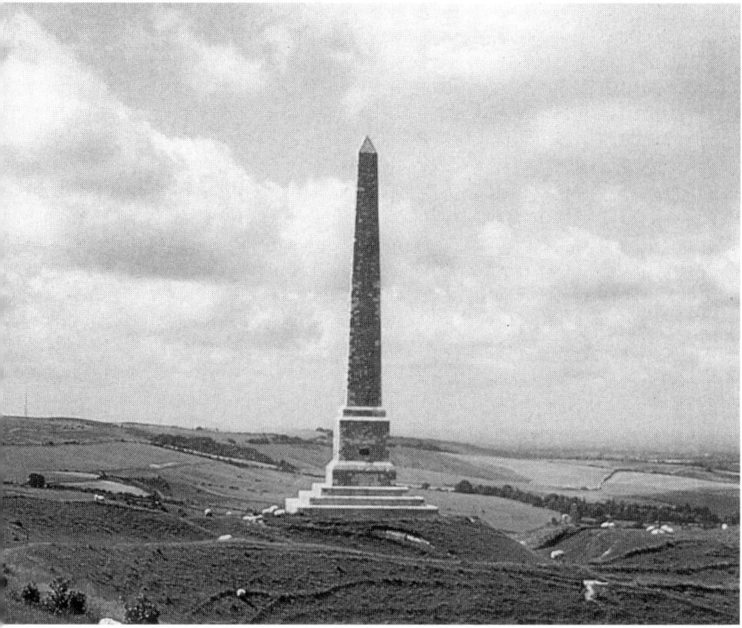

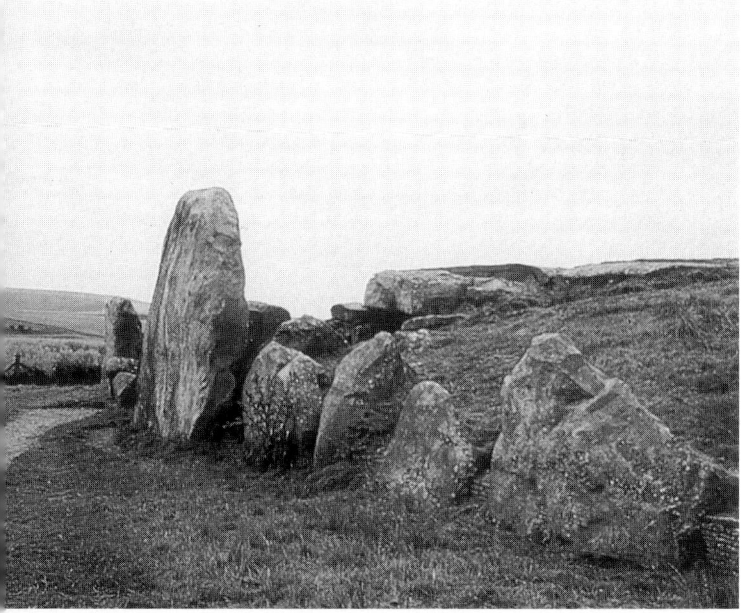

Ländliche Idylle am Kennet & Avon Canal

Zwei Jahre nach der Entstehung des Piktogramms: markierte Linien des zu dowsenden Energienetzes bei Barbury Castle (1993)

nicht helfen könnte, eine Pension mit Bed and Breakfast (B & B) zu besorgen. Er erzählte uns, daß er einmal in Deutschland unterwegs war und keine Pension für seine Familie fand. Es wurde immer später, bis er doch noch durch Vermittlung eines freundlichen Menschen irgendwo unterkam. Damals schwor er sich, dies einmal wieder gutmachen zu wollen.

So hängte er sich ans Telefon und begann mit einem Rundruf. Viel konnten wir nicht verstehen, doch bekamen wir mit, daß auch nach dem dritten Anruf kein freies Bett gefunden war. Es blieb nur noch eine letzte Nummer übrig. Nach kurzem Wortwechsel dort erhellte sich sein Gesicht: Wir hatten Glück! Er erklärte uns den Weg, und irgendwie haben wir auch mitbekommen, wohin wir fahren sollten.

Wir verließen Avebury durch die nördliche Ringschneise und erreichten nach kurzer Zeit einen Ort mit dem klingenden Namen »Winterbourne Monkton«. Hier irgendwo mußten wir abbiegen. Ein kleines Kreuz auf einem halb im Gebüsch stehenden Straßenschild zeigte uns, wo. Ein schmaler, buschgesäumter Weg führte uns in einer langen Kurve bergaufwärts, der Weg öffnete sich, und rechter Hand lag im letzten Sonnenschein dieses Tages unser Domizil – The Windmill House. Hier stand einmal wirklich eine Windmühle, die aber im vorigen Jahrhundert abbrannte. Aus den Resten entstand das Anwesen in seiner jetzigen Form und wurde bisher von Peter und Penny Randerson als kleine B&B-Pension bewirtschaftet.

Als wir abends dann endlich in den herrlich weichen Betten lagen, die unser kleines Zimmer im ersten Stock fast ausfüllten, und die ersten Vangelis-Klänge in den Kopfhörern ertönten, erschien uns die Situation beinahe unheimlich. Nach all den monatelangen theoretischen und praktischen Vorbereitungen auf diese Unternehmung war nun tatsächlich alles so eingetroffen, wie wir es kaum zu träumen gewagt hatten. Wie problemlos war die Fahrt hierher verlaufen, wie richtig hatte es sich erwiesen, mit Stonehenge als Einführung in die Welt der Korn- und Steinkreise zu beginnen.

Und dann Avebury. Es war uns jetzt, als seien wir in das Foto aus dem Buch von Mrs. Bridges hineingefahren, es war Realität geworden. Und was wir vor Monaten in unserer Vorstellung erhofft hatten, war eingetroffen. Es gab dort einen Parkplatz, es gab dort einen Pub, ein Wirt hatte uns weitergeholfen, wir wohnten in einem alten englischen Landhaus außerhalb des Ortes, das sogar noch auf einem alles überblickenden Hügel lag, einem Ort, wie er als Ausgangspunkt für unser Vorhaben nicht hätte idealer sein können. Dieses Zusammen- und Eintreffen all jener Abläufe und Örtlichkeiten, die wir in unseren Monate zurückliegenden Gesprächen als unwahrscheinlichen Idealfall einer phantastischen Reise fast scherzhaft erhofft hatten, ließ uns immer wieder verwundert den Kopf schütteln. Waren dies wirklich nur Zufälle?

Unsere letzten Gedanken galten in dieser Nacht zum 11. Juli, unserer ersten in Wiltshire, dem Kornkreisphänomen, in dessen »terrestrischer Heimat« wir uns nun befanden.

Am nächsten Morgen tauchten wir nun endlich mitten in die Kornkreisszene hinein. Mrs. Randerson hatte uns eine Karte gegeben und uns erklärt, wie wir nach Bishops Cannings und Alton Barnes gelangen könnten, wo sie von kürzlich entstandenen Kornkreisen zu berichten wußte. Alton Barnes – da war er wieder, dieser Name, der für uns eine fast magische Anziehungskraft besaß. Dorthin wollten wir als erstes fahren.

Wir durchquerten Avebury nach Süden, grüßten den »Red Lion« und fuhren an der Allee aus Sarsensteinen entlang, die sich von Avebury ca. 1 km nach Süden erstreckt, um dort in einer weiteren Kreisanlage zu enden, deren Steine heute nicht mehr zu sehen sind: das Sanctuary. An Stelle der Steine hat man kleine Zementsockel bei der Rekonstruktion der Anlage an deren ursprünglichen Standplatz gesetzt. Hinter East Kennett ging es hoch zum Lurkeley Hill, auf dem 1990 einige Piktogramme zu sehen waren. Auf der Straße nach Alton Barnes überquerten wir, ohne es recht zu merken, den Wandsdyke Path, einen der bedeutendsten steinzeitlichen Verbindungswege in Südengland. Überall, soweit das Auge reichte, erstreckten sich grüngelbe, wogende Kornfelder mit den charakteristischen Linienmustern der parallelen Treckerspuren.

Nach einer kurzen Fahrt entlang einer von hohen Hecken gesäumten Straße öffnete sich die Landschaft wieder nach beiden Seiten. Linker Hand passierten wir den Parkplatz am Knap Hill, rechts lag Walkers Hill mit einem Tumulus namens »Adams Grave« drauf. Dann bot sich uns ein unvergeßlicher Anblick. Aufmerksam gemacht durch Polizeimarkierungen in einer Kurve am Straßenrand »No Parking!« stoppten wir, wie ca. zehn andere Pkws, unseren Wagen direkt dahinter und kletterten hinaus.

Das Plateau, auf dem wir vorher entlang gefahren waren, brach hier in einer Art Kliff steil ab. Tief unter uns lagen das Vale of Pewsey, direkt in Blickrichtung voraus Alton Barnes und davor das berühmte East Field, in welchem 1990 die Großpiktogramme aufgetaucht waren. Und da – wir hieben uns auf die Schultern – lag, wunderschön anzusehen, inmitten der sich leicht im Wind wiegenden, sonnenbeschienenen Kornpflanzen, schräg zu den Treckerspuren, wahnsinnig groß und schnurgerade angelegt, das erste Piktogramm, das wir leibhaftig zu Gesicht bekamen. Wir schauten wie von einem natürlichen Balkon herab auf das Feld, dahinter die Kulisse der hügligen Landschaft Wiltshires. Dies war wirklich ein einzigartiger Ort, und wir wußten nun, weshalb es uns hierhergezogen hatte.

Wir begannen aber auch zu ahnen, weshalb die Kreise gerade hier so gehäuft auftraten.

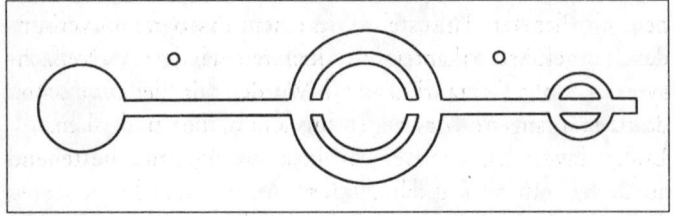

Abb. 54: Großes Piktogramm 1991 East Field, Alton Barnes

Das Piktogramm mochte gut 159 m lang sein und bestand aus (links im Bild) einem einfachen Kreis, von dem ein langer Steg abging, der rechts einen beringten Kreis durchschnitt, ein Sonnensymbol mit Planetenorbit. Der linke Kreis war mit dem Zentralkreis im Ring verbunden, also selbst eine Sonne (P9). Rechts verließ der Steg das Sonnensymbol und durchschnitt in einigem Abstand ein inverses, kleineres Sonnensymbol und ging darüber hinaus noch ein paar Meter weiter. Er bildete hier also eine Art Zeiger: Es ist noch mehr zu erwarten, es kommt noch mehr (P4). Neben dem Piktogramm lagen über den Stegen zwei ganz kleine Kreise, jeweils in Lagebeziehung zum linken und mittleren Symbol.

Es lag hier also ein Dreifach-Sternensystem im Feld, drei Sonnen unterschiedlicher Größe und Bedeutung waren miteinander verbunden. Die linke war in der Größenrangordnung die Nummer 2, hatte aber keinen Planetenorbit, also keine Planeten. Die mittlere war die wichtige, hatte einen Planetenorbit, aber keine besonders bezeichneten Planeten darin. Von ihren Planeten war hier also keiner wichtig. Die dritte und kleinste Sonne war invers dargestellt, jedoch hatte der Planetenorbit keinen eigenen Zeiger. Auch hier waren Planeten ohne besondere Bedeutung vorhanden.

Die beiden kleinen Satellitenkreise irritierten uns zunächst. Insgesamt wurden uns hier die drei verschiedenen Arten, Sonnen mit Planeten darzustellen, in einem Piktogramm verbunden, vorgeführt. Pikanterweise kannten wir ja ein Dreifachsystem, Alpha Centauri nämlich. Wurden wir hier etwa schon damit empfangen? Wir trauten uns kaum, dies zu denken.

Links davon lag noch ein kleines Piktogramm bestehend aus zwei unterschiedlich großen, durch einen kurzen Steg verbundenen, einfachen Kreisen. Wir entrichteten unser Eintrittsgeld von 1 £, und dann, nach einem kurzen Weg entlang der Treckerspuren, waren wir endlich selbst in einem Kornkreis.

Zum ersten Male sahen wir mit eigenen Augen die so oft gelesenen Kornährenspiralen, liefen die von uns in unserer theoretischen Analyse so oft beschriebenen Stege nun selbst entlang. Wir hoben Korngarben hoch, verglichen die Ausrichtung, Lage und Stielkrümmung mit dem, was wir im Buch von Andrews/Delgado über echte Kreise gelesen hatten. Wir fanden die Randauszackung und den, trotz der vielen Andrücke von ebenso wie wir herumstapfenden Menschen, noch stellenweise unversehrten Ackerboden neben den dicht darüber gebogenen, vitalen Halmen. Die Videokamera lief, und beinahe wie selbstverständlich produzierten wir Meter um Meter kommentierte Kornkreisuntersuchung. Wir bemerkten keinerlei Störungen an unseren Geräten oder Akkus und erlebten auch keine Veränderungen unseres physischen oder psychischen Status. Dieser blieb konstant positiv.

Nach dieser Kornkreistaufe begaben wir uns zurück zum grünen Caravan am Eingang des Feldes. Hier trafen wir Tom und Roy. Hans erkannte sie als zwei von denen wieder, die auch schon im N3-Film vom letzten Herbst zu sehen waren. Wir erklärten ihnen etwas von unseren Absichten und erhielten ihre Zusage, mit dem befreundeten Farmer zu sprechen. Sie erweckten in uns die Hoffnung, daß er möglicherweise seine Zusage geben würde. Ein Treffen mit ihm sollte am 12. Juli früh stattfinden.

Derart ermutigt, begannen wir, einige aus der Gruppe der Umstehenden, die hier Beobachtungen und Gerüchte austauschten, zu interviewen. Dabei erfuhren wir, daß in der letzten Nacht – unserer ersten in Wiltshire – nördlich von Marlborough, vielleicht 10 km entfernt, 2 Piktogramme entstanden waren. Dort mußten wir hin.

Wir durchquerten erstmals Marlborough. Es ist ein kleines, hübsches englisches Städtchen, das sich in seinem älteren Teil um einen rechteckigen, offenen Platz herumgruppiert, der von einer quirligen, bunten Mischung aus Verkehr, Marktständen und Fußgängern erfüllt ist. Ein Bobby mit weißen Handschuhen wacht über die Ordnung, die »Meter Maid« über die Kurzparkzeiten, und irgendwo streicht immer jemand irgend etwas mit frischer weißer oder dunkelgrüner Farbe an. Die Straße, die wir nehmen mußten, führte in Richtung Hackpen Hill. Nach kurzer Zeit, vorbei am Country Golf Club, erreichten wir ein Tal, auf dessen rechter Hangseite uns zwei wunderschöne Piktogramme fast den Atem raubten.

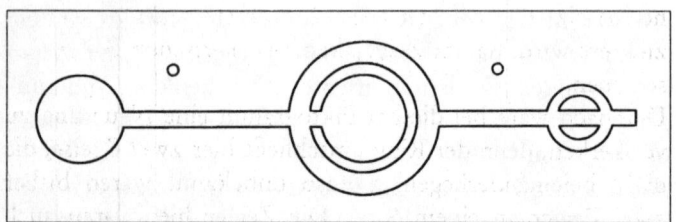

Abb. 55: Das größere der beiden Piktogramme vom 11. Juli 1991 in Rockley

Das eine erstreckte sich diagonal nach unten zur Talsohle und war eine identische Kopie des großen Piktogramms von Alton Barnes, allerdings war der Ring stehenden Korns um die Zentralsonne rechts nicht durchbrochen. Damit gehörte die rechte, kleinere Sonne nicht mehr direkt zum mittleren System, lediglich ihre Orbitalringe waren miteinander verbunden.

Links daneben lag eine kleinere Formation mit einem äußeren, kreisförmigen Ring, einem Steg als Zeiger daran und in der Mitte mit zwei kleineren Kreisen, die sich bis auf eine Kornpflanze Abstand einander näherten. Was hatte das zu bedeuten?

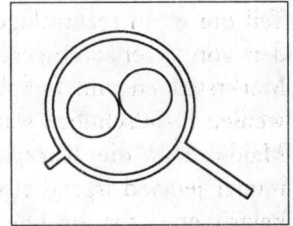

Abb. 56: Das kleinere Piktogramm
von Rockley – so kann man
Avebury schematisch darstellen

Nach unserer astronomischen Theorie war ein einfacher Kreis mit einem Ring darum ein Sonnensymbol mit planetarer Umlaufebene, ein Sonnensystem also (P3). Die vom Ring ausgehenden Zeiger deuten auf einen Ringinhalt (Planeten) hin (P4), der hier aber im Moment nicht weiter spezifiziert wird, da am Zeiger keine numerischen Balken erscheinen.

Demnach wäre bei diesem Piktogramm eine Neuerung zu vermerken, denn der Ring umschließt hier zwei Kreise, die dicht beieinanderliegen. Ebenso unbekannt waren bisher zwei Zeiger an einem Ring. Die Zeiger hier waren auch noch unterschiedlich lang. Es müßte sich also um ein System von zwei Sonnen handeln, die einen gemeinsamen Planetenorbit besitzen, in dem sich zwei Planeten aufhalten, einer näher dran, einer weiter weg. Dieses Modell wäre auf Alpha Centauri durchaus anwendbar. Wurden wir etwa wirklich auf dieses Sternensystem, das wir in unseren Gedanken trugen, hingewiesen?

Noch nachdenklicher wurden wir, als wir beide Piktogramme nach unserem 5. Prinzip beurteilten. In der größeren Formation waren tatsächlich nur zwei Sonnen direkt miteinander verbunden, und zwei Planetensymbole waren in Lagebeziehung zu diesen in unterschiedlicher Entfernung exzentrisch angeordnet. Die dritte Sonne war nicht direkt mit den beiden anderen verbunden, sondern mehr oder weniger »lose« über den Orbitalring des mittleren Sternes. Was ist das prägende eines Orbitalringes? Die auf die in ihm befindlichen Körper wirkende Gravitationskraft des Muttergestirns. So war also der dritte Stern dieser Formation in Relation zu den beiden anderen ein »Außenseiter« mit einer gewissen, von diesen ausgehenden Gravitationswirkung.

Dies entsprach genau unserem bisherigen Wissen von Alpha Centauri A, B und Proxima Centauri. War das Phänomen hier wieder einmal weit voraus und gab uns Informationen über ein Sternensystem, nach dem wir eigentlich erst in unserem Experimentalpiktogramm fragen wollten?

Die Farmerin, Mrs. Jill Wookey, erteilte uns auf höfliche Anfrage ohne weitere Umstände die Erlaubnis, ihr Feld zu betreten. So waren wir mit bei den ersten, welche die noch frische, unzerstörte Formation untersuchen konnten. Ein Mädchen aus Mrs. Wookeys Familie übernahm stolz die Führung. Mitten hinein in unsere Untersuchungen ertönte plötzlich eine Stimme: »Für wen machen Sie das hier?« Hans erkannte den Stimmbesitzer, der vorher schnell noch zumindest ein Foto von uns geschossen hatte, sofort wieder. Es war der Journalist, der im N3-Film die abschließenden

Worte inmitten der Avebury-Megalithen gesprochen hatte: Jürgen Krönig. Wir wußten damals noch nichts von seinen Aktivitäten und Verwicklungen innerhalb der Kornkreisszene. So blieb es beim Small talk und der abschließenden verbalen Übereinstimmung, daß wir bei den Kreisen eine Evolution und, damit verbunden, einen Lernprozeß bei uns feststellen konnten.

Vier Piktogramme an einem Tag, wovon noch zwei frisch entstanden waren. Welch ein spannender Auftakt! Wie würde es weitergehen?

15 Rabbit Holes

Nach einem dieser opulenten Frühstücke mit Cornflakes, Rührei, Schinken, Bratwurst, geschmorten Pilzen und Tomaten, Salatblatt, Vollkorntoast, bitterer Orangenmarmelade und Kaffee, für die Mrs. Randersons Pension
berühmt ist, brachen wir am nächsten Tag nach Alton
Barnes auf.

Als wir durch den nördlichen Einschnitt nach Avebury hineinfuhren, fiel uns rechter Hand eine dicke, aufrecht stehende Steinplatte auf, die fast auf die Fahrbahn hinausragte.
Es war der sogenannte »Swindon Stone«, der angeblich als
einzigster von allen Sarsensteinen in Avebury immer noch
an seiner ursprünglichen Stelle stehengeblieben ist. Er
wirkte wie ein mächtiges Mahnmal gegen den Vandalismus
der Menschen, die, zeitweilig unterstützt durch christliche
Missionare, diese von unseren Vorfahren errichtete, ehrwürdige Stätte bis auf Reste zerstört hatten.

Viele der Steine wurden umgestürzt oder zuerst mit gewal-
tigen Feuern erhitzt und dann mit kaltem Wasser schock-
artig abgekühlt, um sie zu sprengen. Die resultierenden
Bruchstücke wurden weiter zerschlagen und dienten, bis
zum heutigen Tage sichtbar, für die Häuser und Kirchen-
mauern. Es ist Alexander Keiller zu verdanken, daß wenigstens im westlichen Innenteil der Kreisanlage einige der
ehemals 80 (!) zirkulär angeordneten äußeren Sarsensteine
wieder aufgerichtet wurden.

Heute sollten wir erfahren, ob wir unser Experiment durchführen konnten. Wir waren zum Platzen gespannt. Als wir

am grünen Caravan eintrafen, nahmen wir zunächst das wunderschöne Panorama mit den Kliffs zu beiden Seiten, dem sonnenbeschienenen Vale of Pewsey mit dem East Field mittendrin und im Hintergrund, auf der anderen Seite des Tales, dem Woodborough Hill mit seinen paar zerzausten Bäumen gar nicht wahr. Nervös schauten wir umher. Dort waren Tom und Roy, die freundlich winkten. Eine etwas korpulente Lady, Mrs. Rita Gould, kam mit uns ins Gespräch. Sie gehörte zu den bekannteren Kornkreispersönlichkeiten und wußte Interessantes zu berichten. Sie war ja 1989 mit Delgado und anderen dabei, als sie, in einem Kornkreis sitzend, dieses berühmte trillernd-summende Geräusch eines sich nähernden und dann wieder entfernenden, unsichtbaren Etwas hörten. Wir verabredeten uns für später, denn jetzt kamen Mr. Carson, der Farmer, und sein Bruder David auf uns zu.

Wir hatten vorher noch nie mit irgend jemandem in England und schon gar nicht mit einem echten britischen Landlord über unsere Vorstellungen zur Kontaktaufnahme mit einer nicht-menschlichen Intelligenz gesprochen. Mr. Carson war ein kräftiger, hochgewachsener Mann Mitte Vierzig mit einer grauen Pilzkopffrisur. Er schaute uns hinter seiner schmalen Brille freundlich distanziert an. Sein Bruder David war kleiner, schmaler und dunkelhaarig. Dies war der Moment! Wir nahmen unsere Skizzen des geplanten Piktogramms und erklärten mit kurzen Worten in schlechtem Englisch, was wir herausgefunden hatten und was wir zu tun beabsichtigten, wenn er uns die Erlaubnis gäbe, dies auf einem seiner Felder zu verwirklichen. Nachdem wir geendet hatten, schaute Mr. Carson auf die Skizze – Momente, so lang wie Ewigkeiten – und sagte dann: »Yes, you can do it.«

Jedes seiner Worte schien für uns wie von hundert Fanfaren begleitet, um nur annähernd zu beschreiben, was in uns vorging. Doch damit nicht genug, denn er lud uns sogar zu sich nach Hause ein, um uns seiner Frau vorzustellen. So kletterte er in seinen staubigen Landrover, und wir fuhren ihm hinterher nach Alton Barnes auf seine Farm.

Die wenigen Häuser, aus denen das Dörfchen besteht, hatten sich um das ehemalige Rittergut angesammelt. Dazu kamen noch ein paar Häuser des sich dicht anschließenden Dörfchens Alton Priors. Wir betraten das einstöckige, aus grauen Felssteinen gemauerte Wohnhaus der Farm durch die offene, quer zweigeteilte Tür und wurden freundlich interessiert von Mrs. Carson begrüßt. Ohne jegliche steife Höflichkeit wurden wir an den massiven Holztisch, wohl einer der zentralen Punkte dieses Hauses, gebeten. Uns beschlich eine Ahnung, daß auch von diesem Teil des Tages einiges für uns abhängen würde.

Ein uns fremder Mann, der ebenfalls noch am Tisch saß, verließ nach kurzer Zeit den Raum. Mrs. Carson erzählte uns, daß er einer der vielen Menschen war, die in der Nacht vom 9. zum 10. Juli – unserer ersten Nacht auf englischem Boden – einen leuchtend hellen, weißen Lichtpunkt über Alton Barnes gesehen hatten. Dieser helle Lichtpunkt, der keinen Farbwechsel zeigte, stand über vier Stunden unbeweglich am gleichen Fleck. Während dieser Zeit hatten sich die Sterne deutlich weiterbewegt, nicht aber das Objekt. Danach bewegte es sich plötzlich rasend schnell waagerecht von seinem Standort weg, um danach blitzartig nach oben zu verschwinden.

Mrs. Carson meinte, bisher habe sie eigentlich nicht an unbekannte fliegende Objekte geglaubt. Sie änderte jedoch ihre Meinung nach folgendem Vorfall. Ein ihr bekannter und deshalb für sie glaubwürdiger Landarbeiter fuhr mit dem Traktor über ein Feld. Da bemerkte er ein ca. 30 cm großes, metallisch aussehendes, rundes Objekt, das von oben herab in ein benachbartes Feld hineinflog, dort hindurchglitt und die Kornähren schneisenartig teilte. Von dem Objekt waren nicht farbige, helle Strahlen oder Blitze ausgegangen. Das unbekannte Flugobjekt flog über eine Hecke auf sein Feld herüber und blieb eine kurze Zeit über seinem Traktor stehen, den er inzwischen angehalten hatte. Während dieser nun nahen Begegnung beschlich ihn ein Gefühl der Hilflosigkeit, er fühlte einen ihn beängstigenden Druck oder eine Art von dem Objekt ausgehende Anziehungskraft. Dann verschwand es sehr schnell nach oben.

Abends erzählte er im Pub seinen Freunden davon, die ihn jedoch auslachten. Mrs. Carson gegenüber äußerte er später, daß er von nun an niemandem mehr davon berichten wolle, um sich nicht weiterem Spott auszusetzen. Inzwischen wurde bekannt, daß die ganze Szene aus einiger Entfernung zufällig von einem Videofilmer aufgenommen und damit beweisbar wurde.

Von Mrs. Carson erfuhren wir Neues über aktuelle Theorien zur Kornkreisentstehung und über einige Deutungsversuche. Wir sahen auf dem Tisch einen Zettel von D. G. Stephens liegen, der in den Piktogrammen Zahlenfolgen entdeckt zu haben glaubte. Colin Andrews zum Beispiel vertritt die Ansicht, es handle sich um eine von der Erde selbst produzierte Botschaft: »Mother Earth is crying.« In diesem Zusammenhang lernten wir, daß Avebury auf der Kreuzungsstelle starker Erdenergielinien – den Ley-Linien – erbaut wurde, was die Konstrukteure vor Tausenden von Jahren bereits gewußt haben.

Unsere astronomische Theorie fand Mrs. Carson sehr interessant und vielversprechend, jedoch würde sie nicht die Häufung von Kreisformationen gerade in diesem Gebiet erklären. Wir entgegneten, daß wir es für äußerst geschickt und logisch hielten, die Piktogramme hier zu plazieren, weil diese Gegend mit ihren uralten Steinmonumenten den menschlichen Geist stets zum Nachdenken angeregt hat und hier immer ein öffentliches Interesse bestand. Wenn man also Aufmerksamkeit erringen wollte, wäre dies der geeignete Ort dazu.

Mrs. Carson ging danach zum Telefon und rief jemanden von der Circle Research an, von der die Gegend aus der Luft überwacht wurde. Sie sollten wissen, daß unser Piktogramm keine Fälschung (engl.: hoax), sondern ein privates Experiment sei und am besten diskret behandelt werden sollte.

Wir schauten uns überrascht an. Dies war der endgültige Durchbruch! Irgendwie hatten wir Mrs. Carson für unser Vorhaben gewinnen können, denn damit bekamen wir nun endgültig grünes Licht für unser Experiment, dessen erste Phase wir gleich morgen früh durchführen wollten. Als wir das Farmhaus verließen, um mit Mr. Carson zu dem Feld auf seiner Farm zu fahren, das er für uns ausgesucht hatte, war es zunächst einmal höchste Zeit für einen kleinen Freudentanz.

Wir fuhren einen schmalen betonierten Weg entlang, bei feuchter Witterung wohl der einzige feste Weg auf dieser Farm. Scheinbar endlos erstreckten sich die Weizenfelder zu beiden Seiten bis zum Horizont, ein wogendes, gelbgrünes Meer aus Kornähren. Die sonnendurchtränkte Luft war erfüllt vom fröhlich wirkenden Gezwitscher der Skylarks, die wir zum ersten Male in unserem Leben hörten und dabei noch nicht einmal gleich entdecken konnten.

Südlich vom Woodborough Hill endete der Betonweg bei ein paar Scheunen, danach ging es in ausgefahrenen Rinnen weiter tief in die Felder hinein. Am Ende dieser Spur angelangt, schaltete Mr. Carson den Motor ab, wir stiegen aus. Hier draußen umgab uns zu dieser Mittagsstunde eine fast weihevolle Stille, nur noch gelegentlich unterbrochen vom Tirilieren einer Skylark und ganz leise unterlegt vom Rauschen und Knistern des Korns.

Wir befanden uns knapp unterhalb eines Hügelkammes südöstlich vom Woodborough Hill an den Nahtstellen mehrerer Felder. Eines zog hinab in eine Talsenke in Richtung auf den alten, immer noch von bunten Freizeitkähnen befahrenen Kennet-Avon-Kanal, auf dem sich besonders landschaftsverbundene Menschen gemächlich von London bis nach Bristol treiben lassen konnten. Dieses entlegene Feld, flankiert vom Woodborough Hill auf der einen und vom Picked Hill auf der anderen Seite, war für unser Experiment bestimmt worden. Sein Name war: »Rabbit Holes«.

Wir schauten in die Runde. Außer den gleichmäßig durch die Felder ziehenden Traktorspuren (engl.: tramlines) war in dem hin- und herwogenden Ährengewimmel weiter nichts Außergewöhnliches zu entdecken. Dort hinab in die Senke, wo morgen unser Piktogramm entstehen würde, schickten wir unsere Gedanken. Kreise, Pfade, Zeiger, ein Binärcode, Alpha Centauri, Kommunikation – Freundschaft.

Wir fuhren wieder zurück zum Treff der Kornkreisszene, dem grünen Caravan am Eingang zu Carsons East Field. Tom, Roy, Mrs. Gould und ein deutsches Pärchen, Andrea Immel mit Freund, waren in der letzten Nacht auf Crop Watch (= Kornkreiswache). Der Wind blies in dieser Nacht unangenehm heftig aus westlicher Richtung. Kurz nach 2.00 Uhr morgens beruhigte er sich, und plötzlich fingen alle Vögel zu zwitschern an. Rita dachte bei sich: »Ob es sich die Vögel in dieser Nacht wohl anders überlegt haben?« Unmittelbar darauf erschien im Nordosten zwischen zwei nahe gelegenen Hügeln aus den Wolken heraus, senkrecht und nach unten sich verjüngend, eine weißliche Lichtsäule. Die Dauer der Sichtung mag ca. sechs Sekunden, die Länge der Säule vielleicht 200 Meter betragen haben, genauere Größenangaben waren bei diesen Sichtverhältnissen nicht möglich. Am Ende der Sichtungszeit breitete sich das untere Ende der Säule wie ein Blitz waagerecht über dem Boden aus. Danach verschwand die Erscheinung abrupt und blieb auch dabei, wie vorher, absolut geräuschlos.

Nun verstummte auch das Vogelgezwitscher wieder, der Wind frischte auf. Der Besitzer einer nahe gelegen Farm berichtete, daß sich gegen 4.00 Uhr seine Tiere in den Ställen laut bemerkbar gemacht hätten. Mrs. Gould spielte uns noch eine Audiokassette vor, auf der, neben ständigem Unterhaltungsgemurmel, auch ein vibrierendes, summendes Geräusch zu hören war. Angeblich sollte es mit einem tragbaren Recorder in einem Kornkreis aufgenommen worden sein und dem ähneln, das sie damals mit Delgado und anderen gehört hätte. Wir konnten mit dem Geräusch nicht viel anfangen, denn es konnte alles sein, angefangen von einem recorderinternen Störungsgeräusch bis hin zu einem künstlich dazugemixten technischen Ton. Am meisten erinnerte uns das Summen an die britische »UFO«-Serie aus den sechziger Jahren, das jedesmal zu hören war, wenn das UFO in einer Szene auftauchte. Wir kannten Mrs. Gould zu wenig, um uns über ihre Glaubwürdigkeit ein Urteil zu erlauben.

16   Das Experiment

Der 13. Juli war angebrochen, der Tag, an dessen Ende ein weiteres Piktogramm in einem Feld bei Alton Barnes entstanden sein würde, geschaffen von zwei Menschen als Angebot einer Kommunikation mit der unbekannten Intelligenz hinter dem Kornkreisphänomen.

Gegen 12.30 Uhr erreichten wir Carsons Farm und erhielten von Mr. Carson ein Schriftstück, das uns berechtigte, für die Dauer unseres Aufenthaltes sein Land für unsere experimentellen Zwecke uneingeschränkt zu betreten. Britische Farmer nehmen es sehr genau damit, wer ihr Land betreten darf und wer nicht. Illegale Feldbesuche haben schon zu sehr unangenehmen Situationen geführt. Deshalb sollte man kein Feld ohne die ausdrückliche Genehmigung des Farmers oder der Farmerin betreten.

Wir parkten den Wagen bei den Scheunen und liefen den Rest des Weges schweigend nebeneinander her. War uns in letzter Konsequenz wirklich klar, worauf wir uns hier einließen? Wir wollten tatsächlich Kontakt mit einer nichtmenschlichen Intelligenz – wie weit oder wie eng man den Begriff auch immer auslegen mochte – aufnehmen. War dies nicht auch eine ungeheure Herausforderung an unsere eigene bisherige Art und Weise, hier auf diesem Planeten jede seiner Rotationen mit etwas zu erfüllen, das wir »Tagesablauf« nennen? Verließen wir nicht den uns gewohnten, weltanschaulich sicher gefügten Rahmen, um uns in einem viel zu kleinen Boot auf eine viel zu lange Reise über ein viel zu stürmisches, viel zu großes Meer zu begeben?

Ein letztes Statement vor der Videokamera, ein letzter Rundschwenk, dann ging es hinab in die Senke des Rabbit Holes zu dem Platz, den wir uns ausgesucht hatten und den sonst niemand außer den absolut vertrauenswürdigen Carsons kannte.

Um 13.00 Uhr begannen wir mit unserer Arbeit. Auf dem Picked Hill saßen seltsamerweise zwei Soldaten und peilten mit irgendwelchen Geräten nach Süden, wahrscheinlich im Rahmen irgendeiner Übung, und schienen uns nicht weiter zu beachten – jedenfalls erweckten sie diesen Eindruck. Wir hatten noch nie zuvor in einem Feld ein Piktogramm erstellt und uns deswegen vorgenommen, außer einem Seil und einem Zollstock keine weiteren Hilfsmittel zu benutzen. Wir erschufen die Formation buchstäblich mit unseren Händen. So vorsichtig wir auch die Halme büschelweise niederdrückten, sie brachen sofort unten am Stiel, meistens innerhalb der ersten 10 cm über dem Boden. Wir konnten sie nicht biegen. Wir bekamen auch keine Randauszackung hin, sondern gingen mitten durch die Weizenhalmbüschel hindurch, wenn die Seillänge es erforderlich machte.

Wir begannen mit dem Symbol unserer Erde, unserem Erkennungs- und zukünftigen Rufzeichen, und schafften es, den Mond abseits der Tramlines mitten ins Korn zu legen, ohne weitere Halme dazwischen zu knicken. Danach legten wir den Binärcode, erschufen Alpha Centauri A und B und den Viererzeiger. Wir arbeiteten glücklich, aber verbissen und schauten nur selten auf. Schließlich sollte unser Piktogramm auch etwas hübsch aussehen und nicht so hingestoppelt, wie manche der gefälschten Kreise, die wir im N3-Video gesehen hatten, produziert durch reihenweise Halme niedertrampelnde Einheimische nach einem Pub-Besuch.

Es dauerte fünf Stunden, bis unser 30 m langes Pikto-

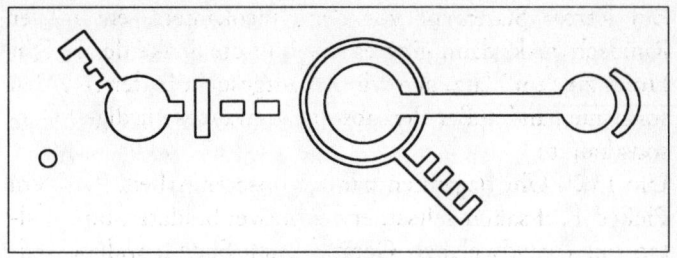

Abb. 57: Experimentalpiktogramm Nr. 1 vom 13. Juli 1991,
Alton Barnes

gramm fertig war. Erfüllt von Stolz, erschöpft, mit etwas
Rückenschmerzen vom fortwährenden Herumkriechen
im Kornfeld und mit zerkratzten Unterarmen standen
wir endlich wieder einmal längere Zeit aufrecht. Nach der
letzten Umdrehung des Videofilmes fügten wir abschließend noch eine kleine Zeremonie an. Wir stellten uns auf
unsere Erde und sprachen das Kornkreisphänomen im
Rahmen einer kurzen Meditation einfach an. So, als ob es
neben uns stünde, erklärten wir ihm die Details unseres
Piktogramms und faßten das, was wir seit Monaten und
auch während der Erstellung der Formation in unseren
Köpfen mit uns herumgetragen hatten, in kurze, freundliche Worte. Obwohl es uns fast sicher schien, daß es das
bereits alles wußte, waren wir davon überzeugt, daß dieses
laute Sprechen notwendig war, gleichsam als letzte Über-
windung. Es ist ein Unterschied, ob man Dinge leise denkt
oder sie laut aussprechen muß. Abschließend faßten wir
uns ein Herz und boten unser Piktogramm dem Phänomen zum Geschenk an. Wir äußerten aus tiefstem Herzen nochmals klar den Wunsch zur Aufnahme einer Kommunikation. Die ganze Zeit über hatten wir das intensive Gefühl, nicht allein im Rabbit Holes zu sein, obwohl augenscheinlich nichts dafür sprach. Mit irgend-

wie schwerem Herzen packten wir unsere Sachen zusammen und machten uns auf den langen Weg zurück zu den Scheunen.

Viel sprachen wir dabei nicht, denn uns beide beschlich eine Ahnung, daß hier mehr von uns gefordert werden würde, als wir bisher zugeben wollten – oder konnten?

17 Das Phänomen zeigt sich

Als wir aus der Senke des Rabbit Holes zum Feldrand emporgestiegen waren und uns in Richtung Woodborough Hill nach Nordwesten wandten, blickten wir zwangsläufig über das Nachbarfeld mit dem Namen »Copse«. Wir stutzen. Was war das für ein dunkler Streifen dort oben, fast direkt am Kamm der kleinen Erhebung zwischen den beiden Hills? Das hatten wir doch vorhin noch nicht bemerkt. Vergessen war alle Müdigkeit, wir hasteten los, die Tramline entlang, auf der Suche nach einem günstigen Weg, um dort oben hin zu gelangen. Wir mußten fast bis zum Stacheldrahtzaun hochlaufen, der die Weide auf der Kuppe des Woodborough Hill von den Feldern abgrenzt. Dann noch die Tramlines im Copse-Feld abzählen, dort mußten wir hinein.

Schon von weitem wurde unsere Ahnung zur Gewißheit: Dort lag ein Kreis! Nach weiteren 50 m konnten wir schließlich stehenbleiben. Links von der Treckerspur lag er vor uns, ein wunderschöner, runder Kreis von ca. 7 m Durchmesser mit einer geradezu phantastisch anmutenden Binnenstruktur. Außen lagen auf ca. 1 m Breite die Kornähren ganz gleichmäßig, wie gekämmt, im Uhrzeigersinn einmal im Kreis herum. Im inneren Teil des Kreises lagen die Ähren wie ein Strahlenkranz von innen nach außen weisend, während im Zentrum ein Pflanzenbündel wie eine Kompaßnadel am Boden lag. Zwischen dieser Garbe und den Strahlen war der Ackerboden sichtbar, einzelne Pflanzen waren geknickt. Der Abstand zur Tramline betrug ca.

50 cm. Unsere Ruten zeigten, sogar bei uns »Dowsing-Greenhorns«, sofort in die Richtung, in der die äußeren Garben umgelegt waren, sobald wir den Rand des Kreises mit den Händen überquerten. In der Mitte drehten sie sich dann, ohne daß wir dies – warum auch – beeinflußten, selbständig in die andere Richtung, so wie die Kornähren dort auch lagen. Seltsam, sie hatten doch in Berlin noch nicht so gut funktioniert?!

Nach allem, was wir bisher wußten, sollten solche Ruten-ausschläge nur bei in Kreisen vorhandenen »Energiefel-dern« zu messen sein. Gemeinhin gelten Kreise mit Ener-giefeldern als »echte« Kreise, weil ein Hoaxer solch ein ge-drehtes Energiefeld nicht produzieren kann. Demnach wäre dieser Kreis ein echter! Uns blieb im wahrsten Sinne des Wortes die Spucke weg. Wann war er entstanden? Etwa während wir an unserem Piktogramm arbeiteten? Bemerkt hatten wir nichts, aber wie sollten wir auch, wo wir doch die ganze Zeit ständig die Köpfe unten hatten und im Korn herumgekrochen waren.

Schlagartig erinnerten wir uns unseres kühnsten Traumes, zusammen bei abendlich-nächtlicher Zusammenkunft vor Wochen geträumt. Damals dachten wir, wenn wenigstens auch nur ein kleiner Kreis als Reaktion auf unsere Arbeit zu finden wäre, ein kleines Zeichen phänomenaler Aufmerk-samkeit, wir würden die glücklichsten Menschen auf dem Planeten sein. Nun waren wir es. Der Traum war erfüllt, das Kornkreisphänomen hatte uns bemerkt und uns als Zeichen dafür diesen kleinen Kreis mit seinem seltsam schönen Bin-nenmuster geschenkt, in direktem zeitlichen Zusammen-hang und in direkter örtlicher Lagebeziehung. Wir standen vor dem Kreis wie zwei kleine Berliner Steppkes vor den Weihnachtsauslagen in den Schaufenstern des KaDeWe am Tauentzien.

Jemand hatte uns hier seinen Gruß geschickt. So langsam

kamen wir wieder zu uns. Wir fuhren zurück zum Farmhaus und berichteten von dem neuen kleinen Kreis. Tatsächlich wußte dort noch niemand etwas davon, was uns zunächst ein paar ungläubige Blicke einbrachte.

Abends, im »Red Lion« in Avebury, saßen wir in unserer gemütlichen Ecke gegenüber dem Kamin und waren erfüllt von einer Gefühlsmischung aus Zufriedenheit und nachdenklicher Verwunderung ob des bisher Geschehenen. Der 13. Juli war für uns ein sehr bedeutender Tag. Zum ersten Male in der Geschichte der Kornkreise wurde versucht, mittels einer Theorie, die nach langen und gründlichen Analysen herangereift war, mit der Intelligenz hinter den Kreisen systematisch und unter Benutzung der vorgegebenen Piktogrammsprache zu kommunizieren.

Die in unserem Piktogramm enthaltene Information mußte dem Phänomen verständlich sein, wenn wir mit unseren bisherigen Annahmen richtig lagen. Wir waren angetreten, um das Unmögliche zu wagen, hatten dazu keine High-Tech benutzt, keine Institute und Labors, sondern nur unseren eigenen, einfachen Geist für die theoretische und unsere Hände für die praktische Arbeit.

Nun war es am Phänomen, zu zeigen, ob solcherlei Anstrengung eine Antwort wert war. Der kleine Kreis ließ einiges hoffen. Jetzt hieß es warten, unsere Nerven waren zum Zerreißen gespannt.

Der nächste Tag – das Kornkreisphänomen blieb still. Nirgendwo in der Nähe war eine neue Formation entstanden, keine Nachricht über entferntere neue Kreise erreichte uns. So fuhren wir zur Firs-Farm und erhielten von Farmer Horton die Erlaubnis, einen Kornkreis anzuschauen, der schon zwei bis drei Wochen alt war. Auf Hortons Farm waren in der Vergangenheit schon einige Kreise entstanden, so auch die neue Form der Dreiecke des letzten Sommers.

Auch Carsons hatten von keinem neuen Kreis gehört. Wir fuhren mit dem Farmerehepaar und deren Freunden hinaus zum Feld und erklärten ihnen nochmals den Inhalt unseres Piktogramms. Bei der Gelegenheit konnten wir feststellen, daß es, abgesehen von einigen Tierspuren, unberührt geblieben war. Auch der Zeiger an Alpha Centauri A hatte keine Veränderung erfahren, den Gefallen hatte uns das Phänomen also nicht getan, worüber wir auch in keiner Weise enttäuscht zu sein brauchten. Alpha Centauri war ja auch bloß ein Vorschlag, denn mit irgendeinem Stern hatten wir ja beginnen müssen, und so hatten wir uns eben für das Nächstliegende entschieden.

Inzwischen konnte der Entstehungszeitraum des kleinen Kreises weiter eingeengt werden. Er war noch nicht da, als Mr. Carson und wir am 12. Juli mittags draußen am Rabbit Holes den Platz für das Piktogramm festlegten. Einer von Carsons Arbeitern war noch spät abends mit dem Traktor auf dem Woodborough Hill beschäftigt gewesen. Er hatte dabei gute Sicht auf das Copse-Feld und dort bis zu seiner Abfahrt keinen Kreis gesehen. So kann er frühestens in der Nacht zum 13. und spätestens während unserer Arbeit entstanden sein. Wir erfuhren weiter von einem Anruf von Colin Andrews und seinem Interesse an einem Kontakt mit uns. Auch Herr Krönig schien etwas zu wittern. Wir würden, trotz mehrerer Anfragen bei Carsons, die einzigen bleiben, die ein derartiges Experiment auf ihrem Land durchführen durften. Dies war für uns eine große Ehre.

Am Abend lagen wir dann nebeneinander an einer windgeschützten Stelle oberhalb des Rabbit Holes, unter uns die große Plastikplane von Tim Carson, neben uns die Thermoskanne mit heißem Kaffee von Polly Carson. Welche Herzlichkeit wurde uns Fremden hier entgegengebracht! Wir waren auf Crop Watch und wollten natürlich auch unsere Gedanken hier präsent sein lassen, denen wir einen größeren Aktionsradius zutrauten als unserer physischen Hülle.

Wir warteten. Würden wir vielleicht etwas sehen? Nein, das schien uns doch zu vermessen. Hatten wir überhaupt noch etwas zu erwarten? In dieser Nacht wurde uns klar, was vielleicht der Fehler so vieler enttäuschter Kornkreisforscher war. Sie hatten versucht, nach ihren Regeln zu spielen, und waren überzeugt, es müsse so funktionieren. Das Phänomen hatte aber seine eigenen Regeln, wie sich bei Dr. Meaden oder anderen großangelegten Aktionen von militärischen oder privaten Gruppen gezeigt hatte.

Wir wollten also lediglich anbieten und offen bleiben für alles, keine Abläufe vorherbestimmen, nichts erwarten und dem Phänomen gegenüber freundlich und ehrlich bleiben. So wie wir dort auf dem Rücken lagen, bekundeten wir unsere feste Überzeugung, diese Kommunikation nicht nur um unser selbst willen betreiben zu wollen, sondern für alle Wesen hier auf diesem Planeten, nicht aus pekuniären, politischen oder religiösen Interessen und für keine Gruppe oder Organisation, sondern in Frieden, Freundschaft und kosmischer Partnerschaft.

Schließlich schlich sich die rein irdische Feuchtigkeit eines beständigen Nieselregens unter unsere Anoraks, so daß wir um 3.00 Uhr morgens zurück zum Windmill House aufbrachen.

Der zweite Tag nach unserem Experiment – das Phänomen rührte sich nicht. Keine neuen Kreise, keine neuen Piktogramme, absolute Ruhe. Hatte das etwas zu bedeuten? Wir fuhren hinaus zum Rabbit Holes, um unser Piktogramm zu inspizieren. Alles war so, wie wir es verlassen hatten, außer vielleicht ein paar zusätzlichen Tierspuren. Auch am echten kleinen Kreis gab es keine Veränderungen. Bereits nach kurzer Zeit unserer Präsenz im Feld knatterten, wie auch am Vortage, zwei Militärhubschrauber heran und drehten in wechselnden Höhen ihre Kreise. Sie waren sehr neugierig. Es war bekannt, daß sie hochauflösende Kameras an Bord trugen, mit denen sie jeden unten am Boden porträtgerecht fotografieren konnten – was sie bestimmt auch getan haben.

Es gab aber auch subtilere Wege, herauszufinden, was los war. Am Vortage fuhr plötzlich ein Landrover vor dem Windmill House vor. Der Wagen hielt an, und der Fahrer schaute uns, ohne ein Wort zu sagen, eine Weile interessiert zu. Als wir uns ihm schließlich zuwenden wollten, startete er den Motor und fuhr eilig wieder weg. Wurden wir hier etwa überwacht?

Wir wußten ja aus verschiedenen Quellen, daß die Militärs auch keine Vorstellung hatten, wer die echten Kreisemacher waren. Ihre Betriebsamkeit in und über der Kornkreisszene sprach Bände. Wir wußten, daß sie Leute in die verschiedenen Gruppen eingeschleust hatten, um auf diesem Wege an Informationen zu kommen. Aber würden sie auch uns beobachten?

Mit den Carsons, Tim und Polly, wie wir sie jetzt nennen durften, verband uns inzwischen eine lockere Freundschaft. Sie erlaubten uns, in ihrem Haus zu warten, auch wenn sie mal nicht gleich daheim waren. Über diese Vertrauensbasis waren wir besonders stolz, wer hätte das vor einer Woche für möglich gehalten? Alles lief so seltsam glatt und unkompliziert, alles ging nahtlos passend ineinander über, ein wichtiger Schritt folgte, wie vorprogrammiert, dem nächsten.

Uns war inzwischen eingefallen, wie wir der Entstehungszeit des kleinen Kreises im Copse noch näher kommen konnten. Wir hatten doch vor dem Beginn unserer Piktogrammarbeit ein kurzes Statement gegeben und dabei einen Rundschwenk mit der Kamera gedreht. Wenn wir uns diese

Szene anschauten, würden wir sehen, ob der Kreis schon da war oder nicht. Es wäre dann klar, ob er in der Nacht vor oder erst während unserer Arbeit entstanden war.

Zunächst mußten wir uns in Pewsey einen Adapter besorgen, der auch tatsächlich in dem einzigen Fernsehgeschäft der Gegend vorhanden war. Gespannt saßen wir am Nachmittag vor Carsons Videorecorder, als die bewußte Szene über den Bildschirm flimmerte. Und da war er, genauso als ein schmaler, dunkler Streifen ganz hinten zu erkennen, wie er sich auch uns dargeboten hatte, als wir von der Feldarbeit aus der Senke nach oben stapften. Wir hatten ihn offensichtlich am 13. Juli mittags noch nicht bemerkt. Er war also in der Nacht entstanden, nachdem wir mit unseren Gedanken bereits vor Ort gewesen waren, aber noch bevor wir mit unserer Arbeit begonnen hatten.

War dies eines der berühmten Beispiele, daß das Phänomen immer einen Schritt voraus sein konnte, so als habe es bereits gewußt, was der- oder diejenigen vorhatten? Wollte uns die Intelligenz hinter den Kreisen zeigen, welche Potenz sie auf geistiger Ebene besaß? Hatte man uns unsere Gedanken vorher abgenommen? Und wenn dies so war, bedeutete der kleine Kreis dann vielleicht sogar – Zustimmung?

18 Der Blitz in Pollys Küche

Tag drei nach dem Experiment – und noch immer keine Nachricht von einem neuen Kreis. Während in den ersten Julitagen immer wieder neue Piktogramme gemeldet wurden, herrschte seit dem 11. Juli absolute Ruhe. Unsere Formation war die letzte hier in der ganzen Gegend gewesen – und der kleine Kreis, von dem aber nur ganz wenige wußten und der auch von Carsons nicht zur öffentlichen Besichtigung freigegeben war. In der CCCS-Datenbank war er mit dem Datum des 13. Juli unter »Secret Circle« vermerkt. Es war eine Zeit unterschwelliger Hochspannung, denn schon das nächste Piktogramm könnte eine Antwort enthalten – oder eben nicht.

Wir trafen uns früh um 8.15 Uhr auf Tim und Pollys Farm. Heute war der Tag der offiziellen Untersuchung des kleinen Kornkreises durch ein Team vom CCCS. Zu sechst wanderten wir auf die Felder: Polly, Busty Tailor, der bekannte Kornkreispilot, Una Dawood, eine respektable, freundliche, britische Lady, die sonst am Hotline-Telefon saß, und Jo Holland, eine schmale, blonde, freundlich zurückhaltende Dame mittleren Alters. Sie alle lebten hier, hatten unzählige Kreise gesehen und waren dadurch zu regelrechten Experten geworden. Wir hatten einen Kloß im Hals. Wer weiß, ob sie nicht auch insgeheim daran dachten, daß wir vielleicht diesen kleinen Kreis geschaffen hatten. Schließlich waren wir fremd, kamen mit einer phantastisch anmutenden Theorie hierher, bauten ein Piktogramm und meldeten anschließend gleich einen echten Kreis, was für langjährig mit den

Kornkreisen Beschäftigte ein sicherlich nicht alltägliches Ereignis darstellen mußte.

Am Kreis angelangt, nahm Busty seine Rods und lief los. Unmittelbar beim Überschreiten der Kreisgrenze richteten sie sich schlagartig nach links aus, genau in die Richtung der äußeren, kreisförmig angeordneten Kornähren. Dies rief bei ihm und den anderen deutliches Erstaunen hervor, weil die Energie im Kreis offensichtlich sehr stark war. Busty lief dann im Kreis herum und stellte sich in das Zentrum über die längs ausgerichtete Mittelgarbe. Hier zeigten die Ruten sofort in die Richtung der Garbenlage. Die Verlängerung dieser Mittelgarbe als Linie zeigte genau hinunter ins Rabbit Holes zu unserem Piktogramm! Wie wir dem mit Wiltshire-Dialekt eingefärbten Gemurmel, wohl um uns nicht alles verstehen zu lassen, zwischen Busty und den Damen entnehmen konnten, enthielt der Kreis für Busty alle Merkmale der Echtheit, und wegen des einzigartigen Binnenmusters wollte er ihn auch gründlich auf Foto- und Videofilm bannen.

Dann, im Verlauf der weiteren Untersuchung, lief Busty die Tramline neben dem Kreis entlang. Er entdeckte eine starke Energielinie, die von dem kleinen Kreis genau ins Rabbit Holes hinunterzog. »Sie zeigt auf ihr Piktogramm da unten«, sagte er zu den anderen mit einem vieldeutigen Seitenblick auf uns, was bei diesen für eine gewisse Aufregung sorgte. Er fragte uns, ob wir uns den Platz da unten selbst ausgesucht hätten, was wir guten Gewissens bejahen konnten, denn Tim hatte uns mit dem Feld ja nur den groben Rahmen zugewiesen, während wir den Platz intuitiv und ohne Ruten selbst gewählt hatten. Wir wußten also bis jetzt überhaupt nichts von Linien, die durchs Feld zogen, und doch hatte uns irgend etwas das Piktogramm genau auf eine solche legen lassen.

Wir drückten uns verstohlen die Hände. Der Kreis war nun

offiziell für echt befunden worden. Wir bemerkten manchmal, daß man über uns sprach. Die Blicke, die wir auffingen, zeigten uns, daß unsere Arbeit eine gewaltige Aufwertung in den Augen der anderen gefunden haben mußte. Beim Verlassen des Feldes schickten wir ein dickes »Dankeschön« in Richtung Phänomen.

Es war 9.30 Uhr an diesem sonnigen, ruhigen Vormittag des 16. Juli, als wir nach Abschluß der Untersuchung das Farmhaus erreichten. Polly mußte um 10.00 Uhr unbedingt einem legasthenischen Kind in der Nachbarschaft Unterricht geben, wollte uns aber vorher noch auf einen Kaffee hineinbitten. Während sie drinnen den Kaffee kochte, zeigte uns Busty draußen einige seiner berühmten Kornkreisfotos in Poster- und Postkartengröße, die er sonst verkaufte, um wenigstens etwas von den horrenden Flugkosten wieder hereinzubekommen. Zu unserer freudigen Überraschung drückte er jedem einen kleinen Stapel Postkarten mit den besten Motiven der Kreise der letzten Jahre als Geschenk in die Hände. Während Jo Holland noch draußen am Auto hantierte, gingen wir auf Drängen von Polly in die Küche und nahmen am großen, braunen, rechteckigen Tisch Platz.

Joachim saß rechts neben Hans an der Längsseite mit Blick auf die quergeteilte Tür. Links von Hans arbeitete Polly am großen, gemauerten Herd. Dazwischen stand Pollys kleines Töchterchen Nell, die gerade in die Küche gelaufen war. Rechts von Polly lehnte Busty seitlich am Herd, den Rücken zum kleinen Küchenfenster gedreht, das nach hinten auf den nördlich gelegenen Hof führte. Alle plauderten. Auf der anderen Längsseite saß Una mit dem Rücken zur Tür. Joachim schaute gerade nach unten auf den vor ihm liegenden kleinen Stapel mit Bustys Bildern. Zuoberst lag die Karte, auf der ein Kreis mit vier Vierteln als Binnenstruktur und ein kleiner Zentralkreis zu sehen war, der den inzwischen berühmten Namen »Swastika« erhalten hatte.

Polly erzählte dazu einmal, daß er ein altes keltisches Zeichen symbolisiere, dessen Erscheinen in alter Zeit immer einen Umbruch oder das Kommen eines neuen Königs ankündigte. Einige Wochen nach dem Erscheinen dieses Kreises war damals die Berliner Mauer gefallen.

Es war inzwischen genau 9.40 Uhr. Urplötzlich gab es ein Stimmengewirr in der Runde. Hans stieß Joachim gegen den linken Arm und rief: »Was war denn das?« Bruchteile von Sekunden vorher, völlig unvermittelt und ohne jegliche akustische Ankündigung oder Begleitung war die gesamte Küche blitzartig und komplett von einem hellen, weißen Licht erfüllt, einem Licht, das keinen blendete und die gegenüberstehenden oder -sitzenden Personen wie ein dichter Nebel einhüllte und für einen Moment unsichtbar machte. Alles war erfüllt und durchdrungen von diesem weißen Licht. Es war kein Strahl, keine Kugel, es kam nicht durch das Fenster, nicht von der Tür, es war einfach da und wieder weg. Weil Joachim gerade nach unten geschaut hatte, war er der einzige, der das Licht nicht bewußt wahrgenommen hatte.

Aus den Augenwinkeln sahen wir, wie Polly mit mütterlichem Reflex ihre Tochter an sich gerissen hatte, um sie zu beschützen. Niemand hatte jedoch eigentlich das Gefühl, von dieser Erscheinung sei eine Bedrohung ausgegangen. Dann rannte sie plötzlich aus der Küche nach draußen. Busty schaute wie hypnotisiert, während Una aufgeregte englische Fragen stellte, die wir nicht verstanden. Polly kam wieder hereingestürzt. Sie hatte Jo, die immer noch draußen war, gefragt, ob sie etwas Ungewöhnliches bemerkt hatte, doch sie konnte nichts dergleichen berichten.

Der Himmel war leicht sommerlich bewölkt, es hatte keinen Gewitterblitz gegeben. Kein Flugzeug oder Helikopter war vorbeigeflogen, kein Fahrzeug vorbeigefahren, niemand hatte irgendwo mit einem Spiegel hantiert. Jo hatte gute Sicht in den Hof, zu dem das Küchenfenster hinausführte. Die elektrischen Anlagen und Geräte in Carsons Haus waren und blieben in Ordnung. Es hatte keine Stromschwankungen gegeben, das Phänomen hatte sich nur bei uns in der Küche ereignet.

Nachdem Busty, der ja sonst mit dem Kornkreisphänomen und den verschiedenen, damit verbundenen paranormalen Begleiterscheinungen vertraut war, seine Stimme wiedergefunden hatte, berichtete er, daß er während seiner ersten Kornkreisbegegnungen schon einmal einer solch weißlichen Lichterscheinung begegnet war. Es kam ihm dabei so vor, als ob man, einmal in einem echten Kreis und dessen Energiefeld gewesen, einen Teil dieser Energie für immer mit sich trüge und als ob man durch dieses Licht gescannt würde. »It's just like being photographed« waren seine Worte.

Waren die Kornkreisemacher in diesem Moment bei uns in der Küche zugegen gewesen? Was war wohl alles während dieser Lichterscheinung geschehen? Waren wir wirklich »gescannt« worden? Unsere Gesichter? Unsere Gedanken? Besaß die Intelligenz hinter den Kreisen wirklich diese Fähigkeit und konnte sich so, als reine Energie, sichtbar manifestieren?

Dies war wohl der seltsamste Kaffee, den wir je getrunken hatten. Als wir schließlich aufbrachen, handelten wir wie Menschen, die sich zwar verabschiedeten, aber irgendwie hatten wir den Eindruck, daß keiner so recht bei der Sache war, zu sehr standen wir noch unter der Nachwirkung des eben erlebten.

Busty bot uns an, ihm bei Foto- und Videoaufnahmen zu helfen. Wir im Team von Busty Tailor, den wir bis heute nur aus Büchern und dem Fernsehen kannten! Irgendwie ging alles fast ein wenig zu schnell. Wir fuhren hinaus zum Hackpen Hill nordwestlich von Marlborough, wo auf einem Feld des Farmerehepaars Hussey vor zwei Wochen ein großes Piktogramm entstanden war. Ein französisches Team war dort ebenfalls bei der Arbeit. Es war schon beeindruckend, wie Busty seine 10 m lange Stange, an der oben die Kamera befestigt war und gegen die wir unten den Fuß stemmen mußten, aufrichtete, während die Verschlußautomatik ablief, dann die Kamera ausrichtete, das Hin- und Herschwanken der Stange beendete und dann, genau im richtigen Moment, ein scharfes Foto produzierte. Bustys Fotostange halten zu dürfen, kam schon einer regelrechten Insiderweihe nahe. Danach fuhren wir zur Maisey-Farm und arbeiteten dort eine Weile mit ihm. Dabei entdeckten wir, daß an dem großen Piktogramm noch ein kleiner zusätzlicher Kreis entstanden war.

Wir konnten am Abend lange keinen Schlaf finden, zu sehr bewegten uns die Ereignisse des Tages. Morgen würde es der vierte Tag nach unserem Experiment sein. Der kleine Kreis, die Energielinie hinunter zu unserem Piktogramm, das Licht in Pollys Küche – es wurde nahezu unerträglich spannend. Würde der morgige Tag wieder ohne eine neue Kornkreisformation zu Ende gehen?

19 Die Antwort

Der 17. Juli empfing uns mit strahlendem Sonnenschein. Doch eine dunkle Wolke schob sich für uns vor unser Muttergestirn. Wir mußten heute unbedingt in Marlborough die Fähre für die bevorstehende Rückreise buchen. Ja, die Zeit unseres Aufenthaltes in England war bald vorbei. Zwischen Cornflakes und Toast begannen wir im Frühstückssalon des Windmill House mit einem vorläufigen Resümee.

Wir hatten bisher mehr erreicht, als je zu hoffen war. Uns war der kleine Kreis geschenkt worden, und wir waren Zeugen einer nahen Begegnung mit einer nicht-menschlichen Lichterscheinung. Das Kornkreisphänomen hatte uns also zumindest begrüßt. Und ebenso wichtig: Wir hatten die Reise überhaupt unternommen, produzierten hier vor Ort etwas mit unseren eigenen Händen und konnten eigene Untersuchungen an echten Kreisen durchführen. Wir würden schlauer wiederkommen, als wir losgefahren waren.

Wenn wir vielleicht auch ohne Antwort oder Reaktion auf unsere Formation nach Hause fahren sollten, bedeutete dies noch lange nicht, daß wir mit unserer Theorie gänzlich falsch lagen. Vielleicht war unsere Frage nur einfach nicht richtig gestellt. Wir würden dann in Deutschland alles noch einmal durchsehen, ergänzt um die jetzt eigenhändig gesammelten Daten, und es im nächsten Sommer erneut probieren. Inzwischen war Wiltshire schon allein wegen der neu geschlossenen Freundschaften eine Reise wert.

Nach dem traurigen Ticket-Akt in dem kleinen, netten Reisebüro »Bath Travel« in Marlborough fuhren wir weiter zur Maisey-Farm, um uns an dem Piktogramm vom 11. Juli zu erfreuen. Dort angekommen, erfuhr unser Tagesprogramm eine entscheidende Veränderung. Mrs. Wookey, die Farmerin, war zwar nicht anwesend, jedoch erhielten wir von einer anderen netten Reiterin die Erlaubnis, wieder auf das Feld zu gehen, denn man kannte uns inzwischen. Fast nebenbei erzählte sie uns, daß wohl auf der benachbarten Temple-Farm im Preshute Down, ein paar Kilometer weiter im gleichen Tal, letzte Nacht ein neues Piktogramm entstanden war. Wir sollten doch vielleicht auch dort noch vorbeifahren, meinte sie.

Überrascht blickten wir uns an. Endlich, nach vier Tagen, ein neues Piktogramm! Wir machten auf dem Absatz kehrt und hasteten zum Wagen. Runter den Farmweg, rauf auf die Landstraße. Ach ja, Linksverkehr, weiter! Wo war nur das Tor zur Temple-Farm? Dort vorn standen Leute neben Pkws am Straßenrand, sonst ein untrügliches Zeichen für Piktogramme seitlich in den Feldern. Abbremsen, rauf auf den Randstreifen, Griff zur Kamera, rüber zum Farmtor, erste Gerüchte, erzählt mit großer Aufregung.

Dann die Ankunft des Farmers am verschlossenen Farmtor. Nein, das Tor bliebe zu, und niemand sollte es wagen, die Farm unautorisiert zu betreten. Nein, alles war sicher ein Hoax, die nächtlichen Fluggeräusche waren Helikopter, ganz klar. Der Hund, den der Farmer bei sich hatte, schien seine Äußerungen voll zu unterstützen.

Es gelang uns trotzdem, einen Farmangestellten über den Zaun hinweg zu befragen, der sich als unmittelbarer Zeuge der Geschehnisse entpuppte. Am frühen Morgen, so gegen 3.30 Uhr, habe sein Hund zu bellen angefangen, was er auch manchmal tat, wenn Füchse oder andere Tiere in der Nähe waren. Davon wurden der Mann und seine Frau, die beide

auf der Farm wohnten, wach. Der Frau war irgendwie unwohl, sie weigerte sich, hinauszugehen. So verließ der Mann
zusammen mit seinem Hund das Haus. Er konnte nichts
Außergewöhnliches entdecken, hörte aber ein Geräusch,
daß sich nach seiner eigenen Einschätzung irgendwo in der
Nähe von unten, vom Boden weg, himmelwärts nach oben
entfernte. Er beschrieb dieses Geräusch als entfernt ver-
gleichbar mit dem leisen Rauschen, Pfeifen oder Heulen
einer Düse. Auf unsere Nachfragen hin bestätigte er, daß es
sich hundertprozentig nicht wie ein Helikopter angehört
hatte.

Mr. Temple machte uns und den anderen Umstehenden
nochmals klar, daß es nicht ratsam wäre, ohne Erlaubnis
von ihm auf seinem Land angetroffen zu werden. Das sei
auch gar nicht nötig, denn ein paar hundert Meter weiter,
hinter der Baumreihe dort, hätten wir von der Straße einen
idealen Ausblick auf das neue Piktogramm. Dorthin sollten
wir fahren.

Als wir die Baumreihe passierten und die Aussicht auf den
gegenüberliegenden, ziemlich steilen Talabhang frei wurde,
verschlug es uns die Sprache. Wir starrten mit weit aufgeris-
senen Augen abwechselnd uns und dann wieder das Piktogramm an. Dort unten im Preshute Down lag etwas, das wir
kannten, mit dem wir etwas anfangen konnten! Es war die
gleiche Symbolik, die wir in unserem Piktogramm verwendet hatten!

Dort unten lag eine Mitteilung für uns, unsere langersehnte
Antwort! Die Kommunikation mit dem Phänomen hatte
begonnen.

Nach vier Tagen bangen Wartens und Hoffens schmetterte
die fremde Intelligenz ein mächtiges Piktogramm von 120
m Länge diagonal zu den Tramlines den Hang hinab, dessen
eindeutige Beziehung zu dem, was wir in langen Monaten
theoretisch erarbeitet und schließlich hier in der Praxis dar-

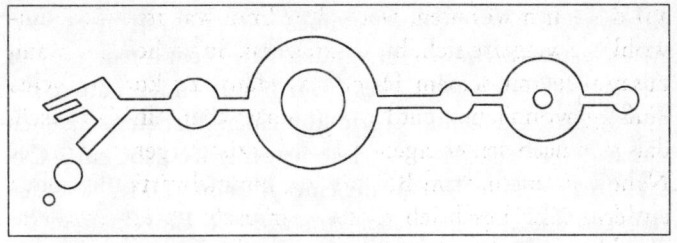

Abb. 58: Das Antwortpiktogramm, 17. Juli 1991, Preshute Down

gestellt und gefragt hatten, überdeutlich herausgestrichen war.

Das Piktogramm ließ sich in zwei Hauptteile gliedern. Der linke, mehr talwärts gelegene Teil bestand aus einem inversen Sonnensymbol mit breitem, also wichtigem Orbitalring (P3, P6). Wichtig deshalb, weil in ihm Planeten kreisen, von denen hier einer besonders herausgestellt war. Links ging nämlich vom Orbitalring ein Steg ab, der in einen Planetenkreis mündete. Der Kreis war relativ groß (P6). Damit auch klar war, welcher Planet hier gezeigt wurde, hatte er einen großen Zeiger mit drei kleinen Stegen erhalten. Es war unser Sonnensystem, es war der dritte Planet, es war die Erde!

Und damit nicht genug. Um auch nicht den leisesten Zweifel an der Identität des Planeten aufkommen zu lassen, war einer der drei Stege in Richtung und Größe gegenüber den anderen beiden hervorgehoben. Um das Maß voll zu machen, waren genau in der Verlängerung dieses betonten Steges ein kleiner und ein noch kleinerer Kreis gelegt. Sie stellten sogar noch zusätzlich die Erde mit ihrem einen Mond dar.

Alles, was wir in unserem Piktogramm bei unserem Sonnensystem dargestellt hatten, war hier ebenfalls vorhanden, und zwar in der ausführlichsten Form, die überhaupt möglich war. In beiden Piktogrammen wurde ein inverses Sonnen-(System-)Symbol verwendet. Wir benutzten, um zu zeigen, daß wir auch dieses Prinzip verstanden hatten, die abgekürzte Darstellungsform für einen Planeten, nämlich einen Zeiger mit der numerisch betonten Angabe eines Orbits und die einfache Angabe eines Mondes. Das Phänomen dagegen stellte bei gleicher Aussage alle Einzelheiten, die wir weggelassen hatten, dar. Es hatte unser »Call-Sign«, unsere Identifikationsmarke, als richtig von uns erkannt, vollständig zurückgegeben. Es war beinahe unglaublich, denn damit wurde die Richtigkeit dessen, was zu unserer Arbeit hier geführt hatte, von niemandem anderen als von der fremden Intelligenz selbst, der Urheberin dieser Symbolik, bestätigt.

Was war dann mit dem zweiten Teil? Lag vielleicht hier die Antwort auf unsere Frage?

Vom großen Sonnensymbol ging nach rechts ein längerer Steg ab, der in einen relativ großen, einfachen Kreis mündete. Von diesem ging ein weiterer Steg in der gleichen Achse und Richtung weiter zu einem inversen Sonnensymbol, das aus einem kleinen, zentralen Kreis aufrecht stehenden Korns und aus einem überdimensionalen Orbitalring liegenden Korns bestand. In der Gesamtachse des Piktogramms ging von diesem Sonnensymbol nach rechts ein weiterer kleiner Steg ab, an dem ein kleinerer Kreis als auf der anderen Seite das Piktogramm abschloß.

Im ersten Überschwang der Gefühle und unter dem Eindruck des Wirklichkeit gewordenen Traumes interpretierten wir diesen rechten Komplex zunächst als Dreifachsternsystem, als Wiedergabe von Alpha Centauri B (links), A (mittig) und C (rechts). Wir faßten die außerordentliche Betonung der mittleren Sonne mit ihrem breiten, also wichtigen Orbitalring (P3) als Hinweis auf ein dort vorhandenes Planetensystem auf. Die Komponenten Alpha Centauri B und C waren in den Proportionen richtig dargestellt und besaßen kein Planetensystem, bzw. es war für die Beantwortung unserer Frage nicht wichtig, dort im Piktogramm eines darzustellen, denn nur die größte Sonne, Alpha Centauri A hatte ja in unserer Frage eine Bedeutung.

Mit dem Piktogramm im Hintergrund gaben wir vor der Videokamera für unsere private Dokumentation ein Statement ab. Als Hans die Kamera dann ausschaltete, zitterte ihm das Kinn und Joachim bekam feuchte Augen. Wir waren bewegt von einer tiefgreifenden Emotion der Dankbarkeit.

In dem Moment hielt ein Wagen an, und es folgte unsere erste Begegnung mit Mr. Michael Green. Es war ihm zuerst sehr wichtig, uns mitzuteilen, daß er eine wichtige Persönlichkeit war. »Do you know who I am?« war sein erster Satz, der zweite: »I am one of the authors of the crop circle book ...« So, nun wußten wir Bescheid. Wenn Mr. Green geahnt hätte, wie egal uns menschliche Wichtigkeit angesichts des Piktogramms im Hintergrund im Moment war, wäre er sicherlich schnell wieder eingestiegen und weggefahren. Das tat er dann auch mit einem Farmerehepaar, das ebenfalls gerade eingetroffen war, um einen Blick auf das Piktogramm zu werfen. Sie wollten wohl zum Piktogramm am Hackpen Hill fahren, wo in ihrem Feld angeblich ein neuer kleiner Zusatzkreis entstanden war.

Zurück in Avebury, riefen wir von dem kleinen Telefon am Eingang des »Red Lion« Polly an, die unsere Neuigkeiten natürlich etwas ungläubig vernahm. Sie wollte aber in jedem Falle Una Dawood von der Hotline informieren.

Am Nachmittag untersuchten wir den kleinen Kreis am großen Piktogramm auf Husseys Farm unterhalb Hackpen Hill. Er war durch ein Seil von der unmittelbaren Besichtigung ausgenommen. Ein Trick, um ihn nicht so schnell als Fälschung zu entlarven? Was wir jedenfalls aus einem Meter Entfernung sahen, regte uns nicht besonders auf. Vielleicht wollte jemand nur auf der Piktogrammwelle mitschwimmen und hatte deshalb dem alten Piktogramm mit dem kleinen Kreis ein wenig Aktualität verleihen wollen, wer weiß?

Den Tag sollte heute eine besondere kleine Zeremonie abschließen. Wir wollten uns beim Phänomen, dem wir am liebsten den Namen »AHA« gegeben hätten, in aller Form für das Piktogramm auf Temples Farm bedanken. Dazu wollten wir uns genau um 6.00 Uhr abends in den kleinen Kreis und in unser Piktogramm stellen und uns mit Hilfe des Energiefeldes und der Linie ganz auf »AHA« konzentrieren. Dabei wollten wir uns dann aus Kreis und Piktogramm heraus über die Distanz von ca. 400 m nach einem verabredeten Zeichen gegenseitig fotografieren.

Wir trennten uns am Eingang zum Rabbit Holes, Hans ging nach oben in den kleinen Kreis im Copse, während Joachim hinunter ins Rabbit Holes wanderte. Auf dem Weg dorthin geschah Seltsames.

Ein immer stärker werdendes Gefühl von Dankbarkeit und Zuneigung beschlich uns, je mehr wir uns unseren Zielpunkten näherten. Joachim berichtete, daß er auf halbem Wege hinunter zum Piktogramm urplötzlich jegliche Fassung verlor und den Tränen seinen Lauf ließ. Er habe dem Phänomen, von dem er das Gefühl hatte, irgendwie um ihn herum anwesend zu sein, alle seine Familienmitglieder, Freunde und Bekannte vorgestellt und auch für diejenigen positive Worte gefunden, mit denen er nicht so gut auskam. Er sprach laut von seiner Liebe zu diesem Planeten und bot dem Phänomen schließlich ganz offiziell diese Liebe und unsere, zutiefst so empfundene, ehrliche Freundschaft an.

Hans, auf dem Wege zum kleinen Kreis, erging es ähnlich. Auch er war beseelt von Freude über den erreichten Kontakt, einen Kontakt, der so leise und aus dem Verborgenen gekommen war, wie die Piktogramme auch. Er bekräftigte ganz nachdrücklich unseren Wunsch nach einer Kontinuität dieses Kontaktes für die Zukunft.

Als wir uns wieder am Eingang zum Rabbit Holes trafen, waren wir nicht mehr dieselben. Es war uns nun klar, daß wir unsere Erlebnisse zunächst für uns behalten würden. Wir wollten nicht, wie all die anderen vor uns, alles verplappern, nur um einmal unseren Namen in einer Zeitung zu lesen. Wir wollten auch nicht, wie Colin Andrews es getan hatte, sehr dekorativ vor einer Fernsehkamera im Grase sitzend, mit sonnendurchschienenem Haar und mit einem Grashalm spielend, fragen wollen: »Why must it be me?« Es galt sich fernzuhalten von allen pekuniären Jägern oder Journalisten, von denen man nicht genau wußte, *für wen* oder was sie *wirklich* berichteten.

Wir wollten unsere Hände schützend über unsere neue Freundschaft wie über ein kleines Pflänzchen halten, damit niemand drauftreten konnte. Es war uns, wie es einem jungen Mann ergeht, der zum ersten Male bemerkt hat, daß beim Nebeneinanderherlaufen die, die einem zur Zeit das wichtigste im Leben zu sein scheint, diesmal die Hand nicht wegzog, sondern ihre fest in die seine schloß. Diese ersten, zarten Bande, so zerbrechlich, so heimlich – wir würden sie gegen nichts und niemanden aufs Spiel setzen.

Unsere Aktivitäten waren in der Umgebung nicht ohne Aufmerksamkeit geblieben. Deshalb baten wir Polly, von nun an über unsere theoretische und praktische Arbeit, soweit sie davon wußte, nichts mehr weiterzuerzählen. Sie schien durch die Ereignisse der letzten Tage ebenfalls verändert. Noch vor zwei Wochen waren sie und ihr Mann der festen Überzeugung, so wie auch Colin Andrews es propagierte, daß die Erde selbst die Energie und Zeichen produzierte. Jetzt glaubte sie mehr und mehr, daß die Zeichen von außen kamen, aus dem Weltall. Sie schaute uns eindringlich an und wollte wissen, wie es nun weitergehen sollte, denn unsere Abreise stand bevor, und es war dann niemand mehr da, der unsere Arbeit fortführen würde. Wir waren jedoch sicher, daß trotz unserer Rückkehr nach Deutschland sich alles weitere ergeben würde.

Am Abend dieses denkwürdigen Tages lud uns Mr. Incledon im »Red Lion« zu einem Pint seiner Lieblingsmarke ein und erlaubte uns, ihn von nun an offiziell Alen zu nennen. Während unserer sich anschließenden, den Tag zusammenfassenden Besprechung entdeckten wir eine ungeheuerliche Kleinigkeit, die uns bei der ersten Interpretation des »Antwort-Piktogramms« einfach nicht aufgegangen war.

Die ganze Zeit über waren wir irgendwie ein wenig unzufrieden, weil wir bei der mittleren Sonne im »Hinterteil« des Piktogramms zwar eine betonte Umlaufbahn gefunden hatten, jedoch keine näheren Angaben über Planeten im einzelnen. Unsere Frage war eigentlich inhaltlich und grafisch ausreichend detailliert und korrekt gestellt, dieser hintere Teil des Antwort-Piktogramms war jedoch völlig uneindeutig ausgefallen. Was hatte das zu bedeuten? War die Frage doch falsch? Sie lautete ja: »Kommt ihr von Alpha Centauri?« Damit würde die Antwort, nach unserer ersten Interpretation, lauten: »Ja, es gibt Planeten dort, aber wir kommen nicht von dort, deshalb ist es nicht nötig, weitere Einzelheiten darzustellen, denn sie sind für eure Frage dann auch nicht wichtig.« Hatten wir vielleicht etwas übersehen?

Wir kramten nochmals die Skizzen heraus, die wir vormittags an Temples Zaun angefertigt hatten. Der Hauptsteg kam aus unserem Sonnensymbol und führte in der Längsachse des Piktogramms gerade auf einen kleinen Kreis zu. Moment mal, der Steg – wir hatten den Interpretationsfehler gefunden! Der Steg war nicht mit dem Zentralkörper der linken Sonne verbunden, sondern nur mit dem breiten Ring, dem Planetenorbit. Nach P9 verband ein Steg Gleiches mit Gleichem, damit war der nächste kleine Kreis keine Sonne, sondern ein Planet und der gegenüberliegende, noch kleinere Kreis ebenfalls!

Es waren zwei Planeten, die um einen Stern kreisten, der kleiner war, als unsere Sonne, wobei der eine von beiden Planeten größer geformt war und nach P6 also der wichtigere sein mußte.

Damit hatte das Phänomen zwei Sonnensysteme dargestellt, nämlich das unsrige und ein weiter entferntes – symbolisiert durch die relative Länge des Steges –, und unsere Frage klar beantwortet: »Nein, wir kommen nicht von Alpha Centauri, sondern von einem Einzelstern-Sonnensystem, dessen Sonne eurer ähnlich, dabei aber kleiner ist und die zwei Planeten (insgesamt oder in der Ökosphäre) beherbergt, von denen einer wichtig ist.«

So hatten wir nun ein neues Problem, zwei Tage vor unserer Abfahrt, denn nicht in dieser Antwort enthalten war die Information, wo diese unbekannte Sonne mit ihren beiden Planeten auf ihrer äonenlangen Bahn durch das All zog. Es war keine Zeit mehr, ein neues Frage-Piktogramm zu erstellen, es schien, als mußten wir unsere kosmische Konversation schon beenden, nachdem sie gerade erst begonnen hatte, und dieses Rätsel mit nach Hause nehmen.

20 Heimliche Aktivitäten

Die Sonne stand schon hoch an diesem 18. Juli, unserem letzten Tag in Wiltshire, als wir immer noch zusammen beim Frühstück saßen. Heute war alles anders als gestern. Das Tageslicht erschien freundlicher, Randersons Kätzchen war noch schmusiger als sonst, der Toast mit der delikaten bitteren Orangenmarmelade schmeckte noch besser. Wir fühlten uns heiter und gelöst, wie aufgeladen mit positiver Energie.

Das Interessante am Wohnen mit Bed & Breakfast ist, daß man fast jeden Morgen mit neuen Leuten zusammentrifft. Heute war es wieder so. Eine Lady, die die Vierziger schon einige Zeit hinter sich hatte, musterte uns ständig, bis sie uns plötzlich direkt nach unserer Meinung zum Kornkreisphänomen fragte. Sie stellte sich als Felddirektorin des CCCS in Kent vor. Wußte sie etwas über uns? Wir blieben beim anschließenden Small talk jedoch recht einsilbig.

Später auf Carsons Farm erfuhren wir, daß Tim am Vorabend von George Wingfield, einem bekannten Kornkreis- und UFO-Forscher und damals noch Redakteur des »Circular« des CCCS, aus einer Radiosendung heraus angerufen worden war und seine Einschätzung zu den Kornkreisen abgeben sollte. Ohne unser Experiment und das bisherige Ergebnis zu erwähnen, sagte Tim, daß sich in den letzten zwei Wochen eine Menge getan habe. George fragte weiter, ob Tim ein Skeptiker sei. Tim erwiderte, daß er bisher eines wußte, nämlich daß bestimmte Kornkreise auf seinem Land nicht menschlicher Herkunft seien. Jetzt glaube er, daß sie etwas mit einer nicht menschlichen, vielleicht sogar außerirdischen Intelligenz zu tun haben. Dies rief beim Interviewer höchste Verwunderung hervor, der solch eine Aussage von einem Farmer, der mit der Natur und seinen Kornfeldern aufs Innigste verbunden ist, nicht erwartet hatte.

Wenn Tim Carson, der Farmer, ein freundlicher, aber doch zurückhaltender Mann, der genau weiß, was er will und was sich auf seiner riesengroßen Farm tut, sich öffentlich so äußerte, dann mußte sich wirklich etwas Einschneidendes verändert haben.

Polly wurde von verschiedener Seite immer wieder gefragt, was sich auf ihrer Farm tue. Auch der Journalist Krönig, hier einmal nicht unmittelbar beteiligt, zeigte reges Interesse. So hatte er am Vortage Una Dawood angerufen und sie unvermittelt gefragt: »Una, du verbirgst ein Geheimnis.« Sie wußte zuerst nicht, was er meinte. Daraufhin sprach er sie direkt auf das Licht in Pollys Küche an. Dieses Verhalten sollte typisch werden für die ganze Kornkreisszene, in der einzelne versuchten, alles über alle zu erfahren, um damit eine gewisse Wichtigkeit zu erlangen und um von dieser Warte aus weitere Fäden – auch für Fangnetze – zu spinnen. Mit diesen Leuten und deren Machenschaften wollten wir nichts zu tun haben. Interessanterweise ist man nie, egal von welcher Seite, direkt an uns herangetreten, obwohl das völlig unproblematisch gewesen wäre.

Statt dessen hatten wir immer wieder seltsame Begegnungen einer zweifelhaften Art. An den Landrover, der plötzlich vor dem Windmill House vorfuhr, erinnern Sie sich. Am 16. Juli saß dann am Tresen des »Red Lion« ein Mann, der scheinbar unbeteiligt seinen Drink zu sich nahm. Er war wie ein Landarbeiter gekleidet und jüngeren Alters. Aus der Seitentasche seiner langen, grünlichen Jacke lugte jedoch ein länglicher Mikrofonkopf hervor. Wir brachen sofort jegliche Unterhaltung ab und verhielten uns still. Plötzlich schielte er immer häufiger in unsere Richtung, schien schließlich ärgerlich zu sein und verschwand zuletzt.

Am 17. Juli saßen im »Red Lion« zwei Tische weiter zwei Männer mittleren Alters mit kurzen, korrekt gekämmten Haaren, dunklen Sonnenbrillen, die sie nie abnahmen, mit weißen Hemden und geknöpften Kragenecken und geschlossenen Krawatten und Jacketts, die sie ausgezogen neben sich liegen hatten. Sie saßen dort, begannen sofort ziemlich laut, also für uns gut hörbar, über Kornkreise zu sprechen und schauten uns dabei immer wieder auffordernd an, als ob sie uns zu ihrer Unterhaltung einladen wollten. Wir wurden dagegen immer schweigsamer. Nach kurzer Zeit war dieses Spiel zu Ende, die beiden Männer verließen den Pub.

Während unserer häufigen Aufenthalte in den Feldern erschienen immer wieder Armeehelikopter, die sich offensichtlich nur um uns zu kümmern schienen. Doch wir waren für »sie« nur zwei weitere Personen auf ihrer Liste, denn diese ständige Überwachung aus der Luft war allen Kornkreisforschern bestens bekannt. Dazu donnerten Tag und Nacht in großer Höhe und manchmal auch ohne Beleuchtung im Tiefflug große, schwarze, viermotorige Flugzeuge über das Land, immer auf der Suche nach dem Kornkreisphänomen. Sie müssen wissen, daß auch das Militär nicht viel weiter gekommen ist und auch nicht weiß, wer da direkt vor der elektronischen Nase und den großen Infrarotaugen des größten militärischen Stützpunktes der Briten und der NATO seine Symbole in der Kornkammer Englands ausbreitete.

Sicherlich waren viele Flüge wirkliche Trainingsflüge. So übten die großen Bomber auf dem Stützpunkt Lynham Starten und Landen und mußten dabei notgedrungen schon einige Runden drehen. Tim wußte zu berichten, daß die Helikopter aus dem militärischen Sperrgebiet südlich von

Alton Barnes, in dem auch der Luftraum gesperrt war, häufig einflogen, um über seinen Feldern, speziell im Bereich Knap- und Woodborough Hill, alle möglichen Flugmanöver durchzuführen. Und gerade deshalb unterschieden sich die Kornkreisflüge besonders deutlich davon, zumal man hier dann auch die außen befestigten, speziellen Kameras sehen konnte.

Als 1990 die Piktogramme auftauchten und hierbei speziell die gigantischen Formationen in Alton Barnes, erreichte die Kornkreis-Hysterie ihren Fieberpunkt. Die britische Regierung sagte öffentlich nichts dazu und unternahm auch zunächst nichts. Sicher war sie genauso perplex wie alle anderen. Es wurde später bekannt, daß 1990 Sitzungen auf Ministerebene (Verteidigung, Landwirtschaft und Umwelt) in London zum Thema Kornkreise stattgefunden hatten und alle Mechanismen in Gang gesetzt worden waren, um die Bedeutung des Phänomens – wie bei den UFOs auch – vor der Öffentlichkeit herunterzuspielen und die mit der Erforschung der Kreise beschäftigten Einzelpersonen und Gruppen lächerlich zu machen beziehungsweise zu zerschlagen. Es durfte in der Öffentlichkeit auf keinen Fall der Eindruck entstehen, Regierung und Militär seien nicht mehr Herr über Land und Luftraum und wären etwa machtlos gegenüber einem Phänomen, daß sie offensichtlich zu jeder Zeit und an jedem Ort narren konnte.

Eine gut vorbereitete Fälschung mußte her, um der Öffentlichkeit nachhaltig weizumachen, die Kreise seien sämtlichst menschengemacht. Die »Operation Blackbird« bot hierzu die willkommene Gelegenheit.

Unter diesem Namen[29] wollten Colin Andrews und Pat Delgado in einer Überwachungsserie, gesponsort von BBC TV und Nippon TV, mit einer Ausrüstung im Werte von einer Million Pfund, die Entstehung von echten Kornkreisen mit Video- und Infrarotkameras sowie Bildverstärkern filmen. Das Militär bot bereitwillig seine Mithilfe an und ließ die ganze Unternehmung auf Bratton Castle, einem steinzeitlichen Hillfort, stattfinden.

Ein Corporal Darren Cummings soll vorher der Presse gesagt haben: »Wir sind hier, um zu beweisen, daß sie [die Kornkreise; d. Autor.] von Leuten gemacht werden; die Wissenschaftler sind hier, um etwas anderes zu beweisen.«

Am Morgen nach der zweiten Nacht, es war der 25. Juli 1990, war ein aufgeregter Colin Andrews vor der Kamera der BBC zu sehen: »Nun, wir haben ein großartiges Ereignis hier … äh … viel Aufregung, wie sie sich vorstellen können. Wir haben wirklich zwei große Bodenmuster … sind aufgetaucht genau vor dieser Überwachungsausrüstung, scheinen genau nur für uns entstanden zu sein; wir hatten ein Ereignis so gegen 3.30 Uhr diesen Morgen. Wir haben wirklich etwas von großer, großer Bedeutung …«

Kurze Zeit später mußte ein nun zerknirschter Colin Andrews vor der gleichen Kamera zugeben, Opfer eines grausamen Schwindels geworden zu sein. Bei der Besichtigung des frisch entstandenen Piktogramms im Feld unterhalb von Bratton Castle wurden deutliche Spuren menschlicher Aktivitäten gefunden. Um das Maß voll zu machen, lagen in den Zentren der Kreise auf einem kleinen Holzkreuz jeweils runde Horoskopscheiben, augenscheinlich um den Verdacht auf New-Age-Gruppen zu lenken.

In Wahrheit hatte das Militär diesen Coup akribisch vorbereitet.

Genau in der Nacht, als der Schwindel stattfand, waren zwei der Corporale, die am Beobachtungspunkt ihren Dienst versehen sollten, dort nicht anwesend. Man wußte auch, daß Andrews und Delgado in dieser zweiten Nacht nicht vor Ort sein würden.

Auf Anordnung aus dem Verteidigungsministerium sollte

der »Bratton Hoax«, geplant unter strikter Geheimhaltung, durch eine Spezialeinheit der Armee ausgeführt werden, die vorher schon geübt hatte und ihre Operation in totaler Dunkelheit schnell und präzise durchzuführen in der Lage war. Sie wußten natürlich genau über die Reichweite der Infrarotkameras Bescheid und blieben so außerhalb und unsichtbar. Sie produzierten eine Formation von akkurater Machart und kennzeichneten sie durch die Horoskopscheiben eindeutig als Schwindel, denn es hätte ja sein können, daß Andrews/Delgado den Hoax für echt erklärten.

Damit war ein erster entscheidender Schlag gegen die Kornkreise gelungen. In den nächsten Tagen überboten sich die Zeitungen landesweit mit Artikeln, in denen die Autoren sich anstrengten, die Kreise und deren Untersucher lächerlich zu machen und sie ganz als menschengemacht zu erklären.

Die Torpedierung der »Operation Blackbird« markiert gleichzeitig den Beginn eines regelrechten Kreuzzuges gegen das Kornkreisphänomen, an dem sich Geheimdienste, staatliche und religiöse Gruppierungen sowie Einzelpersonen in der Zukunft rege beteiligen sollten.

21 Die Mutter aller
Piktogramme

Als wir die Carsons an diesem Tage zum letztenmal vor unserer Rückreise sahen, verabschiedeten sie sich von uns auf das herzlichste und sagten uns mit eindringlichen Worten, daß wir im nächsten Jahr wiederkommen müßten, um unsere Arbeit fortzusetzen. Dann hob Polly den Kopf, lächelte etwas unglücklich und meinte, während all diese faszinierenden Dinge um uns herum geschehen, denen man sich ausschließlich widmen möchte, muß man doch immer wieder zurück in das profane Leben – und deutete dabei auf den Herd, wo der Topf mit dem Mittagessen kochte. Welch ein Gegensatz!

Aber so war es, das sogenannte tägliche Leben forderte eben auch sein Recht. Sie gab uns zuletzt noch den Tip, zum Barbury Castle zu fahren, denn dort sei in der Nacht zum 17. Juli, nicht weit von unserem Antwort-Piktogramm, eine noch größere Formation entstanden, die, so hätte sie gehört, komplizierter ausgefallen sein soll, als alle vorherigen. Wieder fuhr uns ein freudiger Schreck in die Glieder. Ein noch größeres und komplizierteres Piktogramm und dann noch in der Nähe »unseres« Piktogramms im Preshute Down? Das Phänomen war, nach drei Tagen und Nächten völligen Schweigens, förmlich explodiert. War es vielleicht etwas, das wir verstehen konnten? Es gab kein Halten mehr.

Wir fuhren wieder nach Norden und kamen durch das Tal von Rockley. Inzwischen vermuteten wir, daß das kleinere Piktogramm mit den zwei Innenkreisen eine zusätzliche

Bedeutung besaß: Es stellte fast identisch den Steinkreis von Avebury mit seinen beiden kreisförmigen Zentren dar. Der längere Steg lag dort, wo bei Avebury die große Steinallee abgeht, der kleinere dort, wo früher eine weitere Allee in Richtung Knoll Downs abging. Als wir die Stege mit dem Kompaß vermaßen und die Richtungen auf die Karte übertrugen, erlebten wir eine Überraschung: Der kleine Steg zeigte tatsächlich genau nach Avebury!

Weil wir nicht genau wußten, wo das neue Piktogramm lag – irgendwo unterhalb vom Barbury Castle Hillfort, den Überresten eines steinzeitlichen Camps –, ließen wir den Wagen oben am Hackpen Hill mit seinem überdimensionalen White Horse stehen und liefen die restlichen zwei Kilometer den alten Ridgeway entlang. Diese Ridgeways durchschneiden das ganze Land und sind nichts weiter als die Überbleibsel uralter, z. T. steinzeitlicher Verbindungswege. Die Ridgeways sind immer und zu jederzeit für jedermann offenzuhalten und begehbar, auch wenn sie über Farmen oder andere private Grundstücke führen. Sie sind öffentliche Wege. Dies führt, hauptsächlich an Farm- und Weidegrenzen, die mit Stacheldraht abgezäunt sind, oft zu abenteuerlichen Klettereien an leiter- und treppenähnlichen Übergängen, die von den Farmern angebracht werden mußten.

Die Wanderungen entlang dieser Ridgeways, die natürlich immer wieder alte steinzeitliche Monumente berühren, gehören in Verbindung mit B & B zu den schönsten Urlaubserlebnissen in England (»staying off the beaten track«).

Eine weitere Bemerkung möchten wir an dieser Stelle einfügen. Nach unseren Erlebnissen in der Welt der Henges, Cromlechs und Menhire, der Hillforts und Ridgeways möchten wir dafür plädieren, die Entstehungszeit dieser Bauwerke nicht mehr nur als »prähistorisch« oder »steinzeitlich« zu beschreiben. Diese Bezeichnungen sind diskriminierend, denn sie spielen stets die Verhältnisse an einem bestimmten Ort herunter und gaukeln vor, wahre Geschichte oder Zivilisation sei erst später dort entstanden oder womöglich von jemandem dorthin gebracht worden. Natürlich liegt in solcherlei Geschichtsbetrachtung auch Methode, und wir erlauben uns zu fragen, was christliche Kirchen eigentlich in oder über alten Steinkreisen zu suchen haben? Sollte man die Vergewaltigung alter Orte voll Kraft und Energie, wie z. B. Avebury oder der Externsteine, nicht endlich aufheben und statt dessen diese alten Stätten, soweit möglich, säubern, wieder originalgetreu renovieren und rekonstruieren? Sollte man die alten Steine nicht endlich wieder aufstellen?

Derlei Gedanken beschäftigten uns auf unserem Wege entlang des Ridgeways zum Barbury Castle. Nach ca. einer Dreiviertelstunde und deutlicher Zunahme der Schicht nasser Erde unter unseren Schuhsohlen erreichten wir diesen majestätischen Ort, an dem einst das Hillfort existiert hatte. Heute findet der Besucher dort nur noch die Reste der mächtigen ovalen Wall- und Grabenanlage. Wir kletterten im Norden auf den inneren der beiden Wälle, von wo sich uns ein grandioses Schauspiel bot.

Das Hillfort wurde am Rand des Hochplateaus errichtet, so daß der Blick gen Norden hinunter auf das flache Land fiel. Vor uns lag, in einiger Entfernung, ein alter, offiziell nicht aktiver Flugplatz, der im II. Weltkrieg als eine der vielen Basen für den Luftkrieg gegen Hitlerdeutschland diente. Etwas östlich davon sah man in der Ferne Swindon liegen, die größte Stadt in der Gegend. Ein kräftiger Wind blies hier oben. Und direkt unter uns, im angrenzenden Feld, lag ein riesengroßes Piktogramm. Es war so groß und so kompliziert, daß wir es zunächst gar nicht überblicken konnten. Warum spielte jetzt niemand die Titelmusik aus A. C. Clarkes »2001 – Odyssee im Weltall«? Nach und nach, auch mit Zunahme der Beruhigung unserer aufgeregten Geister, wurde das Bild klarer.

Mitten in ein unheimlich großes Dreieck hinein war ein Kreis mit zwei ihn umgebenden Ringen gelegt. An der Spitze des Dreiecks, von unserem Standpunkt aus gesehen, befand sich oben ein kleinerer Kreis mit innenseitig gebogenen Pfaden, die sich alle in der Mitte trafen. Links unten am Dreieck war ebenfalls ein kleiner Kreis mit nur einem einzelnen, geraden Pfad bis zur Kreismitte. Unten rechts am Dreieck aber lag etwas, das uns sofort erinnerte an – eine Galaxie! Ja, es war eine Spirale, die sich in sechs Schritten vom Zentrum her entrollte.

Wir tanzten auf dem Wall herum. Es war ein astronomisches, ein kosmisches Symbol! Durften wir vielleicht sogar hoffen, daß dieses Mega-Piktogramm in irgendeiner Beziehung zu unserer Theorie und unserem Experiment stand?

Uns war jetzt alles egal, nur schnell hin zum Feld! Wir nahmen den direkten Weg den Hill hinunter, kletterten über hohe Stacheldrahtzäune, rissen uns die Jeans auf und gelangten schließlich zum Eingang des Feldes, entrichteten unser Pfund Eintrittsgeld und hasteten weiter. Hinein in die Tramline und – drin waren wir. Sofort fiel uns die Präzision ins Auge, mit der hier alles angelegt war. An der Spitze des Dreiecks trafen wir Busty, der bereits mit ersten Fotoarbeiten beschäftigt war. Er deutete auf die Berührungspunkte des oberen Kreises mit der Dreiecksspitze und sagte: »Hier liegen fünf Schichten übereinander, es ist unglaublich!« Der nächste Eindruck: Alles war irgendwie mit allem verbunden, der Kreis und die Ringe im Zentrum mit den äußeren Kreisen, die Außenkreise untereinander, alles gehörte zusammen. Dann inspizierten wir »ihr« Zeichen, die Spirale.

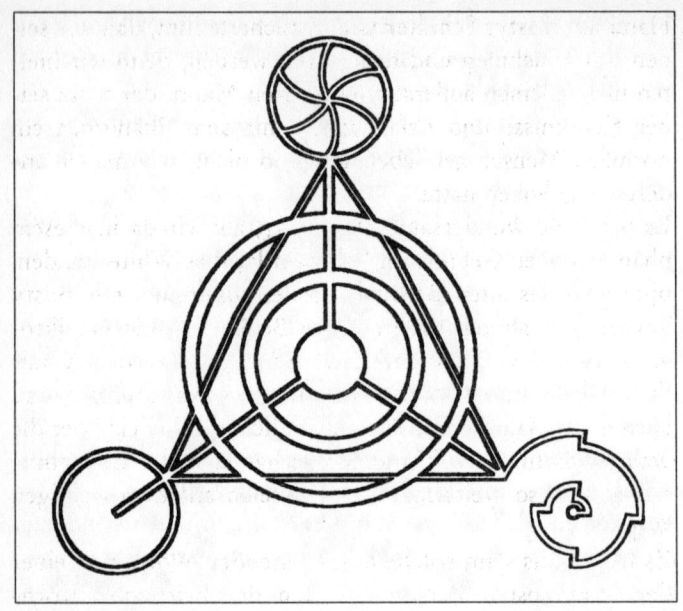

Abb. 59: Das Piktogramm am Barbury Castle, 17. Juli 1991

In einer frisch entstandenen Formation fühlt man sich immer wie ein Frevler, denn jeder Schritt verändert oder zerstört die ursprüngliche Lage des Korns. Andererseits möchte man einfach drin sein, nicht nur von draußen betrachten, man möchte die Formation regelrecht in sich aufnehmen. Die Spirale führte in exakten Viertelbögen und gewinkelten Niveausprüngen von innen nach außen! Das ganze Dreieck lag etwas schief zu den waagerechten Tramlines, so daß an der Basislinie teilweise nur eine Pflanze zwischen Tramline und Steg stehengeblieben war.

Als Busty unsere Aufgeregtheit bemerkte, lächelte er und sagte: »Slow down!« Er sagte es so wie jemand, der um den Grund der Freude des anderen weiß. Joachim legte seine

Hand auf Bustys Schulter und versicherte ihm, daß wir seinen Rat annehmen und beherzigen werden, denn wir hielten ihn für einen äußerst ehrenwerten Mann, der trotz seiner Kenntnisse und Erfahrungen mit dem Phänomen ein normaler Mensch geblieben war und nicht, wie manch anderer, abgehoben hatte.

Es war eine wundersame Stimmung, als wir da in diesem phantastischen Gebilde im Feld von Farmer White standen, unterhalb des alten Barbury Castle, zusammen mit Busty Taylor. Wir ahnten die immense Bedeutung dieses Piktogramms und wußten, daß diese Situation nie wiederkommen würde. Busty schaute uns an und offenbarte uns, daß auch er vor Jahren eine Art gedanklichen Hinweis über die wahre Identität des Phänomens erhalten hatte. Er meinte, wir sollten so weitermachen, wir seien auf dem richtigen Weg.

Es freute uns sehr, solche anerkennenden Worte von einer der erfahrensten Persönlichkeiten der britischen Kornkreisszene zu hören, zumal auch Busty dabei war, als das Licht bei Polly erschien. Wir alle hatten das intensive Gefühl, daß hier und jetzt, in diesem kaum zu fassenden Piktogramm, das einmal »die Mutter aller Piktogramme« genannt werden sollte, kein Ort für Lügengeschichten und menschliche Selbstsucht war. Es war ein Ort höchster positiver Energie.

Busty verriet uns noch scherzhaft lächelnd, daß er von Leuten, die er nicht näher bezeichnete, auf uns angesprochen und befragt worden sei. Er habe, ohne weitere Einzelheiten über uns preiszugeben und um die lästige Fragerei zu beenden, geantwortet: »Sie sind nach oben mitgenommen worden!«

Es war schwer, das Piktogramm zu erfassen. Immer wieder verzählten wir uns bei all den Linien, die von irgendwoher kamen und nach irgendwohin zogen. Immerhin waren die

Außenlinien des Dreiecks 75 m lang. Wir sind mindestens fünfmal um den oberen Dreieckskreis herumgelaufen, bis wir alle Linien erfaßt hatten, die von dort zum Kreiszentrum zogen. Dabei stellten wir fest, daß die Abstände, gemessen an unserer Schrittweite, doch etwas differierten. Im Zentrum dieses Kreises befand sich ein niedlicher Minikreis, den die meisten wohl gar nicht beachtet hatten.

Wir waren überwältigt. Es war jetzt schon klar, daß für uns bekannte Elemente in dem Piktogramm enthalten waren. Andererseits war ebenso klar, daß die Gesamtkonstruktion eine enorme Herausforderung für eine Interpretation bedeutete. Und es war auch noch klar, daß dies jetzt und hier nicht zu schaffen war. Wir waren von all dem um uns herum wie benommen und beschlossen deshalb, jetzt einfach abzubrechen. Wir erinnerten uns an Bustys Worte: »Slow down!«

So stapften wir den Weg wieder zurück und fuhren zum ersten Male in einen Pub, den wir bisher gemieden hatten, denn es war der Treffpunkt der VIPs der Kornkreisszene, der Markt der Eitelkeiten – »The Waggon and Horses«. Hier ließ man sich sehen, hier war man unter sich. Heute wollten wir, ein wenig auch aus Trotz, gerade in diesem Pub unser letztes Pint leeren und unter diese Reise den Schlußpunkt setzen.

Gegen 23.00 Uhr entschlossen wir uns, zum Parkplatz am Silbury Hill zu fahren. Wir stellten unseren Wagen dort ab und gingen, vorbei an den dort immer parkenden oder übernachtenden Pärchen oder Gruppen, hin zum Zaun, der um den Hill herum errichtet war. Wir wollten am letzten Abend dieser Reise oben auf Silbury Hill dem Phänomen »Dankeschön« sagen.

Nach einiger Kletterei erreichten wir bei Dunkelheit und geschlossener Wolkendecke das Plateau des Hills. Wir waren am Ziel. Hier oben, auf diesem sechsstufigen Kegel, dessen Zweck archäologisch-offiziell bis heute unbekannt ist, einem der wichtigsten Plätze in England, wollten wir immer stehen. Etwas außer Atem blickten wir uns um. Obwohl Silbury Hill in einer Senke liegt, erreicht er mit seinen derzeit 42 m eine Höhe, die eine grandiose Rundumsicht ermöglicht. Diese beinahe weihevolle Stille hier oben bewirkte, daß wir sehr schnell ruhig wurden. Das Bewußtsein, inmitten der konzentrierten Energie einer der größten Leylines in Südengland zu stehen, verstärkte die spirituelle Atmosphäre hier oben auf dem größten, durch Menschenhand geschaffenen, neolithischen Bauwerk Europas.

Wir legten uns auf das Zentrum des Plateaus, breiteten die Arme weit aus und faßten uns dabei an den Händen. Wir wollten so unsere geistige Ausstrahlung potenzieren und sie, mit der Energie des Hills verstärkt, nach »oben« zum Phänomen schicken.

Zunächst hatten wir es gar nicht bemerkt, doch dann wurde es immer offensichtlicher: Genau über dem Hill und seiner Umgebung war die Wolkendecke in einem großen, fast kreisrunden Loch aufgerissen. Als wir das freundliche Funkeln der Sterne erblickten, dankten wir dem Phänomen aus tiefstem Herzen für dieses wunderbare Schauspiel und für die Ereignisse und Erfahrungen der letzten Tage. Wir erneuerten noch einmal unseren Wunsch nach beständiger, kosmischer Freundschaft mit der fremden Intelligenz, die sich hier doch so ganz und gar nicht kleinwüchsig, grau, katzenäugig oder reptiloid präsentiert hatte, sondern harmonisch, freundlich und einfühlsam. Es war nicht die spektakuläre Begegnung mit einem der bekannten fliegenden Objekte oder etwa seinen Insassen, sondern ein angenehm anregender Kontakt in geistigen Dimensionen.

Das Phänomen schien die menschliche Psyche gut zu kennen. Es hatte jeglichen großen Auftritt nach gängigem Science-fiction-Klischee vermieden und uns langsam und leise an sich gewöhnt. Es wurde keine technologische Superleistung, sondern eine rein geistige Anstrengung und Bewegung von uns verlangt. Nur über die Weiterentwicklung von Geist und Bewußtsein gab es wirklichen, menschlichen Fortschritt, nicht jedoch über die alleinige Weiterentwicklung von seelenloser Technologie. Diese Lektion mußten wir lernen. Besonders wichtig war auch, daß die Möglichkeit, diesen Kontakt zu anderen Intelligenzen zu erreichen, nicht nur ein Privileg für Astrophysik-Professoren, Mathematiker und Ingenieure war, nein, jeder konnte dies erfahren. Das jahrelange Erscheinen der Kornkreise bot dazu die Möglichkeit: Schau hin – und denke!

Wir lagen dort oben auf Silbury Hill im weichen Gras so bequem wie auf einer extra für uns angefertigten Matratze, unsere Rücken kamen uns wie erwärmt vor. Wer von uns hatte zu hoffen gewagt, als wir den Hügel zum erstenmal im Buch sahen, daß wir schon so bald hier oben sein würden? Als wir nach einer wundervollen Stunde den Hill wieder verließen, wußten wir, daß wir eine wahrhaft kosmische Berührung gehabt hatten.

In den Morgenstunden des 19. Juli fuhren wir zurück nach Deutschland. Hinter London bis kurz vor Folkstone bemerkten wir, daß zwei rote Pkws vor und hinter uns immer im selben Abstand mitfuhren. Wir bemerkten auch, daß dieser Abstand trotz einiger Geschwindigkeitsvariationen unsererseits immer gehalten wurde. Schließlich glaubten wir nicht mehr an einen Zufall und versuchten, den vorderen Wagen zu überholen und uns später vom hinteren selbst überholen zu lassen. In beiden Pkws saßen jeweils ein junger Mann mit kurzem und glatt gekämmtem Haar, dunkler Sonnenbrille und weißem Oberhemd mit Krawatte. Der vordere Fahrer schaute zu uns herüber, der hintere tat unbeteiligt. Wir werden nie erfahren, ob es dieselben diskutierenden »Kornkreisfans« aus dem »Red

Lion« in Avebury waren oder nur zufällig vorbeifahrende Reisende.

Als wir später auf der Fähre zurück nach Frankreich die Kreidefelsen von Dover wieder in den Dunst zurückversinken sahen, wußten wir, daß dies kein endgültiger Abschied war. Diese Reise war nur eine Etappe eines langen Weges, der noch vor uns lag. Wohin der Weg uns schließlich führen würde, war noch nicht abzusehen. Klar war jedoch, daß wir ihn nicht allein beschreiten würden, denn wir hatten einen wunderbaren Weggefährten gewonnen: die Intelligenz hinter den Kornkreisen. Würde sie uns weiterhelfen, würde sie uns zeigen, in welche Richtung wir uns zu wenden hätten? Im Preshute Down erhielten wir einen ersten Hinweis auf ein Planetensystem mit sonnenähnlichem, aber kleineren Zentralgestirn. Im Piktogramm von Barbury Castle bot die Spirale einen Hinweis auf eine Galaxie – vielleicht sogar unsere eigene Milchstraße? Hatten unsere neuen kosmischen Freunde – oder Freundinnen – noch mehr an astronomischer Information in dieser Formation verborgen?

In den nächsten Monaten sollte sich dann schließlich herauskristallisieren, welchen wundervollen Schatz wir von »ihnen« geschenkt bekommen hatten.

22 Das Phänomen

Während unserer viele Stunden dauernden Rückfahrt gingen uns unsere Erfahrungen der letzten Wochen nicht aus dem Kopf. Auch Sie, vielleicht angeregt durch eine kontroverse Diskussion über Kornkreise in der Familie oder unter Bekannten, werden sich gefragt haben, weshalb dieses Phänomen die Menschen seit Jahren irritiert.

Wir wollen Sie »dem Unbekannten« etwas näherbringen, indem wir kurz beschreiben, auf welche Art und Weise es sich bisher bemerkbar gemacht hat.

Kennen Sie noch – wohl aus alten Kindertagen – den Spruch des Kohlenmunkpeter aus dem Märchen »Das kalte Herz« von Wilhelm Hauff? Nur wer diesen Spruch an einer bestimmten Stelle des Waldes richtig aufsagen konnte, dem erschien das kleine Männlein:

»Schatzhauser im grünen Tannenwald,
Bist schon viel hundert Jahre alt
Dein ist all Land, wo Tannen stehn,
Läßt Dich nur Sonntagskindern sehn.«

Wie oft mußten wir daran denken, wenn wir lasen, hörten oder sahen, wie und mit welchen Mitteln versucht worden ist, einen Zipfel des Phänomens zu erhaschen.

Eine der Eigenschaften der echten Kreisemacher ist, daß sie genau wissen, wann sie was wollen.

Wie viele Menschen haben nicht schon bei Tag, vor allem aber bei Nacht in den Feldern gesessen und mit dieser Mischung aus freudiger Erwartung und nicht unangenehmem Grusel auf ein Zeichen gewartet. Man hat viel zu tun in solchen Nächten. Ständig tauchen irgendwelche Lichter auf, Halme rauschen und knacken, es huscht, wispert, piept, schwirrt, spricht, lacht, singt, summt, donnert und blitzt.

Nach einigen Stunden schon fährt man nicht mehr so erschrocken hoch, wird ruhiger, kann schon viel besser den Lichtkegel am Horizont einem fernen Automobil zuordnen, das irgendwo gerade einen Hügel hinauffährt und die niedrig dahinziehenden Wolken anstrahlt. Mit dem leisen Frösteln der frühen Morgenstunden kriecht auch die Erkenntnis in das Bewußtsein, daß es in dieser Nacht wieder nichts Besonderes in dem Feld, das so einladend vor einem lag, gegeben hat.

Aber nebenan, hinter dem nächsten Hügel, keinen Kilometer entfernt, finden frühe Wanderer eine wunderschöne, neue Formation. Du schaust nach vorn, hinter Dir passiert es. Du beendest die Wache nach zwei Nächten, in der dritten erscheint der Kreis. Du denkst, in diesen wunderbaren, klaren Sommernächten müssen »sie« kommen, doch Du wirst enttäuscht. In der nächsten Nebelnacht liegt eine neue Formation in einem Feld.

Auf der Suche nach Anerkennung für seine »Plasma-Vortex-Theorie« traf Dr. T. Meaden auf die wohl an allem besonders intensiv interessierten Japaner. So stand denn auch bald haufenweise Elektronik »Made in Nippon« auf den Hügeln in Wiltshire herum, um einen Blick auf das Phänomen zu erjagen – kein nennenswerter Erfolg, letztendlich auch keine neuen Erkenntnisse.

Zur gleichen Zeit, im Juli 1991, filmten zwei deutsche Studenten minutenlang ein Objekt, das seine ruhige Bahn in Ährenhöhe zog und dann einfach verschwand.

Das Phänomen – zumindest ein kleiner Teil davon – läßt

sich sehen, aber nicht von jedem, genauso wie der Schatz-hauser im Märchen. Es begab sich meistens nicht auf die High-Tech-Partys der Wissenschaftler, sondern erfreute eher harmlose, höchstens mit Feldstecher oder nur mit einer Videokamera ausgerüstete Kreiseforscher.

Es muß, das ist eine weitere Eigenschaft, offenbar genau wissen, wen es da vor sich hat, welche Beweggründe die be-treffende Person leiten. Schon der Gedanke, man werde das Phänomen auf die eine oder andere Art zum eigenen Nut-zen oder Vorteil hintergehen können, ist die Garantie für einen phänomenfreien Aufenthalt ohne unmittelbar eigene Erlebnisse. Es hat vor dem Phänomen keinen Sinn, das eine zu reden und das andere zu denken, es ist wohl ein bißchen cleverer als wir.

Das Phänomen ist immer einen Schritt voraus. So erschie-nen in den ersten Jahren häufig gleichsinnig gedrehte Kreise und Ringe. Die Theorie der Forscher folgte bald und schien durch die Kreise die beste Bestätigung erfahren zu haben. Doch Pustekuchen! Prompt erschienen gegensinnig ge-drehte Kreise und Ringe, die Theorie mußte einmal mehr geändert werden.

So glaubten Kritiker der nächsten Jahre, den Beweis für die menschliche Urheberschaft der Kreise in der steten Aus-richtung der Formationen entlang der Treckerspuren gefun-den zu haben. Über die Tramlines gelangt man tief in die Felder, ohne verräterische Schäden zu verursachen, und kann beliebige Formationen erstellen. Und was geschah? Im Jahr 1991 lagen alle Formationen (um Avebury, Alton Barnes und Marlborough) schräg zu den Hängen und Trek-kerspuren, ganz zu schweigen von den abgelegenen Satelli-ten und der enormen Ausdehnung der Piktogramme.

Das Phänomen hat Humor. Es animiert, ohne Schaden-freude zu empfinden, zum Lächeln, wenn man sieht, wie Theorien vergangener Jahre, kaum geäußert, schon wieder verändert werden mußten, um den neuesten Piktogrammen angepaßt zu werden. Ebenso ist ein gewisses Schmunzeln nicht zu unterdrücken, wenn man erfährt, daß nach Ende der High-Tech-Orgien in dem vorher beobachteten Feld oder in der Nähe davon Piktogramme entstanden.

Das Phänomen kennt unsere Gefühle. Es weiß, wie wir auf eine allzu massive Konfrontation mit unbekannten Mechanismen reagieren, es kennt unsere panische Angst vor dem Eingeständnis unserer eigenen Verletzlichkeit, es weiß um unsere Einsamkeit auf dieser terrestrischen Insel in dem grenzenlosen kosmischen Ozean, es hat unsere Träume gesehen, es war unser Traum.

So hat es sich ganz langsam, ganz sachte in unser Leben gemischt, zuerst vereinzelt mit kleinen Kreisen, dann etwas häufiger mit zunehmend größeren und komplexeren Gebilden. Es hatte Verständnis für unsere Schwierigkeiten mit paranormalen Phänomenen, es gab uns Zeit, uns damit zu beschäftigen, es drängelte nicht, erinnerte jedoch beständig, reagierte auf unsere Aufmerksamkeit mit abgewandelten Formen, achtete darauf, daß Fehlinterpretationen nicht zu lange überlebten, und bot neue Möglichkeiten an.

Dann, als wir (Menschen) den Kreisen die ihnen gebührende Aufmerksamkeit schenkten und über deren Entstehung und Bedeutung nachzudenken begannen, erschienen die ganz komplexen Formationen, zum Beispiel die von Alton Barnes. Wir hatten genug Zeit gehabt, mit Bauklötzern zu spielen, und bekamen nun unseren ersten Experimentierkasten geschenkt: Knüpfe die richtigen Kontakte, damit der Strom der Erkenntnis fließe.

Das Phänomen hat einen Sinn für Schönheit und Ästhetik. Was ist berauschender, als den Blick über weites, offenes Land schweifen zu lassen? Der landschaftliche Abwechslungsreichtum ist der besondere Reiz von Wiltshire. Hier vorn ein Kanal, dahinter Häuser, alles noch gut zu unterscheiden. Links ein kleiner Hügel mit zwei zu dunklen Punkten geschrumpften Soldaten drauf, die angestrengt Ausschau halten. Schon etwas weiter weg rauscht von rechts ein Zug der British Rail durch grüne Felder und Wiesen. Ganz hinten dann ein wohltuendes Durcheinander von sanften Hügeln und flachen Bodenwellen, Büschen und Bäumen, dann der Horizont, kleine, grauweiße Wolken, das helle Blau der Atmosphäre dazwischen.

Plötzlich bleibt der suchende Blick an einer Form auf einem der riesigen Felder haften, man kneift ungläubig die Lider zusammen, muß doch den Feldstecher benutzen, um die Umrisse genauer zu erkennen. Und dann sieht man die Formation da im Feld liegen, friedlich mit den Treckerspuren vereint, wie selbstverständlich ein weißes Pferd oder ein erdmittelalterliches Steincamp in der Sichtlinie dahinter oder daneben. Ein Wink der Zukunft neben einem ehrwürdigen Platz der Vergangenheit in einem Feld der Gegenwart.

Diese Art, Piktogramme in die Landschaft zu plazieren, ist nicht zufällig. Selbst wenn man die Energielinien in der Erdkruste berücksichtigt, die häufig Lagebeziehung zu Formationen haben, zeugt der letztendliche Erscheinungsort des Kreises für ein hohes Verständnis von Landschaftskunst und von der Fähigkeit, die Wichtigkeit einer Formation in die richtige Beziehung zur Wichtigkeit eines Ortes zu bringen. Es ist wie ein Maler, der den letzten Farbtupfer seines Bildes, nach kurzer Überlegung vor der Staffelei, genau an diese eine Stelle setzt, die ausersehen ist, dem Bild zur Vollendung zu verhelfen.

Wenn nachts die Einzelheiten der Landschaft im Dunkel versunken sind, wandert der Blick hoch zu den zahllosen funkelnden Sternen, mit denen unsere Sonne eine milliardenfache galaktische Familie bildet. Auch hier gibt es uralte ehrwürdige Plätze, wie zum Beispiel die Projektion unserer

…arkierung der immer noch vorhandenen Energie des großen Piktogramms von 1991 auf der …aisey-Farm (1993)

…e Barge Inn – Nabel der Kornkreisszene

Das East Field nach der Ernte

Ein typisches Wiltshire-Cottage

Marrow
(Flaschen-Kürbis)
mit Ortsschild

The Sanctuary – Zementblöcke markieren die Standorte der alten Sarsen

Mit Sand- und Kreideklumpen markierter Energiekreis auf einem Brachfeld – »die Kornkreise der nächsten Generation«

Derselbe Kreis aus 100 m Höhe: er zeichnet sich am unteren Bildrand schwach ab

THIS CROP HAS BEEN
VANDALISED
PLEASE KEEP OUT
DO NOT ENCOURAGE
WILFUL-CRIMINAL
DAMAGE
TO PRIVATE PROPERTY

So wehrten sich die Farmer gegen die Hoaxer (1994)

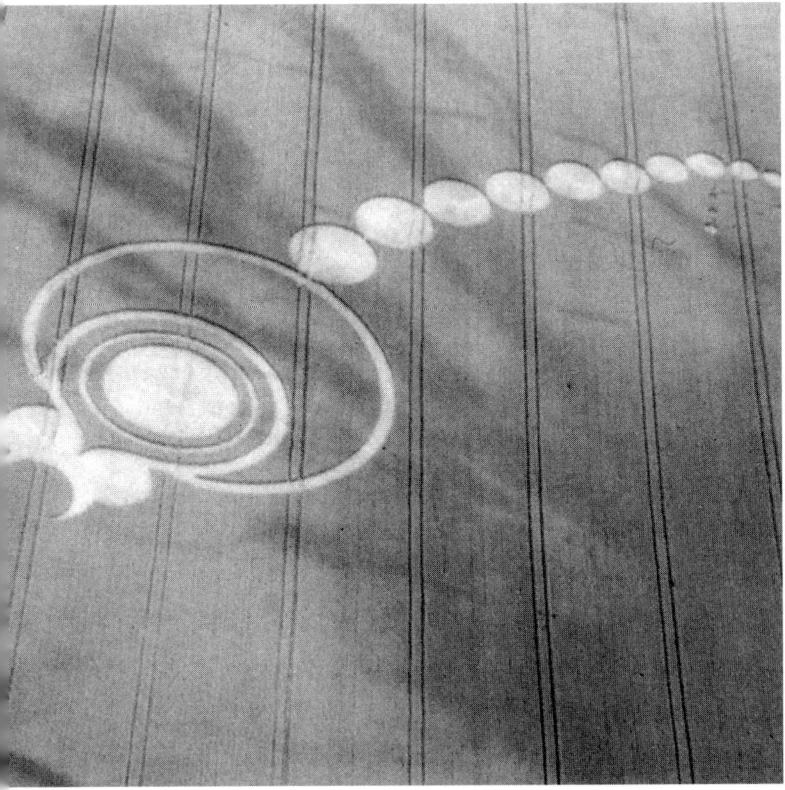

Eine Fälschung dieser Art richtet großen Schaden an

Vor unserem Experiment mit CSETI (v.l.n.r.):
Joachim Koch, René Hesselmann, H.-J. Kyborg,
Ron Russell, Shari Adamiak

Ein Insider – uns
Freund Nic
von der Carson
Farm (199

Unser vierte
Experimenta
piktogramm (199

Die Farmerin Mrs. Carson

Solche Fähigkeiten besitzen inzwischen Hoaxer (1994)

Dieses Hoaxerteam nahm sich den Kometen Shoemaker-Levi zum Vorbild (1994)

Planetenumlaufebene um die Sonne, die Ekliptik, und deren Schnittpunkt mit dem Himmelsäquator. Sterne sind mit gedachten Linien zu Sternbildern verbunden, die seit mehr als 5000 Jahren die gleichen Namen tragen. Rings um uns erstreckt sich die unendliche, kosmische Landschaft. Das aus der Vergangenheit in unsere Gegenwart herüberschimmernde Licht der Sterne zeigt uns den Weg in unsere Zukunft.

Teil III

Die Botschaft von den Sternen

*»Was mich betrifft, so kann es meiner durch das Weltall
wandernden Seele ziemlich einerlei sein, wo sie ihren
jetzigen Körper zu noch weit interessanteren Wanderungen
in neuer Gestalt auf dieser Erde zurückläßt.
Ich bin immer zu dieser kleinen Katastrophe bereit,
wiewohl es keineswegs pressiert, sie herbeizuführen, am
wenigsten durch unnütze Besorgnis.
Und so setze ich meinen Weg mit doppelter Zuversicht
weiter fort.«*

HERMANN FÜRST VON PÜCKLER-MUSKAU
(1785–1871)

23 Grüße aus England

Nach unserer Rückkehr empfingen uns erste Nachrichten über Kornkreise in deutschen Feldern. Wir mußten lächeln, denn wir erinnerten uns die Fragen unserer englischen Freunde, ob wir denn in Deutschland auch Kornkreise hätten, was wir bisher verneinen mußten.

Mit dem Enthusiasmus des eben in England erlebten machten wir uns also auf den 400 km langen Weg nach Schleswig-Holstein. Dort fanden wir in den »Kieler Nachrichten« erste Zeitungsberichte und nach einem Anruf in der Redaktion eine große kreisförmige Formation in einem Feld bei Felm (Schleswig-Holstein).

Was wir von erhöhtem Standpunkt von einer Brücke sehen konnten, sah enttäuschend krumm und eierig aus und besaß keine sinnvolle Anordnung der Linien. Es war mit Sicherheit eine Fälschung. Der Bauer lief mit hochrotem Kopf neben seinem Feld hin und her, um Besucher abzuhalten. In einem kurzen Gespräch war seine größte Sorge, sich gegenüber seinen Mitbürgern blamiert zu haben, indem er die Aktivitäten in der Nähe seines Hauses nicht bemerkte. Für ihn schien die Formation wie Teufelswerk zu sein.

Nach einem weiteren Telefonat mit der Journalistin B. J. gelangten wir nach Damp, wo am Rande eines Feldes ein kleiner Kreis entstanden war. Hier gab es zum Zeitpunkt seines Erscheinens sogar Gerüchte über eine Sichtung eines UFOs, was wir jedoch nicht weiter recherchieren konnten. Der Kreis selbst war sauber hergestellt, zeigte in Ansätzen sogar eine Randauszackung, war jedoch am Boden durch unzählige Besucher arg zertrampelt. Wir liefen mit den Ruten durch diesen Kreis und erhielten einige Ausschläge, denen wir letztlich jedoch noch nicht so recht trauten, denn wir fühlten uns im Dowsen einfach noch zu unerfahren. Außerdem gab es bereits Berichte über Studenten, die sich zu den Kreisen bekannt hatten, weshalb wir unsere Untersuchungen beendeten. Schade, der kleine Kreis bei Damp hätte uns gefallen.

In der Folgezeit gaben wir es dann auf, immer wieder Hunderte von Kilometern zu fahren und weitere Kreise zu besichtigen, weil sie schon auf den Zeitungsfotos entweder eindeutig gefälscht aussahen – plump im Design und krumm und schief in der Ausführung – und weil es in den meisten Fällen gleich Bekenner oder Hinweise auf die Hersteller gab. Es schien, als ob die echten Kreise in England hier einige Menschen inspiriert hatten, aus Spaß oder um die Öffentlichkeit zu narren, eigene Werke in die armen Felder zu stümpern. Das bewirkte natürlich, das Ansehen des Phänomens in Deutschland weiter zu verschlechtern.

Dazu trugen auch in hohem Maße die durchweg gehässig lästernden Zeitungskommentare bei. Es schien keinen Journalisten im Lande der Dichter und Denker zu geben, der sich ernsthaft mit dem Phänomen auseinandersetzen wollte – oder durfte? Selbst unsere eindringlichen telefonischen Appelle an die Journalistin in Kiel, nicht alles in den »Sommerloch-Eintopf« hineinzuschreiben, sondern ihre Leser anhand der gefälschten Kreise hier über ein echtes Phänomen in England zu informieren, konnten oder durften von ihr nicht umgesetzt werden.

Etwas anderes beschäftigte uns derweil zunehmend. Wir stellten fest, daß die Rods in unseren Händen nach unserer Rückkehr aus England im Laufe der Zeit viel besser arbeiteten als noch vor zwei Monaten, als wir sie zum ersten Male benutzten. Während damals nur mehr oder weniger unbestimmte Wackeleien erfolgten, zeigten sich jetzt bei Gängen durch den Garten immer wieder Ausschläge an den gleichen Stellen, die wir miteinander verbanden und die sich so zu richtigen, gerade verlaufenden Linien ausbildeten. Schließlich entdeckten wir sogar sich kreuzende Linien und solche mit unterschiedlich engen Abständen voneinander, die sich gegenüber den einzelnen Linien wie regelrechte Bündel ausnahmen. Wir waren bald auch in der Lage, unterschiedlich starke Ausschläge der Rods bei bestimmten Linien zu bemerken.

Womit kamen wir hier in Berührung? Waren wir durch unsere Aufenthalte in echten Formationen irgendwie sensibilisiert worden? Wir waren zunächst ob unserer neu erworbenen Fähigkeit etwas irritiert, zumal uns Freunde und Bekannte, denen wir die Rods demonstrierten, mit Skepsis begegneten und wir ja wußten, wie ablehnend das wissenschaftliche Establishment der Radiästhesie gegenüberstand.

Eines war uns jedenfalls von Anfang an klar: Die Rods bewegten sich nicht, weil wir das so wollten oder absichtlich hervorriefen, sondern weil etwas da war, mit dem sie – und wir – in Wechselwirkung traten.

Als sich mit zunehmendem zeitlichen Abstand von unserer denkwürdigen Englandreise der deutsche Alltag immer mehr in den Vordergrund drängen wollte, bemerkten wir erst, wie sehr wir uns verändert hatten. Angesichts unserer Erfahrungen in den Feldern erschienen uns jetzt manche Dinge nicht mehr so wichtig wie früher, wir waren weniger materialistisch eingestellt. Unsere Lebenseinstellung war viel positiver, wir wollten uns über bestimmte Zwänge in unseren Lebensumständen und über bestimmte Menschen einfach weniger ärgern als früher. Es war ein angenehmes, neues Lebensgefühl.

Eines Tages traf ein Brief von Polly ein, der dieses gute Gefühl noch verstärkte. Sie schrieb, daß sie am frühen Abend des 18. Juli mit Malcolm, einem ihrer freundlichen Farmangestellten, unter freiem Himmel stand und über die Ereignisse der letzten Wochen sprach. Dabei rief sie, im Überschwang der Emotionen lachend laut nach oben: »Phänomen, wir brauchen ein neues Piktogramm!« Es war der gleiche Abend, unserem letzten in Wiltshire, an dem wir diese wunderbare Stimmung auf Silbury Hill erlebten.

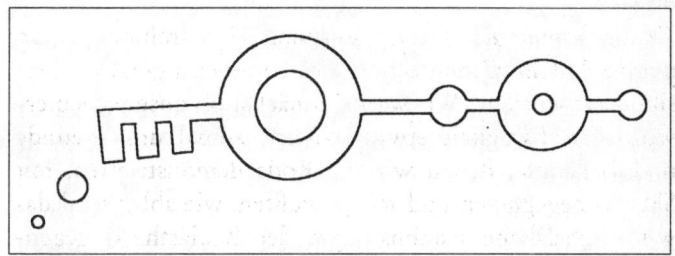

Abb. 60: Alton Priors, 19. Juli 1991

Am Morgen des 19. Juli, als wir bereits auf der Autobahn waren, wurde zur gleichen Zeit bei Alton Priors ein neues, großes Piktogramm entdeckt. Als wir die Zeichnung und später dann die Fotos davon sahen, waren wir ein weiteres Mal sprachlos: Es war eine Wiederholung unseres Antwortpiktogramms auf der Temple Farm! (Siehe Abb. 58)
Es fiel uns hier wieder der Vergleich mit einer Teleskopantenne ein: Egal, wie weit man sie herauszieht, es bleibt doch immer ein und dieselbe Antenne, lediglich der Empfang wird besser. Ersetzen wir Antenne durch Piktogramm und Empfang durch Verständnis, dann sehen wir hier ein hervorragendes Beispiel für das durch uns erkannte Prinzip der verkürzten Darstellung unter Beibehaltung der inhalt-

lichen Aussage. Das Piktogramm war auf der linken Seite ein wenig zusammengeschoben.

Das Planetensymbol im Steg zwischen den großen Ring und dem Dreierzeiger war verschwunden, es hieß aber immer noch drei Umlaufbahnen bzw. die dritte Umlaufbahn. Beim dritten Orbit wurde dann auch dargestellt, was sich in ihm befindet: zwei planetare Körper, einer größer, einer kleiner, ein Planet mit seinem Mond, unsere Erde!

So wurden wir aus Wiltshire mit einer Replik dessen verabschiedet, was für uns ein Wirklichkeit gewordener Traum bedeutete: die von einer unbekannten Intelligenz in ein Piktogramm hineingelegte Antwort auf eine von uns in einem Piktogramm gestellte Frage.

Aber es kam noch phantastischer. Eine weitere Formation in »unserer« Gegend erschien am 26. Juli in West Kennett, sieben Tage nach unserer Abfahrt.

Die zweite Wiederholung unseres Antwortpiktogramms vom 16. Juli und eine fast identische Kopie der Formation vom 18. Juli! Jene, die über die Formation flogen, waren von der Ästhetik ihrer Erscheinung begeistert. Die von ihnen angefertigten Fotos in den verschiedenen Publikationen jener Zeit bestätigen dies. Wer in dieser Formation war, äußerte sich beeindruckt vom Fluß der Kornlagen und von der Exaktheit der Ausführung der Einzelkomponenten.

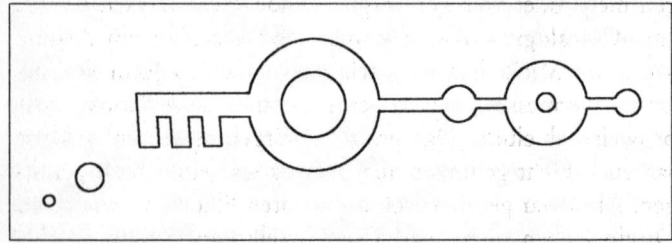

Abb. 61: West Kennett, 26. Juli 1991

Bis zum heutigen Tage gelten diese Formationen als echt, keine der Untersuchungen hatte je eine Fälschung erkennen lassen, und nie hat sich ein Hoaxerteam dazu bekannt. Die Bedeutung dieses Piktogramms mußte für das Phänomen enorm sein, und so erschienen uns diese Wiederholungen bald wie ein Hinterherrufen: »Ja, das war's! Was ist, wie geht es weiter?« Wir getrauten uns kaum, einzugestehen, daß wir gemeint waren, aber es schien tatsächlich so zu sein. Wir sollten weitermachen, wir waren auf dem richtigen Weg, von dem wir jedoch überhaupt noch nicht wußten, wohin er uns führen würde.

Es wurde tatsächlich September, bis wir uns in der Lage fühlten, mit der Analyse des Piktogramms von Barbury Castle zu beginnen. Wir wußten von Anfang an, daß wir hier etwas ganz Besonderes erhalten hatten, etwas, dem wir unsere ganze Aufmerksamkeit widmen sollten. Dieses Piktogramm durfte nicht so nebenbei abgehakt werden, es erforderte kontinuierliche Beschäftigung in einer störungsfreien, positiven geistigen Atmosphäre.

Sein Design war schon beim bloßen Betrachten überaus inspirativ und verlockte die verschiedensten Kornkreisforscher recht bald zu ersten Interpretationen. Una Dawood berichtete, daß ihr Team damals volle zwei Stunden gebraucht hatte, um alle Teile des Piktogramms zu vermessen. So war es nicht verwunderlich, daß die ersten Untersuchungen mehr oder weniger vergleichende Meßanalysen waren. Im »Cerealogist« vom Sommer 1991 erschien ein Artikel von John Michell, der mittels der Maße aus John F. Langrishs Vermessungsskizze eine geometrische Konstruktionsweise ableitete. Das grafische Ergebnis seiner Analyse sah auch recht gelungen aus, aber es war einfach *zu* gelungen. Alles war geometrisch am rechten Platz – so wie es im Original eben nicht war. Die Einzelkomponenten an den Ecken des Dreiecks waren eben nicht alle gleich groß, denn der Umfang der Spirale war größer als die beiden anderen Kreise. Der Zentralbereich des Piktogramms lag eben nicht genau im Zentrum der ganzen Figur, sondern war etwas nach Westen (im Bild nach links) verrutscht. Und die zwei Seitenlinien des Dreiecks waren eben nicht gerade, sondern hatten jeweils den schon beschriebenen kleinen Knick. Wir blieben bei unserer Ansicht, daß man auf keinen Fall all die Feinheiten in einem Piktogramm zugunsten einer Theorie glattbügeln durfte. Alles hatte seinen Sinn. Dieser Artikel erschien uns wie eine Vergewaltigung.

Richard Hoagland fand sogar die gleichen Winkel wieder, die ihm schon bei der Analyse der, wie von ihm behauptet, künstlichen Oberflächenstrukturen in der Cydonia-Region auf dem Mars begegnet waren – dem berühmten Gesicht auf dem Mars und den benachbarten Pyramiden.[30] Es dauerte schließlich auch nicht lange, bis die ersten handgefertigten Anhänger und T-Shirts zu kaufen waren. Es war in allen Bereichen ganz deutlich zu spüren, wie sehr dieses Piktogramm die Menschen beeindruckt hatte.

Besonders interessant war, daß man in der Hoaxer-Szene, zumal diese noch unorganisiert war und bis zu diesem Jahr nur mit kleineren Kreisen oder einfacheren Mustern in Verbindung gebracht wurde, den Herstellern dieser Formation Respekt zollte. So entstand der Mythos des sog. »A-Teams«, mit der die Kreisemacher bezeichnet wurden, die selbst für die Hoaxer bisher unerreichbare Fähigkeiten bewiesen hatten, eine zähneknirschende Reverenz an das echte Kornkreisphänomen.

So schrieb Chris Kenworthy, eine Art »bekehrter« Hoaxer und Kenner der Szene, im »Cerealogist« vom Winter 1993/94 in seinem Artikel »Die besten Absichten...« über Barbury Castle: »Jene, die sich über das Fälschen von Kornkreisen ärgern, brauchen sich in Wirklichkeit wenig Gedanken machen, denn ich denke nicht, daß wir [die Hoaxergemeinde; d. Autor.] zum Barbury Castle-Piktogramm jemals etwas Gleichartiges hervorbringen könnten. Natürlich könnte so etwas fabriziert werden, innerhalb von drei Stunden, mit gerademal zwei Leuten und einer einigermaßen zu handhabenden Ausrüstung, aber *nicht* mit diesem ausgerichteten Fluß, nicht mit dieser speziellen Ausrichtung zu den Tramlines. Versuchen Sie nur einmal, herauszufinden, wie es hingelegt wurde, mit absoluter Detailtreue, und Sie werden sehen, was ich meine.«

Nun waren wir an der Reihe, zu zeigen, ob über den Rahmen persönlicher Neigungen und die bisherigen, dadurch hervorgerufenen, individuellen Interpretationen hinaus eine für alle gleichermaßen wichtige und gültige Information in diesem Piktogramm enthalten war.

Preshute Down war eine erste Antwort auf unser Frage-Piktogramm, unterstrichen durch die zwei Wiederholungen in Alton Priors und West Kennett. Enthalten war in dieser Antwort der Hinweis auf ein dem unseren ähnliches Sonnensystem mit der Orbitzahl 2. Nicht enthalten war ein Hinweis auf die Lokalisation dieses Sonnensystems. Barbury Castle erschien zeitlich unmittelbar danach, anderthalb Meilen entfernt in der gleichen Linie. Es war also eine eindeutige Lagebeziehung gegeben und – der zentrale Teil dieses Mega-Piktogramms bestand aus einer Sonne mit zwei Orbits! Zusätzlich war eine galaxienartige Spirale vorhanden, alles eindeutige Hinweise auf eine astronomische Interpretationsmöglichkeit.

So begannen wir im Herbst 1991 mit der Dekodierung des Piktogramms, damals noch nicht ahnend, welch eine phantastische Botschaft die echten Kreisemacher für die gesamte Menschheit in das Roggenfeld unterhalb von Barbury Castle geschrieben hatten.

24 Auf der Suche nach
der Lösung

Um bei der Dekodierung des Piktogramms von Barbury Castle einigermaßen systematisch vorzugehen, beschlossen wir, zunächst jede Komponente einzeln zu untersuchen. Dabei nahmen wir an, daß in der Formation »oben« und »unten« da liegen sollten, wie es einem auch erschien, wenn man die Formation vom Hillfort herab betrachtete: Die quer zur Sichtlinie liegende Basis des Dreiecks war »unten«, der Kreis darüber an der Spitze des Dreiecks war »oben«. In dieser Lage war das Piktogramm dann auch nach Norden ausgerichtet.

Der alles überragende Eindruck war, daß durch innere und äußere Linien bzw. Pfade alles mit allem verbunden war. Alle Einzelkomponenten trugen also gleichermaßen zur Interpretation bei und ergänzten sich zu einer größeren Gesamtheit. Was immer später als Erklärung dieser Formation herauskommen mochte, alles mußte zueinander in Beziehung stehen. Es galt, ein kosmisches Puzzle zu lösen.

Wir versuchten zunächst, die von uns erarbeiteten Prinzipien anzuwenden. Nach P1 bis P3 bedeuteten der große zentrale Kreis und die beiden ihn umgebenden Ringe eine Sonne mit zwei planetaren Orbitalringen. Hier waren also die inneren beiden Planeten oder der zweite Planet wichtig. Die enorme Größe von Kreis und Ringen im Piktogramm war Indiz für eine herausragende Bedeutung dieses Sonnensystems (P6). Drei breite Stege gingen vom Kreis aus, durchschnitten die Ringe und trafen die Eckpunkte eines Dreiecks, das über Kreis und Ringe gelegt war, dabei aber nur den Kreis und den inneren Ring einschloß und vom äußeren Kreis überragt wurde. Es ist an dieser Stelle besonders wichtig, zu erwähnen, daß die Basislinie des Dreiecks ganz gerade verlief, die Seitenlinien jedoch an zwei Stellen einen ganz leichten Knick aufwiesen. An der linken Seite lag der Knick etwas unterhalb der Linienmitte, rechts war er oben knapp unterhalb des äußeren Kreises zu finden.

An den Ecken des Dreiecks waren die äußeren Einzelkomponenten angebracht. Rechts unten lag die Spirale, die sich in sechs Schritten an jeweils vier gleichen Stellen nach innen aufwickelte und dort in einem ganz kleinen Kreis endete.

Links unten fand sich ein einfacher Ring mit einem dünneren Steg in Verlängerung des vom Kreis kommenden breiteren Pfades. Es sah aus wie ein eingezeichneter Radius, bei genauerem Hinschauen reichte dieser Steg jedoch etwas über die Kreismitte hinaus.

Oben am Dreieck imponierte ein Ring von gleicher Größe wie jener links unten, von dem aus in relativ regelmäßigen Abständen sechs gebogene Pfade zur Mitte zogen, wo sie sich alle trafen. Hier lag der winzige, von den meisten Besuchern übersehene Kreis. Die Pfade unterteilten das Kreisinnere in sechs fast gleich große Segmente.

An diesem Piktogramm stand alles mit allem in Verbindung, jede Komponente war also ein Teil der Gesamtinterpretation. Im Mittelpunkt des Piktogramms lag ein Sonnensystem, mit dem alle äußeren Komponenten verbunden waren. Sie mußten also mit diesem Sonnensystem zu tun haben, und zwar alle zusammen und gleichzeitig, denn sie waren selbst untereinander verbunden.

Es schien fast so, als ob man über das Äußere zum Inneren gelangen konnte, daß das Innere durch das Äußere erklärbar wurde. Das Innere war hier ein Sonnensystem, und so blieb nur eine Lösung: In diesem Piktogramm waren Informationen über ein Sonnensystem enthalten, dessen Ort man mit Hilfe der richtigen Kombination der Eckkomponenten finden konnte. Rechts unten wurde uns eine Spiralgalaxie symbolisiert. Doch was hatten die beiden anderen Kreise zu bedeuten? Und in welcher Reihenfolge sollten sie verwendet werden?

Natürlich ließen wir uns zunächst auch in den Erklärungsrummel hineinziehen, der bald in den Magazinen und Videodokumentationen ausbrach. Stellvertretend für vieles, was gesagt und geschrieben wurde, sei hier nochmals der Artikel »Geometrie und Symbolismus bei Barbury Castle« von John Michell genannt.[31]

Er entdeckt die Zahl 31 680 Quadratfuß (als Summe aller kreisförmigen Areale im Piktogramm) und erwähnt die Bedeutung dieser Zahl in der Zahlenkunde, in der Kosmologie, in alter Götterkunde und Tempelarchitektur. Nach Michell betrug der Umfang der »sublunaren Welt« 31 680 Meilen, und frühe Christen benutzten die Zahl 3168 stellvertretend für Jesus Christus. Die gleiche Zahl sei in vorchristlichen Religionen stellvertretend für ein »höheres Prinzip« genannt worden. Er hält diesen Abdruck in ein Weizenfeld unterhalb von Barbury Castle für »eine Welt von Symbolismus«, von der einiges bekannt ist und anderes darauf wartet, enthüllt zu werden. Weder physisch noch intellektuell enthält dieses Piktogramm für Michell Zeichen menschlicher Urheberschaft. Der Verstand eines rational geprägten Menschen schreckt zurück vor der Möglichkeit, daß es sich hier um eine göttliche Enthüllung handeln könnte, was immer einem so geprägten Individuum unter »göttlich« zugänglich sein mag.

Ein Mark Styles drehte in seinem Artikel im »Circular« des CCCS vom September 1993 das Piktogramm mit der Spirale nach unten (= Süden) und setzte es mit dem unteren Teil des kabbalistischen Baum des Lebens gleich. Für die in die kabbalistischen Lehren Eingeweihten repräsentiert der Baum ein System oder Modell, das auf allen Ebenen wirkt – im Mikrokosmos wie im Makrokosmos –, und ist die Basis alles Existierenden, der Natur des Universums und des Schicksals der gesamten Menschheit.

Für uns jedoch stellte das Piktogramm ein astronomisches Rätsel dar. Und: Es könnte lösbar sein, wie uns durch die Vorgaben des zentralen Sonnensystems und der Spiralgalaxie quasi bedeutet wurde. Was also bedeuteten die beiden anderen Eckkomponenten?

Sie waren beide einerseits mit der Galaxie und andererseits mit dem Zentralstern verbunden, in beiden Fällen also mit Sternen. Sollten auch sie Sterne bedeuten? Wenn dem so war, müßte aber ein Unterschied zwischen beiden bestehen, denn der Kreis an der Dreiecksspitze war durch die gebogenen Pfade und den kleinen Zentralkreis deutlich auffälliger dargestellt als der Kreis links unten, der mit seinem einzelnen Pfad regelrecht »leer« dagegen wirkte. Von unseren Prinzipien her wußten wir, daß Hervorhebung gegenüber anderen Teilen Wichtigkeit bedeutet. Hier wäre demnach ein Stern gegenüber einem anderen durch eine reichere Ausstattung seiner grafischen Darstellung betont. Was hebt einen Stern gegenüber einem anderen hervor? Nun, zum Beispiel seine visuelle Helligkeit. Wäre dem so, müßte der Stern an der Dreiecksspitze heller sein als der links unten.

Die Gesamtaussage des Piktogramms lautete dann: ein Sonnensystem mit zwei Planeten oder dem wichtigen Planeten Nummer 2 bei einem helleren Stern, in Verbindung mit einem schwächeren Stern (in dessen Nähe sich ein schwächerer Stern befindet) in Verbindung mit einer Galaxie (in dessen Nähe sich eine Galaxie befindet).

Doch wo sollten wir danach suchen?

Wir nahmen an, daß uns hier die Spirale weiterhelfen

könnte. Für uns war sie ein eindeutiger Hinweis auf unsere Milchstraße, denn bisher hatte die unkomplizierte, »einfache« Denkweise in unseren Forschungen immer zum Erfolg geführt. So war es doch das Nächstliegende, bei dieser Spirale zunächst an unsere eigene Galaxie zu denken, bevor wir in die Ferne schweiften.

Wenn Sie in der Nacht einmal die Milchstraße sehen, müssen Sie sich vorstellen, daß dieses schimmernde, von Horizont zu Horizont reichende Band über Ihnen eine Art flacher Scheibe darstellt, die knapp unter Ihren Füßen hinwegzieht und in der Sie von innen zum Rand hin nach außen hinausschauen. In der Mitte dieses schwach leuchtenden Bandes, gebildet aus dem Licht von den in unserer Galaxie dort konzentrierten Sternen, verläuft der galaktische Äquator.

Wir nahmen also die Sternkarten zur Hand und fuhren den galaktischen Äquator entlang, immer auf der Suche nach der Dreierkombination aus einem helleren Stern, einem schwächeren Stern und einer Galaxie. Wir hofften, an einer Stelle innehalten zu müssen, weil wir hier die einzige derartige Kombination auf der gesamten galaktischen Äquatorlinie gefunden hätten. Doch schon nach kurzer Zeit mußten wir erkennen, daß es mehrere solcher Kombinationen gab, und je weiter wir damit fortfuhren, desto mehr Kombinationen entdeckten wir. Eine letzte Hoffnung war noch, daß unter den doch so zahlreichen visuellen Kombinationen eines helleren Sternes mit einem schwächer leuchtenden und einer Galaxie eine darunter war, die durch besondere Merkmale hervorstach. Aber auch diese Suche war vergebens, und die Zuordnung weiterer astronomischer Besonderheiten, wie z. B. Radioquellen, in der Nähe solcher Dreiecke schien uns einfach zu willkürlich, zumal in der Formation von Barbury Castle keine solchen Informationen enthalten waren.

Wir versuchten nun, mittels der im Piktogramm enthaltenen Maßzahlen von Längen und Umfängen eine Information herauszufiltern. Irgendwie mußte in dem Piktogramm ja enthalten sein, was wo zu suchen war. Aber auch die Konvertierung der englischen Maßeinheiten Fuß und Inch in Meter brachte uns keinen Schritt weiter, ja es gelang uns nicht einmal, mit Zirkel, Lineal und den Maßangaben der einzelnen Elemente, das Piktogramm nachzukonstruieren. besonders die kleinen Knicke in den beiden Seitenpfaden des Dreiecks schienen schier unüberwindliche Klippen zu sein.

Schließlich versuchten wir sogar, das sumerische Sexagesimalsystem auf den oberen Kreis anzuwenden. An den obersten (nördlichsten) radialen Pfad schrieben wir eine 1, an das nächste Segment links davon eine 10, an den folgenden Pfad eine 6, ans nächste Segment eine 10, dann wieder eine 6 an den Pfad und immer so weiter um den Kreis herum bis zurück zum Ausgangspunkt. Dann multiplizierten wir schrittweise und erhielten die bekannten sumerischen Zahlenfolgen bis hin zu einer wahrhaft astronomischen Zahl als Endergebnis: 7 776 000 000.

Doch was sollten wir damit anfangen? Wir konnten auf Anhieb keine astronomische Entsprechung finden, auch ein Nachschlagen in Handbüchern brachte keine Erleuchtung. Diese Zahl besaß keine Richtung, in der wir am Himmel hätten suchen können, und für ein Längenmaß fehlte ihr die Maßangabe. Als Kilometerzahl kam man mit ihr gut bis hinter die Umlaufbahn des Pluto, dessen große Halbachse seiner elliptischen Umlaufbahn 5,91 Milliarden Kilometer beträgt. Doch dort war außer einigen Planetoiden, Meteoriten und Kometenkernen nichts, was wir mit dem Piktogramm in Verbindung bringen konnten.

Wir drehten uns im Kreise – welch eine Ironie! – und kamen nicht weiter. Irgendwo mußte ein Fehler in unserem

Denkmodell stecken. Wie schon einmal, damals bei der versuchsweisen chemischen Interpretation der Kreise, befanden wir uns an einem Punkt, wo es galt, innezuhalten und über den bisherigen Weg nachzudenken.

Wir ließen also alle Zahlen und Formeln beiseite und erinnerten uns unserer ursprünglichen Annahme, mit der wir ja bisher so gut gefahren waren, daß es etwas sein mußte, das alle verstehen und finden konnten, und zwar auf recht einfache Art und Weise. Wir erinnerten uns der Botschaft der Kreise und Piktogramme in den hügligen Feldermatten in Wiltshire: »Schau hin und denke!«

Und je länger wir nun erneut Skizze und Foto dieses wunderschönen, geheimnisvollen Piktogramms von Barbury Castle betrachteten, desto deutlicher schälte sich, wie aus dem Gekrissel eines Stereogramms, ein Schlüsselelement heraus, mit dem wir weiterkommen könnten – und tatsächlich auch kamen.

25   HD 42807

Zunächst war es die Zahl 6, die uns ständig in diesem Piktogramm begegnete und die demzufolge eine besondere Bedeutung haben mußte. Der obere Kreis hatte 6 radiale Pfade mit 6 dadurch gebildeten Kreissegmenten. Die Gesamtzahl der die inneren und äußeren Elemente verbindenden geraden Pfade betrug 6. Die beiden großen zentralen Ringe wurden durch die breiteren, vom Zentralkreis ausgehenden Pfade in zusammen 6 Segmente unterteilt. Auch die Spirale entwickelte sich in 6 Schritten – immer wieder war es die 6!

Immer wieder blieb unser Blick an den gebogenen Pfaden des oberen Kreises hängen, der immerhin gut 23 m Durchmesser hatte. Warum hatte das Phänomen hier nicht gerade Pfade angelegt? Wir wußten aus früheren Erfahrungen, daß in den Piktogrammen derartige Strukturen nicht ohne Grund genau so und nicht anders vorhanden sind, weil sie eine bestimmte Bedeutung haben. Warum waren sie gebogen?

Einmal fuhr der Finger, wie zufällig, eine dieser gebogenen Linien entlang, über den Mittelpunkt des Kreises hinweg bis zum anderen Ende, dann noch einmal und wieder – was war das? Eine Wellenlinie! Wozu brauchte das Phänomen hier Wellenlinien? Wo kennen wir hier auf der Erde Wellenlinien? Das Wasser hat Wellen, der Schall breitet sich wellenförmig aus und – das Licht!

Was für ein Licht kennen wir im Weltall, das sich wellenförmig ausbreitet? Das Licht der Sterne zum Beispiel! Als wir nochmals auf die Skizze von John Langrish blickten, wurde uns klar, welchen Denkfehler wir begangen hatten. Wir hatten angenommen, daß der ganze Kreis einen Stern repräsentierte, der durch die strahlenförmige Darstellung eine besondere Bedeutung besaß. Die Strahlen gingen jedoch nicht von innen nach außen, sondern, unterstützend verdeutlicht durch die Kornlage der Pfade, von einem äußeren Umkreis nach innen zu einem kleinen Stern, der ja im Kreiszentrum auch tatsächlich winzig dargestellt war.

Woher kamen die Lichtstrahlen von diesem »äußeren Umkreis«? Von sechs verschiedenen Punkten – von sechs verschiedenen Sternen!

Uns wurden langsam die Hände zittrig, denn wir fühlten, daß wir dem Ziel näher gekommen waren. Aufgeregt hasteten wir weiter durch das Piktogramm.

Was war mit den Verbindungen zu den anderen Piktogrammteilen? Rechts unten lag die Galaxie. Dieser Kreis mit den sechs Sternen hatte eine Verbindung/Beziehung zur Milchstraße, er mußte also in ihrer Nähe oder in Projektion auf sie am Sternenhimmel zu finden sein. Hierbei beschlich uns, eingedenk unserer kürzlich abgebrochenen Suche, ein mulmiges Gefühl. Aber was war nun mit diesem leeren Kreis links unten los, der weder eine 6 aufwies, noch irgendein Binnenmuster besaß, der einfach nur rund und, bis auf diesen Radiuszeiger, leer war und doch mit all den anderen aufregenden Strukturen in gleichbedeutender Verbindung stand.

Was sollte er astronomisch symbolisieren? Er lag mit der Galaxie auf der Basislinie, hatte also etwas Grundlegendes an sich. Der von seinem Schnittpunkt mit der Basislinie herkommende, radiusartige Zeiger ging etwas über den Mittelpunkt hinaus, so als ob er auf einen Bereich deuten wollte, der etwas neben der Mitte oder dem Schnittpunkt lag. Bei einem erneuten nervösen Durchblättern der Sternenkarten blieb der Blick auf einer Seite, auf der ein Teil der Milchstraße verzeichnet war, wie gebannt auf einer Linie haften. Es war wieder der galaktische Äquator. Symbolisierte der Kreis links unten am Piktogramm vielleicht etwas ähnliches?

Was kannten wir noch so an grundlegenden Linien am Himmelsgewölbe? Den Himmelsäquator! Sehr schön, aber er konnte es eigentlich nicht sein, er war zu sehr erdgebunden, nämlich nichts weiter als die Projektion des Erdäquators an die gewölbte Innenseite einer imaginären, die Erde umgebenden, Himmelskugel, als Teil eines ebenfalls dorthin projizierten Gradnetzes, um mit dessen Koordinaten die Himmelsobjekte besser auffinden zu können.

So blieb nur noch eine Linie übrig, nämlich jene, welche die Umlaufebenen der Planeten um die Sonne repräsentierte: die Ekliptik. Sie mußte es sein! Sie hatte auch eine dem galaktischen Äquator gleiche Bedeutung: symbolische Darstellung der mittleren zentralen Ebene von um ein Zentrum kreisenden Körpern. Und was verband beide Ebenen miteinander? Etwa ein gemeinsamer Berührungs- oder, besser noch, ein gemeinsamer Schnittpunkt?

Linker Ring und rechte Galaxie waren beide mit dem »Umkreis« verbunden, auf dem sechs Sterne lagen, deren Licht mit dem Minikreis im Umkreiszentrum verbunden war. Beide Linien, Ekliptik wie galaktischer Äquator, hatten also für den »Umkreis«, die sechs Sterne und die kleine Zentralsonne eine besondere Bedeutung. Aber damit nicht genug, denn obendrein mußte alles mit dem zentralen Teil, dem Sonnensymbol mit seinen zwei Orbitalringen zusammenhängen, der, gemessen an seiner großformatigen Darstellung, eine alles überragende Bedeutung besitzen mußte, den es zu finden galt.

Wie lautete nun, nachdem wir alle Teile des Piktogramms

nach unseren ursprünglichen Prinzipien neu bestimmt hatten, dessen unkodierte Botschaft?

»Finde einen Stern, sonnenähnlich, aber kleiner als die Sonne dieses Sonnensystems hier, um den zwei Planeten kreisen, die wichtig sind beziehungsweise von denen (der) Planet Nummer zwei (im zweiten Orbit) wichtig ist. Suche diesen Stern in der Nähe des Berührungs-/Schnittpunktes der Linie der Ebene der Planetenbahnen mit dem galaktischen Äquator. Er liegt zusätzlich im Zentrum eines Umkreises, der durch sechs Sterne gebildet wird. Dieser Stern mit seinem Planetensystem ist sehr wichtig.«

Wir lehnten uns zurück und atmeten tief durch. Wir fühlten uns wie jemand, der in den Besitz einer Schatzkarte gekommen war, auf welcher der Weg zum Schatz bereits eingezeichnet war. Die Umrisse des geheimnisvollen Landes jedoch, in dem wir den Schatz suchen sollten, waren nur schemenhaft erkennbar und nicht eindeutig benannt.

Kannten wir in der Astronomie eine kreisartige Figur, an die uns das Phänomen hier erinnern wollte, die obendrein noch durch sechs Sterne definiert war? Oder sollten wir die sechs Sterne neu bestimmen?

Und dann ereignete sich wieder einer dieser Momente, in denen es einem unvermittelt und ohne erkennbare Entwicklung plötzlich wie Schuppen von den Augen fällt und man anschließend erfüllt ist von einen ungeheuren Glücksgefühl! Es gab da tatsächlich ein Gebilde aus sechs Sternen, das wir kannten, von dem wir vor langer Zeit, während unseres ersten astronomischen Einführungskurses bei Herrn Wedel in der Wilhelm-Foerster-Sternwarte, einmal gehört hatten: Es war das »Wintersechseck«!

Die Astronomen aller Zeiten haben den gestirnten Himmel in verschiedene Sternbilder eingeteilt und ihnen Namen gegeben. Der Kern unserer nördlichen Sternbilder inklusive des Zodiakal – oder Tierkreises geht zurück auf die Astronomie der Sumerer, die ihr astronomisches Wissen möglicherweise aus noch älteren (oder ganz anderen ...) Quellen »aus der Zeit vor der großen Flut« bezogen haben.

Die ägyptische Astronomie kannte eine Vielzahl von Sternbildern, unter denen sich die uns bekannten, aber auch noch einige nicht genau zu identifizierende Figuren befinden. Das bekannteste Beispiel ist die Zodiakalkuppel des geheimnisvollen Hathor-Tempels von Dendera, die sich heute im Pariser Louvre befindet.

Zusätzlich erfanden die Astronomen hier bei uns noch einige geometrische Figuren, gebildet aus den hellsten Sternen von Sternbildern, die zu bestimmten Jahreszeiten den Anblick des Firmaments prägen, wenn man um Mitternacht herum hoch nach Süden schaut.

So prägten sie den Begriff des »Sommerdreiecks«. Die Eckpunkte dieses Dreiecks, das mit der Spitze nach unten, zum terrestrischen Horizont hin, zeigt, bilden die Sterne Altair im Sternbild Adler (untere Dreiecksspitze), Wega im Sternbild Leier (rechte obere Ecke) und Deneb im Sternbild Schwan (linke obere Ecke).

Und sie beschrieben eine Figur, die bei uns »Wintersechseck« und im anglo-amerikanischen Schrifttum »Winterkreis« heißt, jene Figur, von der wir nun annehmen mußten, daß es genau die war, die vom Phänomen im Piktogramm von Barbury Castle durch den oberen kleineren Kreis mit seinen wellenförmigen Strahlen symbolisiert wurde.

Das Wintersechseck besteht, beginnend mit dem untersten (südlichst gelegenen) Sternbild, aus: dem Stern Sirius im Großen Hund, weiter im Uhrzeigersinn aus Prokyon im Kleinen Hund, Pollux in den Zwillingen, Capella im Fuhrmann, Aldebaran im Stier und Rigel im Orion.

Sirius (Alpha Canis majoris) ist von uns 8,7 Lichtjahre (Lj) entfernt und mit $-1.5m$ der hellste von der Erde aus zu beobachtende Stern (Spektralklasse A1). Sein berühmter Be-

gleiter, Sirius B, ist ein weißer Zwergstern von nur Erd-
größe, umkreist Sirius A in ca. 50 Jahren und wird von dessen Licht fast vollständig überstrahlt.

Prokyon (Alpha Canis minoris) ist mit 0.4m ebenfalls sehr
hell (Spektralklasse F5) und nur 11,3 Lj entfernt. Auch er ist
ein Doppelstern mit einem kleinen weißen Zwergstern als
Begleiter.

Pollux (Beta Geminorum) ist ein roter Riesenstern (Spektralklasse K0), 1.1m hell und 35 Lj entfernt.

Capella (Alpha Aurigae) ist mit 0.1m der sechsthellste Stern
am Firmament. Er ist ca. 150mal heller als die Sonne und
dabei 16mal größer als diese, 42 Lj entfernt und ebenfalls
ein Doppelstern mit zwei Partnern vom Spektraltyp G5
und G0.

Aldebaran (Alpha Tauri) ist ebenfalls ein roter Riese in 68
Lj Entfernung und vom Spektraltyp K5. Er ist 36mal größer
als die Sonne.

Rigel (Beta Orionis), der rechte Fußstern des Orion, ist ca.
900 Lj entfernt. Er gehört einem Mehrfachsystem an, ist
von der Spektralklasse B8 und besitzt bei einer visuellen
Helligkeit von 0.1m die 57000fache Sonnenleuchtkraft.

Welch ein eindrucksvolles Ensemble, zu dem wir vom Phänomen hingeführt worden waren.

Unsere Spannung näherte sich nun dem Höhepunkt, denn
wenn wir die Piktogramme richtig entschlüsselt hatten,
mußten wir nun an einer bestimmten Stelle einen Stern finden, auf den uns die Piktogramme hingewiesen hatten. Dies
bedeutete dann aber auch andererseits, daß das Phänomen
mittels seiner Symbolik genau so mit uns kommunizierte,
wie wir es durch unsere Analyse herausgefunden und im
Rabbit Holes praktisch umgesetzt hatten. Welch eine atem-
beraubende Perspektive!

Es kam uns diesmal wie eine Ewigkeit vor, bis der Computer gebootet hatte und unser Planetariumsprogramm Di-

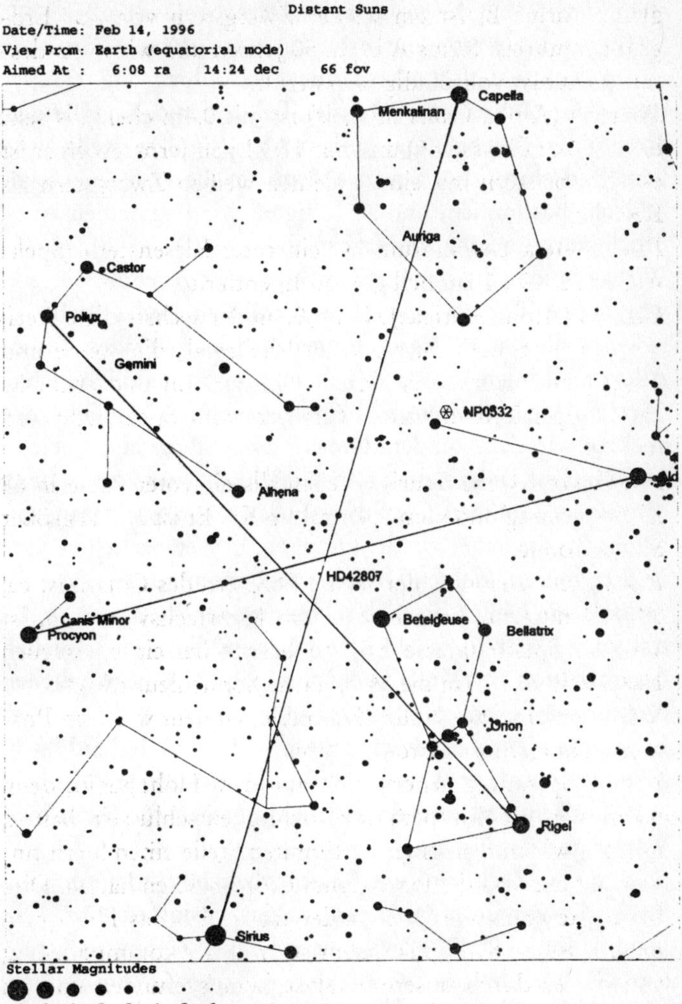

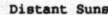

Distant Suns
Date/Time: Feb 14, 1996
View From: Earth (equatorial mode)
Aimed At : 6:08 ra 14:24 dec 66 fov
Capella
Menkalinan
Auriga
Castor
Pollux
Gemini
NP0532
Alhena
HD42807
Canis Minor
Procyon
Betelgeuse
Bellatrix
Orion
Rigel
Sirius
Stellar Magnitudes
-1 0 1 2 3 4 5 6

Abb. 62: Die Sternbilder des Wintersechsecks mit dem zentralen Dreieck, das sich durch die Kreuzung der Verbindungslinien bildet. Im kleinen zentralen Dreieck befindet sich HD 42 807

stant Suns®[32] lief. Es enthielt eine Datenbank von über 9000 Sternen bis hinunter zur visuellen Größe von 6.75m. Bei einem Sichtfeld von 90° wurden schließlich alle Hauptsterne des Wintersechsecks mit Teilen der dazugehörigen Sternbilder gleichzeitig auf dem Monitor dargestellt. Auf dem Bildschirm ließ sich das Zentrum dieser Sternenfigur schlecht bestimmen, und so fertigten wir flugs einen Ausdruck an. Nun kam die Nagelprobe.

Wir verbanden die sich im Wintersechseck gegenüberliegenden Sterne Capella und Sirius, Prokyon und Aldebaran sowie Pollux und Rigel mit jeweils einer geraden Linie. Alle drei Linien kreuzten sich im Zentrum und bildeten dort ein kleines Dreieck. Beim genaueren Hinsehen entdeckten wir, daß von dem Dreieck zwei Sterne eingeschlossen wurden. Es gab dort also tatsächlich etwas zu finden! Mit einem kloßigen Gefühl im Hals gingen wir daran, die beiden Sterne näher zu identifizieren. Der etwas hellere von beiden, in dem kleinen Dreieck links unten gelegen, war 75 Orionis, ein heißer, bläulich schimmernder Stern vom Spektraltyp A2, der in ca. 97 Lj Entfernung Zeichen schneller Eigenrotation in seinem Spektrum zeigte. Ein unwirtlicher Ort für die Lebensentstehung!

Er konnte nicht der gesuchte Stern sein, denn in den Piktogrammen wurde er ja als sonnenähnlich dargestellt. Was war also mit dem anderen, etwas leuchtschwächeren Stern los? War er unser Kandidat?

Und dann, nach einigem Tastendrücken, flimmerte sein Steckbrief vor unseren Augen: Rektaszension 6h 13m 12s, Deklination +10° 37' 4", visuelle Helligkeit 6.45m, Spektraltyp G5V, Radialgeschwindigkeit +3 km/sek, Entfernung 58,6 Lj. Nach einem kurzen Moment erstarrten Staunens brach ein Jubelgeschrei los, und wir tanzten mehrere Runden durch den Raum. In der Mitte des Wintersechsecks befand sich ein sonnenähnlicher, gelber Stern, kleiner als unser

Muttergestirn, aber in der gleichen Spektralklasse! Obendrein und völlig überraschend zählte er mit seiner, astronomisch gesehen, geringen Entfernung sogar noch zu den sonnennahen Sternen!

Diese kleine Sonne mit ihrem warmen, gelben Licht hatte von den Menschen keinen eigenen Namen erhalten, aber sie besaß eine Nummer: HD 42 807.

Die Botschaft aus den Piktogrammen hatte sich erfüllt, es gab eine reale Entsprechung am Sternenhimmel. Das Phänomen und wir kommunizierten real miteinander auf der Basis einfacher astronomischer Symbolik, unsere Theorie hatte sich als richtig erwiesen. Niemand hatte bisher einen ähnlichen Versuch unternommen, und keine Untersuchergruppe hatte sich bisher gemeldet, die auf ähnlich wunderbare Weise mit dem echten Kornkreisphänomen in Kontakt gekommen wäre. Es war eine echte Premiere, ein Neubeginn und ein Wiedersehen zugleich.

Wir brauchten auch nicht lange zu suchen, um die restlichen Puzzleteile zu finden, die im Piktogramm von Barbury Castle noch angegeben waren. Gleich links (östlich) von »unserem« Stern (wir wollen ihn ab hier vereinfacht nur noch »HD« nennen) begann der Bereich der Milchstraße mit dem galaktischen Äquator mittendrin, und 13° nördlich davon lag der Schnittpunkt mit der Ekliptik! So spiegelte sich hier wider, was im Piktogramm mit dem über die Mitte hinausragenden Zeiger im sonst leeren linken unteren Kreis angedeutet wurde, nämlich daß der Stern etwas neben dem Schnitt- oder Berührungspunkt der galaktischen und der Sonnensystemebene zu suchen sei.

Kein anderer hellerer Stern war an dieser Stelle zu finden und im näheren Umkreis keine weitere gelbe Sonne unter den sichtbaren Sternen vorhanden. HD war an dieser Position tatsächlich herausragend und einzigartig.

Es war schwer, jetzt, in dieser Winterzeit des Jahreswechsels

1991/92, ruhig zu bleiben angesichts dessen, was wir nun erfahren hatten. Die Intelligenz hinter den Kornkreisen hatte uns auf eine spezielle Himmelsregion hingewiesen und hier auf einen Stern mitten drin, in dessen warmem, gleichmäßig abgestrahlten Licht zwei Planeten ihre Bahnen zogen, von denen zumindest einer sogar Leben tragen könnte.

Wir beschlossen, dieses Wissen zunächst für uns zu behalten. Wir wollten uns zunächst selbst Zeit geben, diese neue Freundschaft und die Erkenntnisse aus den Piktogrammen von Preshute Downs und Barbury Castle in unsere bisherige Weltanschauung einzubauen beziehungsweise diese dadurch zu erweitern. Irgendwie wurden wir, je weiter wir vorankamen, von einer Art Demut erfüllt, einer gewissen Ahnung von der Bedeutung und Großartigkeit der »anderen Seite«, mit der wir in Beziehung getreten waren. Wir merkten immer mehr, daß es wichtig war, diese noch sehr sensiblen Bande in Ruhe reifen zu lassen. Es wurde uns immer klarer, daß jene, die mit neuen Erkenntnissen und Erlebnissen ungewöhnlicher Art sich allzu schnell vor die Reporter und Kameras gestellt hatten, der Versuchung erlagen, sich selbst zu wichtig zu nehmen.

Dieses intelligente Phänomen hier, wie eigentlich auch das UFO-Phänomen an sich, war weniger eine Herausforderung an unsere technologisch-wissenschaftlichen Möglichkeiten als vielmehr an uns selbst, an uns als reine menschliche Lebensform hier auf diesem Planeten mit all unseren schon bekannten und noch unerprobten Sinnen und geistigen Fähigkeiten. Wir selbst waren gemeint, nicht unsere Apparate. Wir sollten unsere menschlichen – körperlichen wie spirituellen – Fähigkeiten weiterentwickeln und nicht nur unsere Maschinen allein. Schau hin und denke!

In der UFO-Forschung gibt es derzeit eine leicht schizophrene Situation. Ausschließlich die Hardware – die physikalische Wechselwirkung – gilt als für das Phänomen relevant. Die Software – geistige Wechselwirkung – rangiert bestenfalls unter dem Begriff »Parawissenschaften«, wird jedoch meist nur als esoterische Spinnerei belächelt. Wir jedoch begannen zu ahnen, daß es dem Kornkreisphänomen zunächst ausschließlich um die Software ging, wie damals beim Betty-Hill-Fall: »Wenn du nicht weißt, wo du bist, hat es keinen Sinn, dir zu zeigen, woher ich komme.«

Wir merkten, daß wir mit den derzeit gültigen Paradigmen in Konflikt kommen würden. Wir wußten, daß es schwer war, gegen den herrschenden wissenschaftlichen Reduktionismus anzukommen, dessen Vertreter in ihrer – weil durch keinen ihrer von ihnen konstruierten Meßfühler beweisbar – strikten Ablehnung eines geistigen Prinzips in aller Materie, der ihr ausschließliches Interesse gilt, oft von religiösen Fanatikern nicht zu unterscheiden sind.

Wenn wir uns daran erinnerten, wie wir oben auf Adam's Grave saßen und der Blick über die Felder und Hügel in die Ferne streifte, neben uns die Schafe grasten und über uns die Skylarks jubilierten, wenn wir die Augen schlossen und den Anblick des unermeßlichen Sternenhimmels über Woodborough Hill aus dem Gedächtnis zurückholten, wenn wir versuchten, den Geruch der Erde nachzuempfinden, als wir rücklings auf dem Silbury Hill lagen, dann wußten wir, wie groß das Ungleichgewicht zwischen dem Natürlichen und dem Künstlichen war, in das man uns hineinerzogen hatte. Wenn wir in unserer Entwicklung hier auf und mit der Erde weiterkommen wollten, mußten wir hier erst wieder einen Zustand der Balance herstellen, zunächst in uns und dann global.

Die Piktogramme in den Kornfeldern sollen uns auch ermuntern, einmal eine Pause einzulegen und angesichts eines klaren Sternenhimmels erneut und immer wieder zu fragen, woher wir wirklich kommen, wer wir wirklich sind und wohin Körper und Geist einmal »gehen« werden.

26 Lucy in the Sky with Diamonds

Irgendwie waren wir mit der Darstellung der Sterne im Computerprogramm noch nicht zufrieden, wir wollten den Bereich im Zentrum des Wintersechsecks in höherer Auflösung sehen. Nach einiger Mühe waren wir bald stolze Besitzer eines der besten Sternenatlanten, den es gibt, »Uranometria 2000.0«. In diesem Kartenwerk sind neben allen anderen astronomischen Objekten Sterne bis hinunter zur Größe 9.5m exakt abgebildet.

Die uns interessierende Himmelsregion fanden wir auf Seite 182 wieder – und wollten unseren Augen nicht trauen! *75 Orionis und HD waren keineswegs die beiden einzigen Sterne dort*, wie es unser Computer dargestellt hatte. Genau dorthin projizierten sich *sechs weitere Sterne*, die bei einer Helligkeit bis hinunter auf 8.0m jedoch für das bloße Auge nicht mehr sichtbar waren. Aber das Aufregende daran war, daß *diese Sterne mit 75 Orionis und HD ganz eindeutig und schon ohne Hilfslinien erkennbar ein Dreieck bildeten*. Damit nicht genug, denn *dieses himmlische Dreieck sah obendrein genauso aus, wie hier auf der Erde das Dreieck des Piktogramms von Barbury Castle*.

Genau dort, wo bei den Seitenlinien des Piktogramms die beiden berühmten Knicke lagen, befanden sich am Himmel – Sterne.

Links war es ein Einzelstern, rechts waren es drei, schräg in einer Reihe liegende Sterne. Die rechte untere Ecke wurde durch ein visuelles Sternenpaar markiert, die linke durch 75 Orionis. Und oben, an der Spitze des Dreiecks, thronte

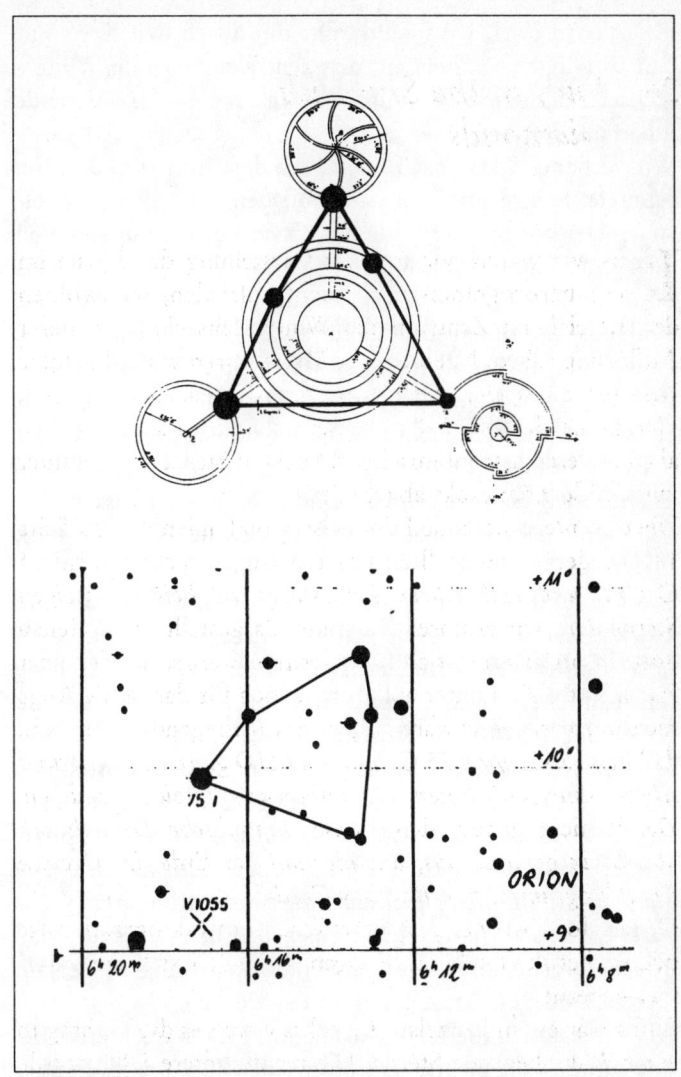

Abb. 63: Das Piktogramm von Barbury Castle im Vergleich mit seinem himmlischen Gegenstück

HD, genau dort, wo im Piktogramm durch den Kreis mit den auffälligen Strahlen auf den zentralen Stern im Wintersechseck hingewiesen wurde – welch eine faszinierende Übereinstimmung!

Wir verbanden HD nach rechts mit dem mittleren der drei schrägen Sterne und den dann mit dem visuellen Doppelstern. Der wiederum wurde mit 75 Orionis verbunden, von dem eine Linie zum linken Einzelstern zog – und das himmlische Gegenstück von Barbury Castle lag vor uns, eindeutig und ohne jede Willkür zwanglos zu identifizieren. Dies war kein Zufall mehr, es war vielmehr eine doppelte Bestätigung unserer Ergebnisse: Der Stern, auf den es ankam, befand sich nicht einfach irgendwo, sondern an der Spitze eines Dreiecks, dessen Form mit der vom Piktogramm total übereinstimmte. Und es kam noch besser.

Wir untersuchten zunächst alle Sterne, die dieses Dreieck bilden, und stellten sie in dieser Tabelle zusammen, beginnend mit HD an der Spitze des Dreiecks, dann weiter im Uhrzeigersinn zur Dreiergruppe, diese von rechts nach links, weiter zum visuellen Doppelstern von rechts nach links, hinüber zu 75 Orionis und von dort zum Stern am Knick der linken Dreiecksseite.

Das überraschende Ergebnis dieser Zusammenstellung: »Unser HD« war nicht nur die *einzige G-Sonne in dem gesamten Dreieck* und befand sich nicht nur an dessen Spitze, sondern war obendrein auch noch *der sonnennächste von allen diesen Sternen*, gleichsam ein etwas entfernterer Nachbar! Es kristallisierte sich immer deutlicher heraus, daß diese Übereinstimmungen sinnvoll und intelligent geplant waren. Und es gab noch mehr zu entdecken.

Als wir nämlich die Koordinaten von HD betrachteten, fiel uns auf, daß die Rektaszension mit der Zahl 6 und darüber hinaus die Deklination mit der Zahl 10 begannen – jenen zwei Zahlen, welche die Grundlage des sumerischen Zah-

HD-Nummer	Visuelle Hellig-keit m_{vis}	Spektraltyp	Entfernung in Lichtjahren (Lj)
42807	6.5	G5 V	58,68
42655	7.2	B5 V	1.532,2
42770	6.6	B9 V	554,2
42859	7.6	A2 V	o. Ang.
42821	8	A0 V	945,4
42860	7.58	B8 V	1075,8
43525	5.3	A2	94,54
43299	6.8	K0 III	456,4

Tabelle 1: Die Sterne des Dreiecks im Zentrum
des Wintersechsecks

lensystems bildeten. Wir selbst hatten ja vor noch nicht allzu langer Zeit mit genau diesen Zahlen am oberen Kreis des Piktogramms herumgerechnet.

Eine weitere 6 entdeckten wir an einer anderen markanten Stelle. Es war der Schnittpunkt der Ekliptik mit dem galaktischen Äquator selbst, der sich dicht neben dem Rektaszensionswert 6h 00m, also der sechs »pur«, befand. Dies war eine wundervolle Bestätigung unserer Überlegungen, zum einen der Zahl 6 einen astronomischen Hintergrund zuzuweisen und zum anderen für unsere Interpretation der Bedeutung des »leeren Kreises« und der galaktischen Spirale.

Die Intelligenz, die die Piktogramme von Preshute Downs und Barbury Castle geschaffen hatte, mußte sich gut am – oder im – Sternenhimmel auskennen. Und sie mußte auch wissen, wie wir die Sterne zu Konstellationen eingeteilt haben, denn diese und auch das Wintersechseck zum Beispiel können wir nur von der Erde aus so sehen. Von einem Standpunkt bei HD gibt es kein Wintersechseck, denn drei seiner sechs Sterne liegen zwischen unserer Sonne und HD.

Die Botschaften in den Piktogrammen waren für einen terrestrischen Betrachter gedacht – für uns. *Aber warum konzentrierte sich alles auf diesen Stern?* Er war offensichtlich äußerst wichtig, sonst wären wir nicht auf ihn hingewiesen worden.

Aus den Piktogrammen wußten wir, daß dort zwei Planeten ihre Bahnen um die Muttersonne zogen. HD hatte die gleiche Spektralklasse wie unsere Sonne, war aber etwas kleiner, so wie es, mit den tatsächlichen Verhältnissen übereinstimmend, bereits im Piktogramm von Preshute Downs mitgeteilt wurde.

Aus unserer bisherigen Arbeit mit dem Phänomen hatten wir gelernt, zuerst einmal einfach zu denken und das Nächstliegende anzunehmen, Schritt für Schritt. In unserem Sonnensystem existiert Leben zumindest auf dem dritten Planeten, der um eine G-Sonne kreist. Uns wurde in den Piktogrammen eine G-Sonne gezeigt, um die zwei Planeten kreisen bzw. von denen der zweite wichtig ist. Was lag also näher, anzunehmen, daß man uns dieses fremde Sonnensystem zeigte, weil auf diesen beiden oder eben nur auf dem zweiten Planeten Leben existieren könnte?

Wir möchten an dieser Stelle klarstellen, daß wir uns getrauen, anzunehmen, Lebensformen auf der Kohlenstoffbasis sind nicht nur auf der Erde, als einzigstem Ort in diesem uns bekannten Universum, vorhanden. Daneben räumen wir auch emotionslos ein, daß »Leben« auch auf anderen chemischen Bausteinen beruhen kann und ebenso »Geist« nicht unbedingt Materie benötigt, um in ihr zu wirken.

Wir haben bisher nur ein einziges – handfestes – Beispiel für Leben auf einem Planeten, nämlich uns und all die anderen Lebensformen hier. Lassen wir uns dieses Beispiel also auch benutzen. Es ist absolut legitim – und auch wissenschaftlich –, anhand dieses Beispiels die Bedingungen für »gleichartige« Lebensformen in anderen, ähnlichen Sonnensystemen zu untersuchen. Wir wissen inzwischen, seit dem Infrarotsatelliten IRAS und mit jedem Tag, den das Hubble Space-Teleskop in die unendlichen Weiten hinausspäht, mehr über die Planetenentstehung als vor zwanzig Jahren. Wir haben interstellare Nebel gefunden, die, neben anderen Bausteinen »organischen Lebens«, aus höherkettigen Kohlenwasserstoffmolekülen bestehen. Wir wissen inzwischen, daß alle schwereren Elemente als Wasserstoff im Inneren der Sonnen gebildet werden, die des Nachts wie Diamanten über Ihnen am Himmel funkeln. Wir alle sind, im wahrsten Sinne des Wortes, Teile dieses Universums. Versuchen Sie sich vorzustellen, daß das Eisen in ihren roten Blutzellen, den Erythrozyten, im Inneren einer fernen, unruhigen, heißen Sonne entstanden ist und, als diese am Ende ihres Lebens explodierte, wie sie das Eisen, das sich in deren Körper befand, hinausschleuderte in die Weiten des Alls, hinein in die Gegend, in der Sie heute entstanden sind. *Sie selbst bestehen aus der Materie der Sterne.*

Leben, so wie wir es kennen, braucht eine Sonne, die eine bestimmte Energie ganz gleichmäßig über einen langen Zeitraum abstrahlt. Es muß eine stabil ihren Wasserstoffvorrat verbrennende Sonne sein, so wie die unsere. Der Lebensweg eines Sterns wird bestimmt durch die Masse aus interstellarem Staub und Gas, die sich, angeregt durch Schockwellen z. B. explodierender Sterne, in rotierender Bewegung langsam immer mehr verdichtet.

Was dann, je nach dem »Geburtsgewicht«, aus den Sternen innerhalb der Sternenfamilie wird, läßt sich gut an einem Diagramm zeigen, das nach seinen geistigen Vätern »Hertzsprung-Russel-Diagramm« (HRD) benannt wird.[34] Hier werden auf den Senkrechten die absolute Helligkeit (M_V) in

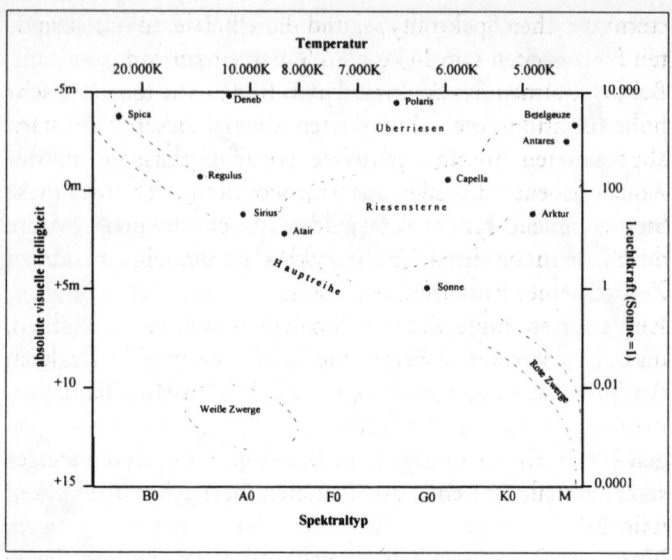

Abb. 64: Das Hertzsprung-Russel-Diagramm

Größenklassen und die Leuchtkraft bezogen auf die Leuchtkraft der Sonne aufgetragen. Auf den Waagerechten finden sich die Spektralklassen und die Oberflächentemperaturen. In diesem Diagramm ordnen sich die meisten Sterne auf einer geschwungenen Diagonalen an. Diese Sterne beziehen ihre Energie ausschließlich aus dem Verbrennen von Wasserstoff in ihrem Innern. Entlang der Hauptreihendiagonalen sind die Sterne nach ihrer Masse geordnet, je massereicher, desto leuchtkräftiger.

So stehen links oben die blauweißen Sterne mit hoher Leuchtkraft und Masse, in der Mitte die mehr sonnenähnlichen gelben und orangefarbenen Sterne, rechts unten die kühlen rötlichen Zwergsterne. Links unten im Diagramm sind die extrem dichten weißen Zwerge, rechts oben die Riesensterne, die größere Radien haben als Hauptreihensterne gleichen Spektraltyps, und die Überriesen mit absoluten Helligkeiten von M_V um –6.5 mag einzuordnen.

Bei den Sternen des Spektraltyps B finden wir teilweise sehr hohe Rotationsgeschwindigkeiten, die bei diesen dann stark abgeplatteten Sternen teilweise sogar Gasmassen in der Äquatorebene abfließen lassen, wodurch sich um diese Sterne ein leuchtender Ring bildet. Durch ihre große Masse durchlaufen sie ihren Lebenszyklus zu schnell, um Leben Zeit zu seiner Entfaltung zu lassen.

Am anderen Ende der Diagonalen existieren die kühlen, massearmen roten Zwerge. Sie haben zwar eine ungleich längere Lebensdauer, sind aber zu kühl, um Planeten in annehmbarem Abstand erwärmen zu können. Außerdem neigen sie häufig zu Energieausbrüchen (Flares), deren freigesetzte Strahlung Leben auf Planetenoberflächen vernichten würde.

Nur die G-Sterne bleiben während ihres Lebens lange genug auf der Hauptreihe und beleuchten mit einer relativ moderaten Temperatur gleichmäßig und stabil ihre Planeten, so daß Leben hier genug Zeit bleibt, um sich zu entwickeln. Hat ein solcher Stern allerdings ca. 10 % seiner Gesamtmasse durch Fusion von Wasserstoff zu Helium umgewandelt, wird auch er die Hauptreihe verlassen, sich aufblähen und in den Bereich der roten Riesen wandern. Unsere Sonne, die schon seit ca. 4,5 Milliarden Jahren strahlt, wird diesen Zeitpunkt in 3,5 bis 4 Milliarden Jahren erreichen. Dann wird auf der Erde kein Leben mehr möglich sein.

HD 42 807, der Stern, den uns die Intelligenz hinter den Kornkreisen zeigte, ist etwas masseärmer und wird etwas länger leben als unsere Sonne. Dies kann durchaus auch bedeuten, daß eventuelles Leben auf einem seiner Planeten entsprechend älter ist.

Was können wir über die zwei Planeten von HD herausfinden? Erst einmal ist es beruhigend, zu wissen, daß sie um einen Einzelstern kreisen, denn das bedeutet stabile Umlaufbahnen. Bei Doppelsternen treten bei Planeten, die um die Einzelkomponenten kreisen, Bahnstörungen auf, wenn sich die beiden Sterne bei ihren Umläufen um den gemeinsamen Masseschwerpunkt zu nahe kommen. Andererseits werden Planeten in einem gemeinsamen Planetensystem beider Sterne so weit draußen im All ihre Bahnen ziehen müssen, daß an terrestrisches Leben wohl nicht zu denken sein wird.

Unsere Erde kreist in 149,6 Mill. km Abstand um die Sonne und befindet sich damit innerhalb eines Bereiches, den wir »Ökozone« nennen wollen, weil sich in dieser Zone auf einem in ihr befindlichen Planeten Leben – so wie wir es verstehen – entwickelt hat. Es geht also vordringlich bei der Suche nach Leben in anderen Planetensystemen darum, in welchem Abstand von dessen Sonne sich diese Ökozone befindet und ob Planeten darin umlaufen. HD ist nun nicht irgendein Stern von irgendeinem Spektraltyp, sondern gehört mit seinem G5 genau zu derselben Gruppe wie unsere Sonne mit ihren G2. Gibt es eine idealere Möglichkeit, als zwei Sterne des gleichen, vielversprechenden Typs für den Unterhalt von Lebensformen miteinander zu vergleichen und das Beispiel der Existenzmöglichkeiten von Leben in dem einen System auf das andere anzuwenden?

Die Ökozone ist ziemlich schmal. Würde sich die Erde nur 5 % näher zur Sonne befinden, hätte vor ca. vier Milliarden Jahren ein bleibender Treibhauseffekt begonnen. Denken wir nur an die Venus. Kreiste die Erde nur 1 % weiter draußen um die Sonne, hätte vor ca. zwei Milliarden Jahren, als freies O_2 in der Erdatmosphäre auftauchte, eine bleibende Vergletscherung eingesetzt.[33] Wo befindet sich die Ökozone bei HD? Enthält sie einen der beiden Planeten, die um diese Sonne kreisen sollen, wie es uns phantastischerweise in den Piktogrammen gezeigt wurde?

Die Masse eines G5-Sternes wie HD dürfte bei ca. 0,95 Sonnenmassen liegen. Nach den Berechnungen von M. H. Hart[33] läge dann die innere Grenze der Ökozone 0,840 AE (125,66 Mill. km) vom Muttergestirn entfernt, die äußere Grenze 0,874 AE (130,75 Mill. km). Sie ist damit um 1,8 Mill. km schmaler als die Ökozone in unserem Sonnensystem, nämlich nur 5,09 Mill. km breit und liegt relativ zu unserem System weiter nach innen verlagert, zwischen Venus- und Erdumlaufbahn.

Damit war nun klar, daß von den zwei Planeten, die um die Sonne des Spektraltyps G5 mit der Bezeichnung HD 42807 im Sternbild Orion kreisen sollen, der zweite der wichtigere Planet war. Der erste, innere Planet lag zu nahe an der Sonne und außerhalb der Ökosphäre, so daß es, abgesehen von der Strahlungsintensität, zu heiß wäre, als daß Wasser sich zu Ozeanen kondensieren könnte.

Ein sonnenähnlicher Stern mit einem Planeten in der Ökozone, ähnlich den Verhältnissen in unserem Sonnensystem – beschrieben durch das mächtigste Piktogramm in den Kornfeldern Wiltshires des Jahres 1991 und der zugleich schönsten Formation überhaupt. Was lag bei all unseren Forschungsergebnissen und Analogien, die wir gefunden hatten, näher, als anzunehmen, daß uns dieser Stern deshalb mit dieser Wichtigkeit so gezeigt wurde, weil dort zu finden sein könnte, wonach wir solange schon suchen: anderes Leben.

An einem kalten Abend im Januar des Jahres 1992 fuhren wir spät hinaus zum Spandauer Hahneberg, suchten uns am Fuße der langen Rodelbahn ein windstilles Plätzchen und stellten dort mit klammen Fingern unsere einfache Fotoausrüstung auf. Über uns funkelten die Sterne wie Edelsteine, alle Sternbilder des Wintersechsecks waren schon aufgegangen und standen kulminierend hoch über unseren Köpfen. Zum Horizont hin verschluckte das helle Licht der Großstadt Berlin im Osten von uns die schwächeren Sterne, doch zum Zenit hin waren sie alle versammelt und gut erkennbar. Wir gestanden uns gegenseitig ein, daß wir ganz schön aufgeregt waren, als wir die 7x50er Ferngläser ansetzten, um HD am wirklichen Sternhimmel aufzusuchen.

Wir brauchten nicht lange, um ihn zu finden: der Gürtel des Orion, etwas nach links hoch zur riesigen, roten Betelgeuze, weiter nach links höher zum nächsten helleren Stern, 61 Orionis, von dort flach quer nach links rüber zum nächsten helleren Stern 75 Orionis – und dann hielten wir für einen Moment den Atem an. Viel größer als erwartet und viel schöner als im Computerprogramm mit all seinen bunten Sternenpunkten prangte dort oben dieses Dreieck im Zentrum des Wintersechsecks, viel dreieckiger, ja bald pyramidenförmiger, als wir es von den Sternkarten her kannten. Und als das Licht von HD zum erstenmal auf unsere Netzhaut fiel, durchströmte uns ein Gefühl von Freude, so wie man nachdenklich erfreut die gerade angekommene Postkarte eines fernen Freundes betrachtet, auf der das Haus zu sehen ist, in dem er wohnt. So, wie immer, wenn man draußen unter dem Sternenhimmel steht, war nichts von Menschen Gemachtes mehr über uns, alles war frei, und die Unendlichkeit begann auf der Haut. Wir waren HD nah und doch so fern, fühlten uns wie in seine Richtung gezogen und wünschten uns in diesem Moment nichts sehnlicher, als hineinzutauchen in sein Licht und zu ihm zu fliegen, irdische Zeit und kosmischen Raum vergessend.

Dort oben glitzerte der Inhalt der seit langer Zeit ersten konkreten, von »außen« kommenden Botschaft an die Menschheit, übermittelt von einer Intelligenz, die mit ihr, vielleicht nicht zum ersten Male, in Kontakt treten wollte und deshalb begonnen hatte, mit Kornkreisen in den Feldern Südenglands die Menschen auf sich aufmerksam zu machen.

Die Botschaft ist leicht zu entziffern und nicht einer speziellen Kaste mit egoistisch gehütetem Geheimwissen vorbehalten. Sie ist Ihnen allen, ohne jegliche Bedingung oder Bindung, frei und öffentlich zugänglich, es bedarf nur eines einfachen Feldstechers und eines wolkenarmen Nachthimmels. Dieser kosmische Hinweis auf ein weiteres Sonnensystem, in dem »Leben« möglich ist, soll uns zu der Überlegung bewegen, im Kosmos nicht allein zu sein und uns nicht so schwer damit zu tun, »fremdes intelligentes Leben« und dessen Möglichkeiten einfach zu akzeptieren, ohne stets zu behaupten, das könne alles so nicht sein, nur weil wir es selbst noch nicht verstehen. *Sie alle können HD anschauen*, wann immer sie wollen, denn er ist kein flüchtiges, fliegendes Phänomen am Nachthimmel oder eine einmalige Begegnung irgendeiner Art. HD wird immer dort oben schimmern, beruhigend und anspornend zugleich. Schau hin und denke – lerne!

Als wir da so standen, stumm, glücklich und dankbar, kam uns ein Wort von Bruno H. Bürgel in den Sinn[35]: »Der Zweck der Welt und der unseres eigenen kleinen Seins liegt verborgen, aber wer wäre so vermessen, nicht doch anzuerkennen, daß ihr ein tiefer, ein erhabener Sinn innewohnen muß, dieser Unendlichkeit in Raum und Zeit, die voller Glanz, Zauber, Unbegreiflichkeit und Beglückung ist, auch wenn wir weder ihren Anfang noch ihr Ende überschauen können, noch den Plan, der ihr zugrunde liegt!«

27 HD 42807, das Wintersechseck und die Archäoastronomie

Seitdem wir vor vielen Jahren begonnen hatten, uns in der Astronomie, außer für die physikalischen Zustandsgrößen von Sternen, auch für die Möglichkeiten von Leben in ihrer Nähe zu interessieren, waren wir immer wieder auf interessante, neue und alte Literatur zu diesem Thema gestoßen. Es blieb nicht aus, daß wir begannen, uns mit der UFO-Thematik auseinanderzusetzen. Über diesen Komplex gerieten wir auch an die Literatur zu Präastronautik. Man mag über deren Autoren denken, was man will, eines haben sie jedoch bewirkt: Sie haben Fragen gestellt, ihre Antworten angeboten und so das Interesse einer großen Öffentlichkeit geweckt, die eigene kulturelle und geistige Vergangenheit über das anerzogene Schulwissen hinaus oder im Widerspruch dazu neu zu betrachten.

Inzwischen ist ein beträchtlicher Teil dieser Öffentlichkeit zu Recht kritischer gegenüber der Art und Weise eingestellt, wie Religionen und Wissenschaften, etwa die Archäologie, die Entstehung und Entwicklung der Menschheit erklären und mit der Interpretation ihrer Mythen umgehen.

Jeder von Ihnen hat sicherlich bestimmte Favoriten im Bücherregal stehen. Scheint es manchmal nicht so zu sein, als ob bestimmte Bücher ihre spezielle Zeit haben, zu genau der sie erscheinen mußten, nicht früher und nicht später, um uns in einem bestimmten Bereich einen entscheidenden Schritt weiterzubringen? Diese speziellen Bücher, mit ihren neuen Fakten zum jeweiligen Thema höchsten Interesses, wirken einerseits wie Erlöser von längeren Qualen angesichts scheinbar unbeantwortbarer Fragen und andererseits wie Weichen, die den Blick in eine neue Richtung lenken mit neuen, nicht minder quälenden und scheinbar unbeantwortbaren Sachverhalten.

So hatten auch wir unsere literarischen Meilensteine bei unserer Suche nach Informationen über das astronomische Wissen vergangener Kulturen. Neben einigen anderen riefen Bücher wie »Das Sirius-Rätsel« von Robert G. Temple,[36] »Der zwölfte Planet« und dessen Nachfolger von Zecharia Sitchin[37] oder »Die Sterne von Babylon« von Werner Papke[38] eine oft hektische und manchmal erfolgreiche Suche nach der angegebenen Sekundärliteratur hervor. Es ist müßig, zu erwähnen, daß alle Autoren auf diesem Gebiet nach der Veröffentlichung ihrer Bücher sich sofort der zum Teil ätzenden Kritik der in dem jeweiligen Wissensgebiet etablierten Wissenschaftler ausgesetzt sahen. Wir konnten uns nie einer leisen Schadenfreude erwehren, wenn es einem Autor wieder einmal gelungen war, durch seine Theorie, die nicht zuerst in einem wissenschaftlichen, nur für höhergradig Eingeweihte lesbaren Fachblatt veröffentlicht worden war, sondern gleich in einem für alle verständlichen Buch, frischen Wind durch eingefahrene Weltanschauungen zu blasen.

Im Laufe der Zeit wurde es immer faszinierender, festzustellen, wieviel doch von unserem astronomischen Wissen nicht, wie uns in bestimmten Schulen immer vermittelt wurde, von den »alten Griechen« herrührte, die alten, aus Ägypten, Babylon und Sumer bekannten Sternbildern und Göttern nur neue Namen gegeben hatten.

Astronomisches Wissen ist kosmisches Wissen, und wenn man bedenkt, wie innig und leibhaftig der Kontakt in Sumer (und nachfolgend in Babylon) und Ägypten laut überlieferter Mythen mit den »Göttern« war, liegt die Frage nahe, ob hier nicht ein ähnlicher Denkanstoß wie z. B. bei uns in den Kornkreisen erfolgte, die Sterne – die kosmische Nachbarschaft – etwas genauer und unter bestimmten Blickwinkeln zu betrachten. Je mehr wir uns mit dieser Materie befaßten, desto mehr gewannen wir den Eindruck, daß eigentlich alle alten Kulturen rings um den Globus immer wieder mit Wesen, die in den verschiedensten Erscheinungsformen meistens »von oben«, seltener »von unten« oder, manchmal noch konkreter, »von den Sternen kamen«, zu tun hatten, die der Menschheit in irgendeiner Form mehr oder weniger geheimes Wissen gebracht hatten. Das gesamte Sortiment von Büchern über diese Themen gehört heute beinahe zur Standardausstattung einer jeden Buchhandlung, weshalb wir hier nicht weiter darauf eingehen wollen.

Seit unseren Begegnungen mit den großen Steinen in Wiltshire verspürten wir in uns den Drang, mehr über diese, manchmal bizarr geformt und alleinstehend in den Himmel ragenden, manchmal zu rechteckigen Quader bearbeiteten und exakt zu riesigen Kreisanlagen angeordneten, tonnenschweren Megalithen zu erfahren. Wer hatte die Menhire an ihre Plätze mitten in die Landschaft gestellt und warum? Hatten sie eine Funktion und wenn ja, welche?

Da fiel uns ein Buch in die Hände, das uns mit Grundlagenwissen über genau diese Fragen versorgte. Es hieß: »Astronomen, Priester, Pyramiden – Das Abenteuer Archäoastronomie« von Edwin C. Krupp.[39] Es ist für uns eines unserer wichtigsten Bücher geworden und wird bis zum heutigen Tage immer wieder aufgeschlagen. Der Herausgeber hat zusammengetragen, was die anerkannten Autoritäten an Astronomie und Geometrie in alten Steinmonumenten dieses Planeten bisher gefunden haben und gibt u. a. die wesentlichen Ergebnisse des überragenden Werkes von Prof. Alexander Thom wieder, der durch die große Exaktheit seiner Feldmeßarbeiten, die hohe Genauigkeit seiner

Analysen und durch seine sorgfältig erwogenen und dabei umwälzenden Ergebnisse zum anerkannten Führer auf dem Gebiete der Archäoastronomie wurde.

Es werden weiter Geometrie und Astronomie in der Jungsteinzeit erklärt, eine astronomische Chronik von Stonehenge gegeben, die Archäoastronomie in Nord- und Mittelamerika beleuchtet und schließlich ein Einblick in die sich in den Tempeln, Stadtanlagen und Pyramiden widerspiegelnde, ägyptische Astronomie vermittelt. In einem speziellen Kapitel beschäftigt er sich, aus seiner Sicht als Wissenschaftler, kritisch und ausführlich mit bekannten Themen aus den Grenzbereichen der Archäoastronomie wie etwa der »Velikovsky-Katastrophe«, der »Leylinien-Hypothese«, Katherine E. Maltwoods »Zodiak von Glastonbury«, Temples »Sirius-Rätsel« und E. v. Dänikens »Astronautengöttern«.

Als wir in diesem Buch das Diagramm von Prof. Thom auf Seite 61 erblickten, bekamen wir heiße Gesichter. Wir wollen daran erinnern, daß es allein in England außer Stonehenge ca. weitere 900 Ringe aus Steinen gibt, die man heute noch sehen oder erahnen kann. Damit soll angedeutet werden, daß es vor 5000 Jahren noch viel mehr waren und daneben noch Tausende von einzeln stehenden Steinen, Hügeln und länglichen oder kreisförmigen Aufschüttungen existierten, die alle in einem System miteinander verbunden waren.

Wir sind heute fasziniert von den wie in eine andere Dimension schauenden Moaïs der Osterinsel, die, auf die Inselgröße bezogen, dort zwar zahlreich vorhanden sind, insgesamt aber eine überschaubare Menge ausmachen. Stellen Sie sich dagegen nur einmal vor, wie die zehn Quadratmeilen um Avebury auf uns wirken würden, wäre die gesamte Anlage mit ihren Hunderten von großen Menhiren, den davon abgehenden, steingesäumten Alleen, den

Satellitenkreisen, den mächtigen Hillforts der Umgebung, den Sarsensteinfeldern und den vielen Einzelsteinen und Tumuli noch vollständig intakt. Und stellen Sie sich weiter vor, daß ganz Nord- und Nordwesteuropa mit diesen Bauten überzogen war. Kämen Sie als Zeitreisender aus dem Jahre 1996 dorthin, würden Sie nicht glauben, auf dem Planeten Erde zu sein, so phantastisch mag das alles ausgesehen haben. Warum haben unzählige Menschen damals diese Unmasse von Steinen genau so und nicht anders hingestellt? Wozu?

Prof. Thom hat allein in England mehr als dreihundert alte Plätze vermessen und ein bestimmtes Ergebnis dieser Vermessungen in jener Tabelle niedergelegt, die wir vorhin erwähnten. Prof. Thom fand heraus, daß viele der Steine als Peilmarken oder Visuren für astronomische Ereignisse dienten. Dies waren in erster Linie die Auf- und Untergänge von Sonne und Mond, aber auch die Aufgänge bedeutender Sterne. Und als wir die Namen der Sterne lasen, die in Thoms Diagramm megalithischer Visuren eingetragen waren, wurde uns etwas mulmig.

Unter den dort eingetragenen 16 Sternen befanden sich alle sechs aus dem Wintersechseck: Rigel, Sirius, Procyon, Pollux, Capella und Aldebaran! Castor war auch dabei.

Weiter fanden wir die drei hellen Sterne, die zusammen das »Sommerdreieck« bilden: Deneb im Sternbild Schwan, Wega in der Leier und Altair im Adler. Zusätzlich waren noch die hellen Schultersterne des Orion, Betelgeuze und Bellatrix und die hellen Hauptsterne der Sternbilder Skorpion mit Antares, Jungfrau mit Spica, Schlangenträger mit Arctur und Löwe mit Regulus eingetragen.

Dies bedeutete, daß vor Tausenden von Jahren den Menschen die Hauptsterne des Wintersechsecks so wichtig waren, daß sie nicht nur danach Ausschau hielten, sondern ihnen offenbar überall – zumindest wissen wir es von England – riesige und komplizierte Steinmonumente setzten. Unabhängig von präzessionalen Veränderungen und den Raumbewegungen der Sterne haben sich die meisten Sternbilder in diesem Zeitraum in sich selbst und für das bloße Auge nicht merklich verändert. Das heißt, daß das Wintersechseck für Menschen des dritten Jahrtausends v. Chr. fast genauso ausgesehen hat wie heute – und demnach für sie genauso auffällig am Winterhimmel gestanden hat. Das Wissen um diese spezielle Anordnung von Sternen ist also uralt – und war offenbar über Landschaftsgrenzen hinweg so wichtig, daß ein halber Kontinent astronomisch danach ausgerichtet war.

Und damals wie heute befand sich im Zentrum dieses Wintersechsecks – HD 42 807.

Eine weitere wundervolle Bestätigung für die Wichtigkeit dieser Sternenanordnung existiert eine halbe Planetenumdrehung weiter – in Amerika. Dr. John A. Eddy,[40] ein Sonnenphysiker am High Altitude Observatory in Boulder, Colorado, erregte mit einem Aufsatz über die Vermessung des indianischen Big-Horn-Medizinrads, das bald »amerikanisches Stonehenge« genannt wurde, die Aufmerksamkeit der Medien. Er konnte eine eindeutige astronomische Bestimmung speziell dieser Steinsetzung nachweisen, die er dann auch mit dem gleichen Inhalt an anderen Medizinrädern wiederfinden konnte.

Diese Räder sind Figuren aus den zusammengetragenen Steinen einer, meist mit guter Horizontsicht, hochgelegen Örtlichkeit und von unterschiedlicher Größe, manche bis einhundert Meter groß. Ihr Bauplan ist stets gleich: Von der Mitte, die durch große Steinhaufen betont sein kann, gehen radial Speichen ab.

Das Medizinrad von Big Horn in Wyoming besitzt 28 Speichen und neben dem zentralen Steinhaufen von vier Meter Durchmesser ringsherum am Rand sechs weitere. Wieder die Zahl sechs! Eddy fand bei zwei der Haufen eine Ausrichtung auf die Sonnenauf- und untergänge bei der Sommersonnenwende. Wie elektrisiert waren wir jedoch, als wir die Namen der Sterne lasen, nach deren heliakischen Sommeraufgang die anderen peripheren Haufen ausgerichtet waren. Der Haufen im Nordosten (bei 1 Uhr auf einem Zifferblatt) wies auf Aldebaran, der im Osten (bei 3 Uhr) auf Rigel und der im Südosten (bei 5 Uhr) auf Sirius! Alle anderen Sterne des Wintersechsecks sind bereits sichtbar, wenn Sirius aufgeht und die Sternenfigur schließlich komplettiert, mit der das Big-Horn-Medizinrad, von oben betrachtet, fast identisch erscheint.

Im Westen der USA kennt man mindestens 50 Medizinräder, von Wyoming, Montana, Alberta bis hin zu einem gut untersuchten Rad auf Moose Mountain in Saskatchewan, Kanada, das den gleichen astronomischen Inhalt besitzt wie das Medizinrad von Big Horn und dabei doch fast eintausend Jahre älter ist. Auch hier saßen die Menschen eines halben Kontinents durch die Zeiten hindurch Nacht für Nacht unter den Sternen und warteten auf den Aufgang einer bestimmten Sternenkonstellation in einer bestimmten Region des Firmaments.

28 Nibiru

Im Laufe der Zeit rutschten wir immer mehr in die sume-
risch-babylonische und ägyptische Astronomie hinein,
denn inspiriert durch die »apokryphische astronomische Literatur« eines Temple und Papke und anderer, wollten wir
so nahe wie möglich an deren Quellen herankommen, um
zumindest versuchsweise herauszufinden, wie diese Autoren zu ihren Ergebnissen gekommen waren. Schließlich bot
ja auch ein Sitchin mit seinem »zwölften Planeten« eine sehr
umstrittene astronomische Alternative zu gängigen Interpretationen alter sumerischer Schriften an und sorgte damit
für eine bis heute nicht enden wollende, kontroverse, teilweise zynische Diskussion unter Laien und bestimmten
Sumerologen.

Nibiru – dieser geheimnisvolle Name hat in der Vergangenheit für einige Unruhe gesorgt. Sitchin widerspricht der
bisherigen Ansicht, damit könnte Jupiter gemeint sein, und
setzt ihn mit »seinem« zwölften Planeten Marduk gleich,
der in unser Sonnensystem eindrang und dessen Monde mit
dem damals dort kreisenden Planeten Tiamat kollidierten,
von diesem Stücke wegrissen und ihn auf eine neue Bahn
schleuderten, wo er heute als Erde mit Mond seine Bahn
zieht. Nach Sitchin würde der Planet Marduk, die Heimat
der Nefilim, alle 3600 Jahre wieder im inneren Sonnensystem zwischen Jupiter und dem Planetoidengürtel auftauchen.

Auch R. Temple stößt bei seiner Suche nach einer Lösung
des Sirius-Rätsels auf Nibiru (in der deutschen Übersetzung

seines Buches Nebiru geschrieben) und findet, »daß es eines
der sumerischen Wörter ist, die einen rasend machen, weil
man nicht weiß, was sie bedeuten«.[41] Er vertritt die Ansicht,
daß sich das sumerische Nebiru vom ägyptischen Neb-
Heru ableitet, was »Herr der Sonne« bedeutet. Ein eindeutig stellarer Begriff!

Mul.Apin ist ein ca. 3000 Jahre altes Kompendium astronomischer Keilschrifttexte, gleichsam der »Ahnert«[42] der
Babylonier. In ihm sind genau die Bewegungen der Gestirne und Planeten verzeichnet, und schon allein die Lektüre dieser Tafeln ist höchst interessant. Auch Hermann
Hunger und David Pingree finden in ihrem philologischen
Kommentar zum Mul.Apin[43] keine Definition für (hier geschrieben) Neberu, halten aber *auch* eine Gleichsetzung
mit Jupiter für nicht sehr zutreffend. Es war bisher angenommen worden, daß Jupiter immer dann Neberu genannt wurde, wenn er in der Nähe des Meridians stand.
Aber die gleiche Bezeichnung wird auch für Merkur verwendet: »Wenn Merkur den Himmel teilt und dort steht,
[sein Name] ist Neberu.« Nun ist Merkur so nah bei der
Sonne, daß er kaum zu beobachten ist und nur ein paar
Grade über den Horizont hochsteigt, wo er dann, unter
besten Sichtbedingungen, vielleicht gesehen werden kann.
Auch für die Venus wird eine ähnliche Formulierung verwendet. Beide sind jedoch innere Planeten und können
nicht als Teiler des Sonnensystems gelten, wie es für Jupiter angenommen wurde.

Nibiru oder Nebiru oder Neberu muß etwas anderes sein.
Wir wollten wissen, was denn nun wirklich in den alten Texten stand, gingen auf Schatzsuche und ergatterten Exemplare
des Enuma Elisch, des sumerisch-babylonischen Weltschöp-
fungsepos, und von Mul.Apin, den alten astronomischen
Keilschrifttafeln. Als wir lasen, was dort stand, mußten wir
uns erst einmal zurücksetzen und tief Luft holen. *Nibiru ist*

ein Stern. Wir haben die betreffenden Textstellen mit den entsprechenden Quellen nachstehend aufgeführt:

• O. Schroeder[44]: »...der rote Stern, der im Süden steht, nachdem die Götter der Nacht geendet haben, den Himmel in Hälften teilend, dieser Stern ist Neberu, Marduk...«

• R. P. Thompson[45]: »...[wenn] der Stern Marduks in der Mitte des Himmels steht, ist er [genannt] Neberu...«

• Mul.Apin[46]: »...ein heller Stern – [obwohl] sein Licht schwach strahlt – teilt den Himmel in Hälften und steht dort: [das ist] der Stern von Marduk, Neberu, die Furt...«

• Enuma Elisch[47]: »...der Stern, der [am Firmament scheint]. Möge er den Anfang und die Zukunft bestimmen, möge die Menschheit ihm huldigen, indem sie sagen: Er, der seinen Weg mitten durch Tiamat erzwang [ohne zu ruhen], laßt seinen Namen Nibiru sein, ›der, der die Mitte einnimmt‹! Er hält die Wege der Sterne aufrecht, er führt all die Götter wie Schafe!«

• Enuma Elisch[48]: »Nibiru, Stern, der am Himmel erstrahlt, Er fürwahr erfaßt ›Ende und Anfang‹, auf ihn schaut (?) man. Er, der über die Mitte der Tiamat hinwegschreitet [ohne Müdigkeit], sein Name ist fürwahr Nibiru, der ihre Mitte faßt, der Himmelssterne Bahnen soll er aufrecht halten. Wie das Kleinvieh hüte er die Götter in ihrer Gesamtheit,...«

Ungefähr von Mitte Dezember bis Anfang Januar kulminieren die zentralen Teile des Wintersechsecks. HD 42807 steht in dieser Zeit um Mitternacht immer in der Nähe des Südmeridians, das heißt, zur Zeit seiner besten Sichtbarkeit teilt der Zentralstern der mächtigsten Ansammlung von Sternenkonstellationen, die wir kennen, den Himmel wahrhaft in zwei Hälften. Zu diesem Zeitpunkt »haben die Götter geendet«, d.h. alle zum Wintersechseck zählenden Sternbilder sind aufgegangen.

HD ist zwar eine G-Sonne, wegen seiner geringeren Masse

und Leuchtkraft ist seine Farbe etwas zum Roten hin verschoben, HD wird mehr orangefarben leuchten. HD ist ein »heller Stern – [obwohl] sein Licht schwach strahlt«, denn nur durch seine größere Entfernung wirkt er für das bloße Auge lichtschwächer. Würde man HD in einem gleichen Abstand von uns in zehn Parsec (32,6 Lj) neben die Sonne stellen, würde diese mit der absoluten Helligkeit von 4.85 M_V strahlen, HD daneben brächte es auf immerhin 5.23 M_V und würde bei Ihnen bei direkter, ungeschützter Betrachtung die gleiche, sofortige Blindheit hervorrufen.

HD nimmt in mehrerer Hinsicht »die Mitte ein«, einmal als Zentralstern des Wintersechsecks, andererseits kulminiert er in der Mitte des Südhimmels zu einer Zeit, die den Menschen, schon lange vor dem Christentum und ohne dieses, als einer der heiligsten Abschnitte des ganzen Jahres erschien: die Zeit der Wintersonnenwende und des Jahreswechsels.

Man schaut zur Winterzeit zwischen 22.30 Uhr und 1.30 Uhr beim Blick hoch nach Süden immer auf HD. Er erfaßt fürwahr »Ende und Anfang« zugleich, denn er schwebt am Rande des sich ewig und endlos über unseren Himmel hinziehenden Bandes der Milchstraße, unserer galaktischen Mutter in diesem Universum, deren einer Arm sich schützend um uns legt. Und wie ein aufmerksamer Beobachter liegt er scheinbar dicht bei der Kreuzungsstelle der Bahnen der Planeten mit den Sternen der Galaxis und wacht über deren äonenlangen Lauf durch Raum und Zeit.

Hatte HD doch schon seit langer Zeit einen Namen?

29 Das Geheimnis des Senenmut

Während eines unserer Streifzüge durch Antiquariatsbuchhandlungen stießen wir auf die Arbeit von Christian Leitz »Studien zur ägyptischen Astronomie«.[49] Schon die Lektüre seines Vorwortes erweckte in uns eine gewisse Sympathie, war doch offensichtlich hier jemand mit den Ergebnissen seiner wissenschaftlichen Forschungen angetreten, der vor großen Namen in seinem eigenen Wissensgebiet nicht in stummer Ehrfurcht versank.

Wenn man sich mit ägyptischer Astronomie beschäftigt, begegnen einem immer wieder die Namen Otto Neugebauer und R. A. Parker, die als die »Päpste« in der Erforschung dieses Bereiches gelten. Ihr Fachwissen und ihr Werk sind in der Ägyptologie anerkannte Grundlage. Aber wie immer, wenn Menschen wissen, wie wichtig sie sind, erliegen einige der Versuchung, grundsätzliche Statements abzugeben, die über lange Zeit, oft zu lange, Lehrsatzcharakter haben, bis endlich andere kommen, welche die Blockade durchdringen, die durch die Selbstüberschätzung des eigenen Urteils ihrer Vorgänger errichtet wurden. Die Wissenschaft ist voll von solchen Schicksalen, denken wir nur an die Tragödie bezüglich der Form des Planeten Erde im Mittelalter oder an Carl Sagans terrestrische Chauvinismusthese in neuerer Zeit.

So beginnt im bedeutendsten Standardwerk über antike Astronomie, Otto Neugebauers »History of Ancient Mathematical Astronomy« (1975), der Abschnitt über Ägypten mit den Worten[50]: »Ägypten hat keinen Platz in einer Arbeit über die Geschichte der mathematischen Astronomie …

Ägypten bietet uns den Ausnahmefall einer hochentwickelten Zivilisation, die über viele Jahrhunderte hinweg blühte, ohne einen einzigen Beitrag zur Entwicklung exakter Wissenschaften zu erbringen.«

Dazu bemerkt Ch. Leitz trocken[51]: »Die Ägyptologie hat sich Neugebauers (und Parkers) Autorität gebeugt; seit ihrer großen Edition ›Egyptian Astronomical Texts‹ gilt die ägyptische Astronomie als erforscht, nämlich mit dem Resultat, daß es nichts zu erforschen gebe.« Und beweist dann in den folgenden zwölf Kapiteln seiner Arbeit das Gegenteil.

Beim Durchlesen dieser herausragenden Veröffentlichung erging es uns an einer Stelle fast genauso wie damals beim ersten Anblick des Silbury Hill. Es war im Kapitel IV über das Grab des Senenmut die astronomische Darstellung an der Decke des Raumes A im Grab Nr. 353, das in Deir el-Bahari bei Theben nordöstlich neben dem, in seiner Architektur großartigen, Tempel der Hatschepsut liegt.

Senenmut war der Erzieher und Haushofmeister der Tochter der Hatschepsut, Nefrure, einem lebensfrohen kleinen Mädchen. Er bekleidete höchste Würden und genoß, für jemanden mit nicht-fürstlicher Abstammung, herausragende Privilegien. Dies wird durch seine Darstellung auf Reliefs im Tempel von Deir el-Bahari unterstrichen.[67] Als Erzieher und Haushofmeister einer Königstochter, Architekt und Astronom besaß Senenmut höhere Einweihungsgrade in ein Wissen um die Götter und die mit ihnen verbundenen Sterne.

In der 18. Dynastie war Hatschepsut die Frau von Tutmosis II. und nach dessen Tod zunächst die Regentin des noch minderjährigen Nachfolgers, Tutmosis III., ihres Neffen. In dessen 7. Regierungsjahr rief sie sich offiziell zum weiblichen »König« aus und regierte in Koregentschaft weiter bis zu ihrem Tod in der ersten Hälfte des 15.

Jahrhunderts v. Chr. Der Anblick ihres Tempels fasziniert, trotz seines zerstörten Zustandes, auch heute noch und muß, mit seinem originalen Baum- und Beetbestand sowie den zahlreichen Sphingen und Statuen, einst ein Musterbeispiel für Harmonie aus Natur und künstlich Geschaffenem gewesen sein.

Nicht nur Senenmut stellt eine Besonderheit dar, auch sein unvollendetes, nie zu Begräbniszwecken gedientes Grab Nr. TT 353 hat eine herausragende Bedeutung, denn die astronomische Decke mit den Maßen 3 x 3,6 m in Kammer A (siehe Abb. 65) gehört zu den frühest bekannten ihrer Art. Die Darstellung ist in die zwei Hälften der himmlischen Sphäre gegliedert, einer »nördlichen« (in Abb. 65 unten) und einer »südlichen« (in Abb. 65 oben). In der südlichen Hälfte finden sich die Dekansterne, die den Ablauf der Nachtstunden markieren, mit den assoziierten Gottheiten. In der Mitte dieser Hälfte ist durch die stehende männliche Figur mit den drei Sternen darüber das Sternbild Orion dargestellt.

Links davon stehen ebenfalls in Barken: Isis/Sirius, Jupiter und Saturn. Ganz links symbolisiert der Reiher mit dem Stern die Venus, rechts daneben taucht oben der Name des Merkur auf. In der nördlichen Hälfte sind einige von den wichtigen nördlichen Sternbildern dargestellt. Der Stier im oberen Teil ist Ursa major (Großer Bär, hier mit den Hauptsternen, die den uns bekannten »Großen Wagen« bilden). Weiter finden sich hier ein schematischer Mondkalender aus zwölf Kreisen mit jeweils 24 eingezeichneten Sektoren und einige zugeordnete Gottheiten.

Von diesem Deckengemälde ging eine eigenartige Faszination aus. Immer wieder blieb unser Blick an dem kleinen Rechteck, unter den vorhergehenden Dekanen rechts oberhalb der Orionfigur, hängen, in dem einige Sterne und ein spitz-ovaläres Gebilde eingezeichnet waren.

Wie wir durch Peter F. Dorman in »The Tombs of Senenmut«[52] erfuhren, kam die Dekanliste ab hier etwas durcheinander und zeigte auch sonst einige Senenmut'sche Besonderheiten, zum Beispiel in der Darstellung der Osiris/Orion-Figur mit zwei gesenkten Armen. Leitz vermutete in dem kleinen Rechteck die Darstellung der Hyaden, eines

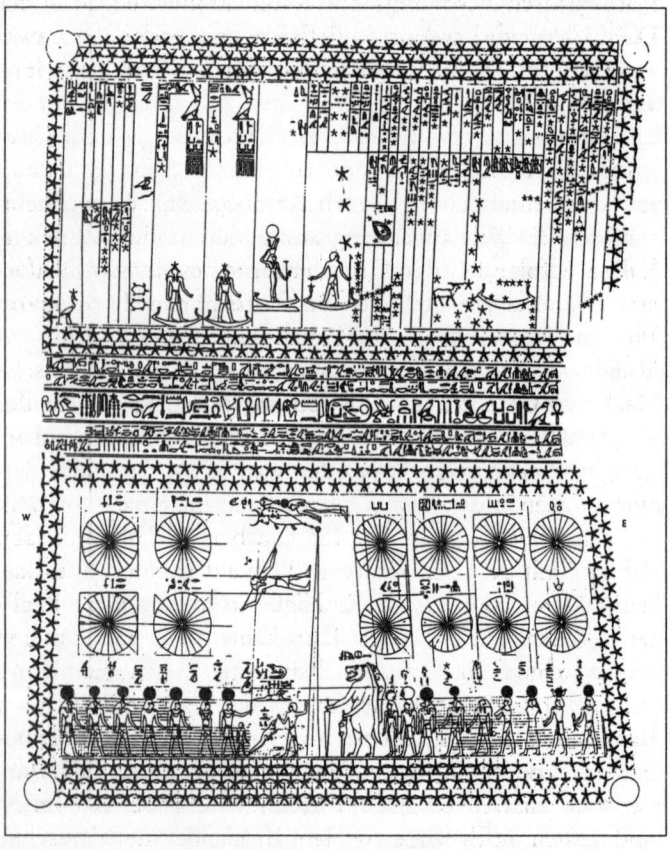

Abb. 65: Die astronomische Decke im Grab des Senenmut

schon mit dem Feldstecher sehr schön anzusehenden, offenen Sternhaufens im Sternbild Stier, das vor dem Orion aufgeht.

Richtig aufregend aber war es, wie Leitz im weiteren Verlauf seiner Arbeit dann ein Datum fand, das in dieser astronomischen Decke enthalten war: der 14. November −1462 (= v. Chr.). Dabei benutzte er, neben all den notwendigen mathematisch-astronomischen Kalkulationen, einige in der Darstellung vorhandene Hilfslinien und verlängerte zwei andere bis zu ihrem Schnittpunkt über die Bildgrenze hinaus.

Dies erinnerte uns sehr an die Art und Weise, wie in einem ganz anderen Bereich der deutsche Zimmermann, Künstler, Amateurarchäologe und Kreta-Spezialist Friedhelm (»Fritz«) E. Will zu einem ganz anderen Thema spektakuläre Erfolge bei der Entzifferung eines der rätselhaftesten Objekte erzielte, das wir kennen: des Diskus von Phaistos.[53]

Wann immer wir in den folgenden Jahren die astronomische Decke im Grab Nr. TT 353 betrachteten, ging von ihr der Hauch eines Geheimnisses aus, das dort von Senenmut irgendwo hineingearbeitet worden war.

Wir müssen hier einen kleinen Zeitsprung nach vorn in das Jahr 1994 einlegen. Es war nun bereits das vierte Jahr, daß wir mit dem Phänomen in Kontakt standen. Wir hatten weitere faszinierende Einblicke in diese andere Realität nehmen dürfen, jedes Jahr kamen wir mit unseren Experimenten vor Ort in Wiltshire dem Phänomen etwas näher. Da veröffentlichten die beiden Engländer Robert Bauval und Adrian Gilbert im Frühling 1994 bei Heinemann in London ihr Buch »The Orion Mystery«. Wir wurden von unseren englischen Freunden darüber informiert und hielten, noch lange vor dem Erscheinen der deutschen Ausgabe »Das Geheimnis des Orion« im List-Verlag, ein

Exemplar in den Händen. Schon bald wußten wir, es war wieder eines dieser besonderen Bücher, die neue Einsichten vermitteln, neues Bewußtsein schaffen und einem weiterhelfen.

Die Entdeckung, daß der südliche »Luftschacht« in der »Königskammer« der Großen Pyramide von Gizeh zum Oriongürtel zeigt, ist nicht so neu. Schon Alexander Badawy und Virginia Trimble wiesen in ihren Veröffentlichungen im Jahre 1964 darauf hin. Geradezu sensationell aber war Bauvals/Gilberts Entdeckung, daß die Anordnung der drei Pyramiden von Gizeh, Cheops (Chufu), Chefren (Chafra) und Mykerinos (Menkaurê), den Sternen des Oriongürtels entsprach. Darüber hinaus fanden sie verblüffende Koinzidenzen in der Lage anderer, benachbarter Pyramiden zu Sternen der Konstellation Orion selbst wie auch zu den Hyaden und Aldebaran (Alpha Tauri).

Ihrer in Kapitel 4/II geäußerten Meinung,[54] die Pyramidentexte für sich selbst sprechen zu lassen, weil manche Experten weder ein echtes Interesse noch ein Gespür für die Texte besaßen und hauptsächlich damit beschäftigt waren, sich gegenseitig zu widerlegen und anzugreifen, schlossen wir uns gerne an und taten den Autoren ein Gleiches: Wir wollten uns auch eine eigene Meinung bilden und besorgten uns ebenfalls R. O. Faulkners vielgerühmte Übersetzung der alten ägyptischen Pyramidentexte.[55] Auch wir wollten die wichtigste Regel, möglichst wenig in die Textstellen hineinzudeuten, beherzigen.

Nur wenige literarische Werke haben uns je so berührt wie diese Texte aus einer Tausende von Jahren zurückliegenden Epoche menschlicher Interaktion mit dem Kosmos. Jeder der vielen hundert Verse aus diesen ältesten, uns bekannten ägyptischen Texten verdiente es, von einem der Hügel rund um Avebury oder von den Spitzen der Pyramiden in Ägypten selbst mit der gleichen Sehnsucht hinaus zu den Sternen gesprochen zu werden, wie sie einem bei der Lektüre der Pyramidentexte unweigerlich entgegenschlägt.

Die Pyramidentexte beschreiben unter anderem, wie der tote Pharao auf ein Leben in einer anderen Welt vorbereitet wird, berichten von seiner Wiederbelebung, seiner Reise dorthin und von seiner Ankunft dort. Es ist eine Reise weg von dieser Erde, hinaus in das Weltall, hinein in den Bereich des Sternbildes Orion, bis hin zu einem ganz bestimmten Stern, der im Duat zu finden ist. Der Duat ist der Bereich, wo die Sonnenwesen leben und die Pharaonen neben den Göttern als Astralwesen weiterexistieren.

Man braucht einige Zeit, um sich an den formelhaften Charakter der Verse zu gewöhnen, um ihren Sinn zu visualisieren. Vieles wird erst im Zusammenhang mit anderen Textstellen klar, ganz offensichtlich aber sind die überall im Text verstreuten astronomischen Hinweise.

Es bedarf ein wenig Vorstellungskraft und Phantasie, um zu verstehen, was gemeint ist, wenn es heißt: »...der König wird ein Stern...« Wir sind heutzutage, anders als die Ägypter, aber auch als unsere eigenen frühen kulturellen Vorfahren, nicht dazu erzogen worden, unsere derzeitige Existenz hier auf der Erde in eine Art übergeordneten Entwicklungsprozeß eingebettet zu sehen. Wir sehen nur uns, hier und jetzt. Die Möglichkeit, zweimal auf dieser Erde zu leben, lehnen wir ab. Der Tod erscheint uns, was das Leben angeht, ziemlich endgültig zu sein. Geist und Körper sind den meisten Zeitgenossen ein und dasselbe, und das Gehirn ist der Sitz der Persönlichkeit, irgendwo am Herzen wohnt die Seele.

Es fällt uns äußerst schwer, uns an den Gedanken zu gewöhnen, daß unser physischer Körper wahrscheinlich eine Art Container für ein geistiges Wesen – manche nennen es Seele – ist, das sich auf einem langen Entwicklungsweg Stufe um Stufe weiterentwickelt und zur Zeit die Erfahrung absoluter Stofflichkeit in einem Bereich des Universums macht, in dem der einzige dafür geeignete Planet existiert – die Erde. Das bedeutete aber auch, daß es auf anderen Stufen stofflich weniger dichte Existenzmöglichkeiten geben kann, die sich einem Beobachter im dichteren Medium – in der anderen Dimension – nur als flüchtige Erscheinung, als eine weiß leuchtende, fast durchsichtige Person oder einfach nur als grüne oder rote Energiekugel oder Leuchtsphären manifestieren.

Hier auf diesem Planeten existiert überdies die Möglichkeit der freien Wahl, etwas zu tun oder nicht zu tun, das eine zu wollen und das andere zu lassen. Es ist wahrscheinlich, daß geistig höher entwickelte Wesen über einen allgemeinen Konsens zur Existenz von Geist und Materie verfügen, ein mehr kollektiveres Bewußtsein, weil sie bestimmte Erfahrungen zu ihrer positiven Weiterentwicklung bereits gemacht haben. Für sie »ist alles klar«, man braucht nicht mehr darüber »zu reden«, was im positiven Sinne nötig ist, um in seiner kosmischen Entwicklung weiterzukommen. Es ist daher gar nicht so abwegig, anzunehmen, daß ein gewisses Interesse »von höherer Seite« aus den verschiedensten Ecken unserer näheren und weiteren Umgebung heraus besteht, auf diesen Planeten mit seinen sensiblen Verhältnissen Einfluß zu nehmen oder ihn zumindest zu beobachten.

Das Vergängliche an dieser Existenz hier ist nur der Container. In den Pyramidentexten steht, was man tun muß, um ihn wieder benutzbar zu machen oder zumindest zu erhalten. Bei den Ägyptern herrschte, zumindest in höheren »eingeweihten Kreisen«, ein ausgeprägtes Bewußtsein für die Wichtigkeit der körperlichen Hülle.

In den Pyramidentexten steht auch, was mit dem anderen Teil, dem Geist des Hinübergegangenen, passiert. Er verläßt die Erde und reist zu einem Stern, mit dem er von nun an gleichgesetzt wird. Er ist dort nicht allein, er wird bereits erwartet, vom »Sonnenvolk« und wahrscheinlich von seinen Vorgängern und von anderen, die ja alle an den gleichen Ort gelangt sein müssen. »… der König wird ein Stern…« bedeutet nicht, daß sein Geist sich dort in eine Sonne verwandelt. In der nun neuen Existenzform, als stofflich weniger dichtes Energiewesen, jetzt eine Stufe höher als damals auf der Erde, nicht mehr an eine körperliche Hülle gebunden, aber noch nicht so weit entwickelt, daß ein freies Fließen als reine Energieform im Universum möglich ist, bedarf es schon noch einer Gravitationsquelle, in deren Nähe er sich aufhalten, »umherschweben«, kann. Der Geist des Königs wird also ein Teil der gesamten solaren Sphäre, er verschmilzt mit ihr.

In der Entwicklungsphase, in der wir uns jetzt befinden, ergeht es uns ganz genauso. Auch wir sind ohne die Erde nicht denkbar, auch wir sind mit einer Sphäre, hier der terrestrischen, total verschmolzen. Wir benötigen ihre gravitatorische Wirkung, notfalls müssen wir sie simulieren, sonst fangen wir an, uns zu verändern. Wie unten, so oben.

Neben all den faszinierenden Informationen in Gilberts und Bauvals Buch brachte uns eine Textstelle endgültig dazu, die zahlreichen astronomischen Hinweise in den Pyramidentexten selbst herauszusuchen. Es war die Stelle, an der die beiden Autoren fragten, ob es eine stellare Entsprechung für Horus, den Sohn von Osiris (Orion) und Sothis (Sirius), geben könnte.[56]

Die Pharaonen betrachteten sich als die Reinkarnation des Horus und leiteten daraus ihre göttliche Abkunft und Macht ab. Starb ein König, reiste sein Geist zu dem speziellen Stern im Duat, gelegen im Sternbild Orion/Osiris. Sein Nachfolger ließ sich, wie der Ur-Vorgänger Horus, zum neuen Pharao krönen. So besaßen alle Pharaonen einen Horus-Namen.

Es ist nicht möglich, alle dazu astronomisch relevanten Stellen, die sich in den Pyramidentexten finden, hier wiederzugeben. Wir haben aus Faulkners Buch eine Auswahl zusammengestellt, die Übersetzung aus dem Englischen stammt von uns.

• »Eröffne Deinen Platz im Firmament unter den Sternen des Firmaments, denn Du bist der Einzelne Stern, …; schau herab auf Osiris, wenn er die Seelen beherrscht, denn Du stehst weit von ihm entfernt, Du bist nicht unter ihnen und Du wirst nicht unter ihnen sein.« [PT 251]

• »…die den König gebar, einen Stern glänzend und weit entfernt… Der König ist zu seinem Thron gekommen, den die Zwei Damen stützen und der König erscheint als ein Stern.« [PT 262, 263]

• »…von mir wird gesagt: ›Dieser Stern (des unteren Firmaments)‹…« [PT 332]

• »Ich werde übergesetzt zur östlichen Seite des Horizontes, ich werde übergesetzt zur östlichen Seite des Himmels, und meine Schwester ist Sothis, mein Nachkomme ist die Morgendämmerung.« [PT 341]

• »Daß ich hinübergebracht werde zur östlichen Seite des Firmaments, zum Platz, *wo die Götter geboren wurden*, und ich mit ihnen geboren wurde als Horus, der Horizontbewohner.« [PT 353]

• »Re hat mich zu sich genommen, in das Firmament, zur östlichen Seite des Firmaments; als dieser Horus, als der Bewohner in der unteren Welt, als dieser Stern, der am Firmament leuchtet.« [PT 362]

• »Das Firmament ist klar, Sothis lebt, denn ich bin lebend, der Sohn von Sothis, …« [PT 458]

• »Der Geist ist für das Firmament bestimmt, der Körper ist für die Erde bestimmt, und was die Menschheit erhält, wenn sie begraben wird, sind ihre tausend Brote und tausend Biere auf dem Altar des Ersten der Westlichen.« [PT 474]

• »›O Du, dessen Sehvermögen in seinem Gesicht ist und dessen Sehvermögen an seinem Hinterkopf ist, bring es zu mir!‹ ›Welche Fähre soll zu Dir gebracht werden?‹ ›Bring mir Es-fliegt-und-landet.‹« [PT 494]

• »Sieh da, er ist als Orion gekommen, sieh da, Osiris ist als Orion gekommen,… ›Mein Wunderschöner!‹ sagt seine Mutter; ›Mein Thronfolger!‹ sagt sein Vater (von) ihm, den das Firmament empfangen hat und die Morgendämmerung hervorgebracht hat. O König, das Firmament empfängt Dich mit Orion, die Morgendämmerung bringt Dich mit Orion hervor. Er, der lebt, lebt durch den Befehl der Götter, und Du lebst. Du wirst regelmäßig mit Orion von der östlichen Region des Firmaments aufsteigen, Du wirst regelmäßig mit Orion in die westliche Region des Firmaments hinabsteigen, Eure Dritte ist Sothis…, und es ist sie, die Euch beide auf den anmutigen Wegen leiten wird, die am Firmament sind im Feld der Binsen.« [PT 819–822]

• »Die Tore des Firmaments sind für Dich geöffnet, die Tore des Firmaments sind für Dich aufgestoßen, (sogar) jene, die das Volk fernhalten…, das Sonnenvolk ruft Dich, die Unvergänglichen Sterne erwarten Dich… Du bist dieser Einsame Stern, der vom Osten des Firmaments hervorkommt…« [PT 876–877]

• »O König, Du bist dieser große Stern, der Begleiter von Orion, der das Firmament mit Orion durchquert, der die untere Welt mit Osiris befährt; Du steigst im Osten des Firmaments auf, wirst erneuert zu Deinem erwarteten Zeitraum und wirst verjüngt werden zu Deiner erwarteten Zeit. Das Firmament hat Dich mit Orion geboren, das Jahr hat Dich und Osiris mit einem Band verbunden…« [PT 882–883]

- »Ich gehe hinunter zu meinem Sitz, ich nehme mein Ruder, ich rudere Re den Himmel durchquerend, (sogar ich) ein goldener Stern…« [PT 888–889]
- »O König, freie Bahn ist Dir durch Horus gegeben, Du blitzt auf als der Einzelne Stern in der Mitte des Himmels; Dir sind Flügel gewachsen wie bei einem großbrüstigen Falken, wie ein Falke, der am Abend gesehen wird, wie er das Firmament durchquert.« [PT 1048]

Wie Sie an den Nummern der einzelnen Abschnitte sehen können, zieht sich ein Thema durch einen Großteil der Pyramidentexte: Es ist die Beschreibung eines bestimmten Sternes.

Dieser Stern ist kein Doppel- oder Mehrfachsternsystem, es ist ein Einzelstern, dessen Farbe sogar erwähnt wird: Er ist »golden«, das heißt, er fällt unter einen gelben Spektraltyp. Osiris wird mit Orion gleichgesetzt, Sothis mit Sirius. Der Stern, zu dem der Geist des Pharaos »fliegt«, gehört nicht zur Figur des Orion selbst, sondern folgt ihm nach und schaut auf ihn herab. Dieser Stern befindet sich in einiger Entfernung östlich von den figurbildenden Hauptsternen des Orion. Er befindet sich zusammen mit Orion am unteren Teil des Firmaments, das durch den »großen Fluß«, die Milchstraße, in eine obere und untere Hälfte geteilt wird.

Er ist während des ganzen Jahres mit Orion, der vor ihm aufgeht, wie mit einem Band verbunden und muß regelmäßig mit ihm auf- und wieder untergehen. Es kann also keinesfalls ein Planet sein, der durch das Sternbild wandert und dieses vielleicht sogar überholt. Die Reihenfolge ist während des ganzen Jahres festgelegt. Zuerst kommt Orion, dann der Stern des Pharaos, aller seiner Vorgänger und des dort »lebenden« Sonnenvolkes. Sirius und mit ihm das Sternbild Großer Hund können nur leben, also aufgehen, wenn der Stern des Pharaos lebt, also bereits aufgegangen

»Das Auge« im East Field (Hoax 1994)

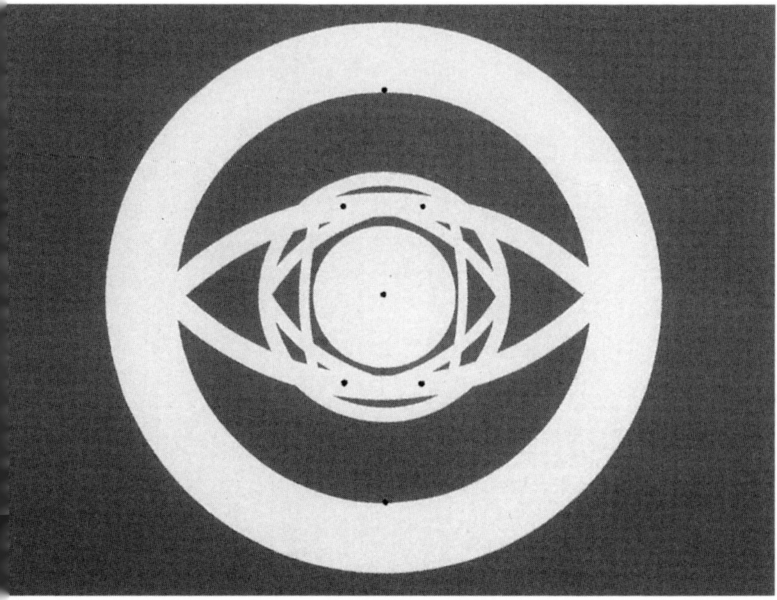

Konstruktionszeichnung: so könnten die Fälscher vorgegangen sein

Damit wollte man auch uns treffen: Sonne, Mond und Sterne (Hoax 1994)

Unser fünftes Experimentalpiktogramm (1995)

...ilansicht unseres Piktogramms

...e Cove – das nördliche der beiden Zentren von Avebury

Unsere langjährige Freundin: die Telefonzelle in East-Kennet

Marlboroug
Main Stre

Michael Bober, Joachim Koch,
Jo Holland, Una Dawood, H.-J. Kyborg (v.l.n.r.)

Glasto
bury 1

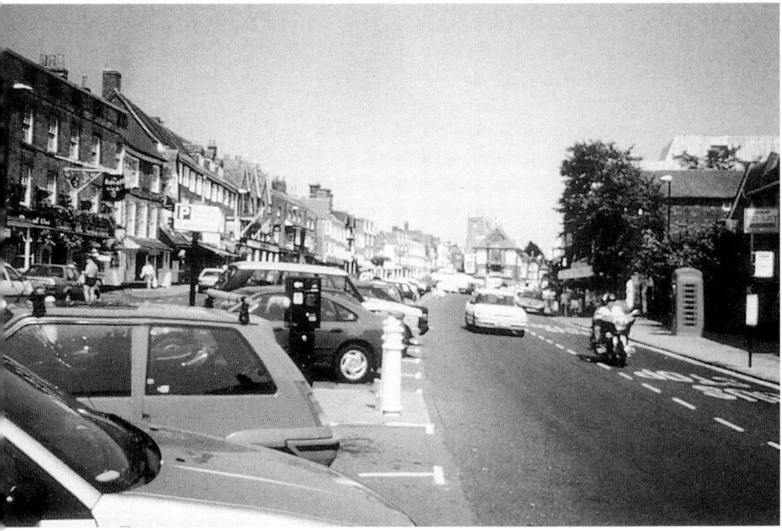
P

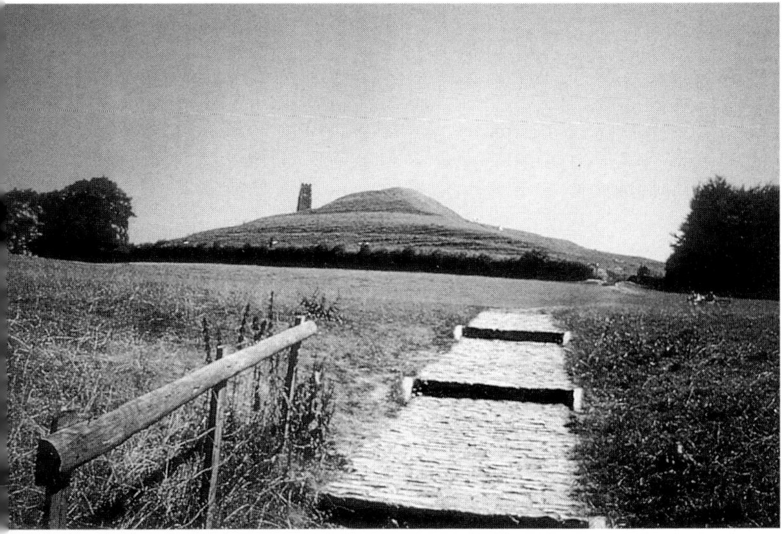

Chalice Well, Glastonbury

Silbu
H

Joachim Koch und Ron Russell, Glastonbury 1995

Grey Wethe
(nahe Avebu

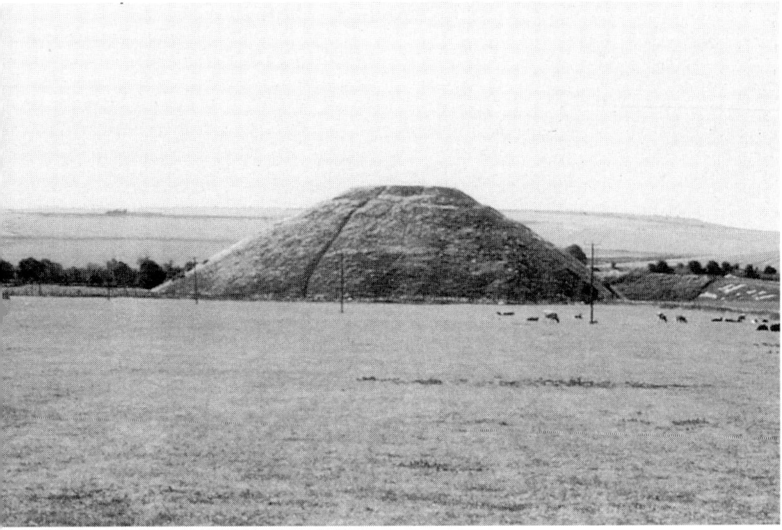

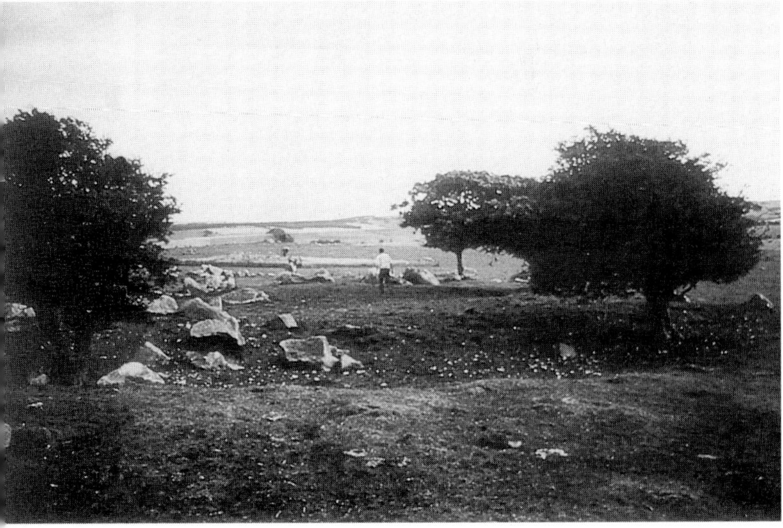

Das Grab von König Arthur, Glastonbury

ist. Sirius geht also nach Orion und nach diesem Stern auf und ist »Eure Dritte« im Bunde.

Es war nicht nur die Nilschwelle allein, die dem Sirius seine immense Bedeutung verschaffte, so daß unzählige Tempel nach ihm ausgerichtet waren. Es war noch etwas anderes.

Wenn Sirius seinen ersten heliakischen Morgenaufgang hatte, bedeutete dies, daß nunmehr das gesamte Wintersechseck erstmalig vollständig gleichzeitig am Firmament leuchtete. Sirius markiert den Endpunkt des Wartens auf das vollständige Wiedererscheinen des heiligsten Teils des Sternenhimmels. Von nun an würde diese mächtige Sternenkonstellation jede Nacht am Himmel erscheinen. Eingerahmt vom Band der Milchstraße und dem ewigen Wanderweg der Planeten und umkränzt von sechs hellen Sternen schimmerte dort oben der Stern, zu dem die Pharaonen entschwunden waren, um dort in der Leichtigkeit einer neuen Existenz ihren Weg durch Äonen von Zeit und Raum fortzusetzen.

Der gelbe Stern ist der Stern des Falken, dem Symbol des Horus. Horus ist der Sohn von Osiris/Orion und Sothis/Sirius. Dieser Stern steht also zwischen den Sternbildern Orion und Großer Hund. *Es ist der Stern, »wo die Götter geboren wurden«.*

HD 42807, der Stern, den uns »Jemand« am Barbury Castle zeigte, liegt zwischen diesen beiden Sternbildern.

Aus Peter Krassas und Reinhard Habecks Buch »Das Licht der Pharaonen« erfuhren wir 1992 zum erstenmal Näheres von der Tierkreisdarstellung im Hathor-Tempel in Dendera.[57] Schon der Anblick des Fotos in ihrem Buch weckte unser höchstes Interesse. Doch wir brauchten nicht in den Louvre nach Paris zu fahren, um das dort lagernde Original zu betrachten. Mit dem Buch von Bauval und Gilbert kam es zur rechten Zeit zu uns.

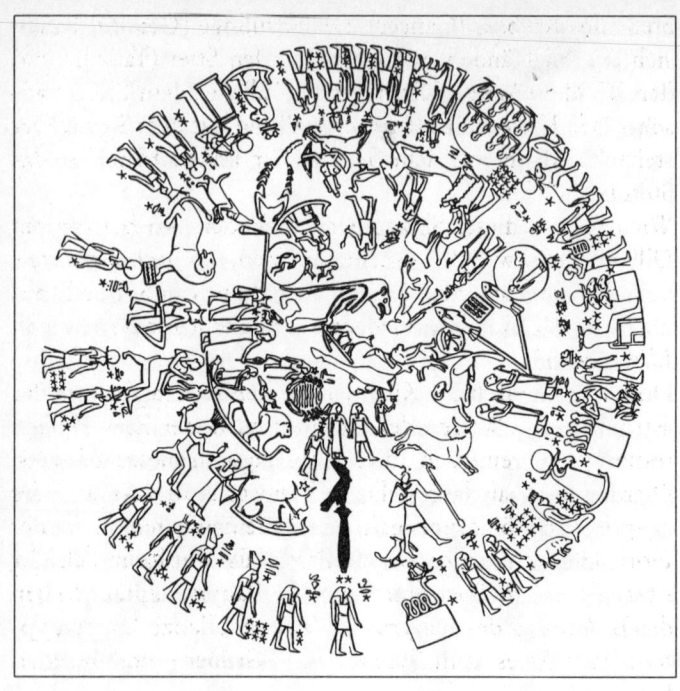

Abb. 66: Der Tierkreis aus dem Hathor-Tempel in Dendera

In diesem Zodiak sind viele der uns bekannten Sternbilder identifiziert worden.[58] Im Zentrum finden sich der Stierschenkel (Großer Bär, Ursa major) und das Nilpferd (Drache, Draco). Wir finden die miteinander verbundenen Fische (Pisces), den Wassermann (Aquarius), der Wasser ins Maul des Südlichen Fisches (Pisces Austrinus) gießt. Der orientalische Ziegenfisch entspricht unserem Steinbock (Capricornus), der Zentaur unserem Schützen (Sagittarius). Davor befinden sich der Skorpion (Scorpio) und die Waage (Libra). Gegenüber den Fischen ist die Jungfrau mit Weizenähre (Virgo), der Löwe (Leo) und ein Skarabäus an der

Stelle des Krebses (Cancer). Die Zwillinge (Gemini) halten sich an den Händen, wir erkennen den Stier (Taurus) und den Widder (Aries). Die liegende Kuh mit dem Stern zwischen den Hörnern ist der Große Hund mit dem Sirius. Der stehende Mann mit dem Stab in der linken Hand ist das Sternbild Orion.

Wir haben in dieser Skizze hervorgehoben, wo Bauval und Gilbert – und wir alle – suchen müssen, um nach einer stellaren Entsprechung für Horus, dem Sohn von Sothis/Sirius und Osiris/Orion, zu suchen: *genau zwischen den beiden Elternteilen!*

Dort wurde durch die Künstler, die den Auftrag hatten, das astronomische Wissen der Ägypter zu dieser Zeit bildlich festzuhalten, gemessen an anderen Figuren dieses Zodiaks, überdimensional dargestellt, was einst als der Anfang des ägyptischen Königtums galt. Es ist niemand anderes als der Horusfalke mit einer Doppelkrone als Kopfschmuck! Er sitzt auf einem überdimensionalen Papyruszepter. Neben der Bedeutung des Papyrus als Wappenpflanze Unterägyptens[59] wurde es zum Symbol für »Grünen« und »Gedeihen«.

Wenn an einer Stelle etwas, im Gegensatz zu anderen benachbarten Dingen, auffällig groß dargestellt wird, muß es eine besondere Bedeutung haben, auch was den Inhalt der Darstellung betrifft.

Wenn an einer Stelle einer Präsentation des Sternenhimmels etwas, im Gegensatz zu anderen benachbarten Dingen, auffällig groß dargestellt und mit der Symbolik von »grünen« und »gedeihen« unterlegt wird, hat dies etwas zu bedeuten. Grün ist auf unserem Planeten synonym mit Algen, Wasserpflanzen, Wiesen und Wäldern. Grün ist synonym für Leben.

Genau dort und nirgendwo anders in diesem komplexen und noch weiter zu erforschenden Zodiak plazierten die

Ägypter das Zentrum ihrer Weltanschauung. Oder gaben wieder, was ihnen mitgeteilt worden ist.

Und genau an dieser Stelle in dem alten ägyptisch-ptolemäischen Zodiak, die mit der Position des sumerisch-babylonischen Nibiru übereinstimmt, liegt der Stern mit seinen zwei Planeten, den uns die Intelligenz hinter den Kornkreisen in England gezeigt hat.

Dort liegt HD 42807.

Bauval und Gilbert entdeckten, daß die Pyramiden von Gizeh in ihrer Anordnung den drei Gürtelsternen des Orion genau entsprechen und daß weitere Pyramiden im Bereich der Nekropole von Memphis so plaziert wurden, daß alle zusammen hier auf der Erde den Bereich des Duat im Sternenhimmel nachbilden, in dem die Seelen der Hinübergegangenen weiterexistieren.

Auch in Senenmuts südlichem Himmelsteil in seinem Grab sind die drei Gürtelsterne des Orion über der stehenden männlichen Figur in realer Entsprechung groß abgebildet. Da fiel unser Blick wieder auf den kleinen rechteckigen Kasten rechts daneben, den man bisher immer mit den Hyaden gleichgesetzt hatte. Die drei schräg, von links unten nach rechts oben, nebeneinanderstehenden Sterne sahen eigentlich nicht aus, wie ein offener Sternenhaufen, sie erinnerten eher – an die drei Sterne des Oriongürtels!

Um den mittleren Stern der Dreierreihe in diesem Rechteck herum waren drei spitz-ovaläre Figuren ineinandergeschachtelt gezeichnet. Die Spitzen zeigten alle auf einen einzelnen Stern in der linken oberen Ecke – ja, sie zeigten dorthin, die ganze Figur war ein Zeiger! Ausgehend vom mittleren Stern im Oriongürtel wurde nach links oben – hoch nach Nordosten – auf einen einzelnen Stern verwiesen. Wir bekamen langsam feuchte Hände.

Das Grab des Senenmut ist scheinbar nicht fertig geworden und wurde offenbar auch nicht zur Bestattung seines

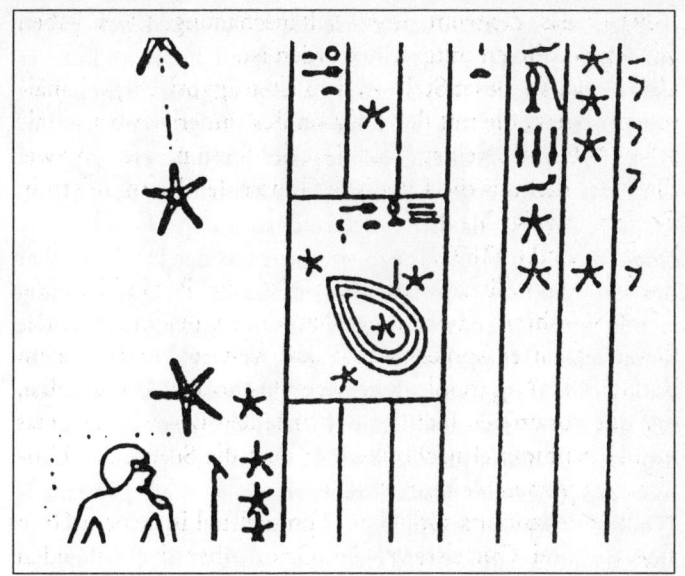

Abb. 67: Eine Ausschnittvergrößerung aus dem südlichen Teil der Senenmut'schen Decke. Deutlich ist das geheimnisvolle Rechteck mit seinem Sterneninhalt zu erkennen

Besitzers benutzt. Es gibt Anzeichen, daß in der astronomischen Decke nachträglich Änderungen vorgenommen wurden, so an der linken Seite beim Abbild der Venus. Auch das Rechteck, das uns jetzt so beschäftigte, erschien uns wie nachträglich hinzugefügt, denn auf den Fotos des Metropolitan Museum of Art[60] erkannte man deutlich, wie die ursprünglichen Dekanlinien durch das Rechteck hindurchzogen. Senenmut wußte, gemäß seiner Stellung und Ausbildung bzw. Einweihung, bestimmt mehr über den Kosmos und die Götter als gewöhnliche Sterbliche. Ist es so abwegig, zu vermuten, daß er der Nachwelt eines oder mehrere seiner Geheimnisse hinterlassen wollte, traditionell jedoch so orakelhaft präsentiert, daß man sich schon ein wenig anstrengen mußte, um sie zu lüften? Hatte er sich vielleicht, in Abänderung seines ursprünglichen Planes, kurzfristig dazu entschlossen, eines dieser Geheimnisse in sein Deckengemälde nachträglich einzufügen? Und wo paßte eine weitere Information über den Orion nicht besser hin als direkt neben dessen Figur?

Einen weiteren Hinweis erhielten wir aus der Inschrift über den Sternen, die wir mit einiger Mühe, aber selbständig richtig entzifferten, wie uns telefonisch bestätigt wurde. Die hieratischen Hieroglyphen besagen, von rechts nach links zu lesen: »Drei – Nut – Körper(schaft).« Mit »Drei« konnten nur die drei abgebildeten Gürtelsterne gemeint sein, die Göttin Nut stand für das Weltall, das sie verkörperte. Und Körper? Offenbar waren Körper im Weltall gemeint – Himmelskörper – Sterne!

In Verbindung mit der Zeichnung lautete die Lösung des Rätsels dann: »Ausgehend vom mittleren der drei Sterne des Oriongürtels findet man nach links oben im Weltall einen (den) einzelnen Stern.« Auf einer Sternenkarte verbanden wir durch eine gerade Linie Delta Orionis mit Zeta Orionis. Epsilon Orionis, der mittlere Stern, lag etwas rechts (unterhalb) von der Linie. Genau von hier zogen wir rechtwinklig abgehend eine Linie nach links oben – und was wir kaum zu glauben wagten, wurde wahr.

An dieser Linie entlang gelangten wir zum Zentrum des

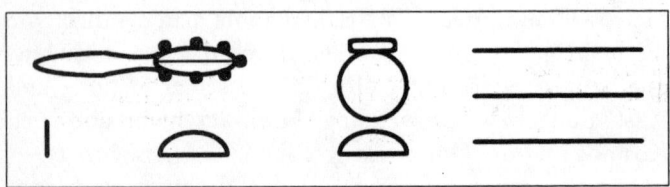

Abb. 68: Die rätselhaften Hieroglyphen im dem kleinen Rechteck

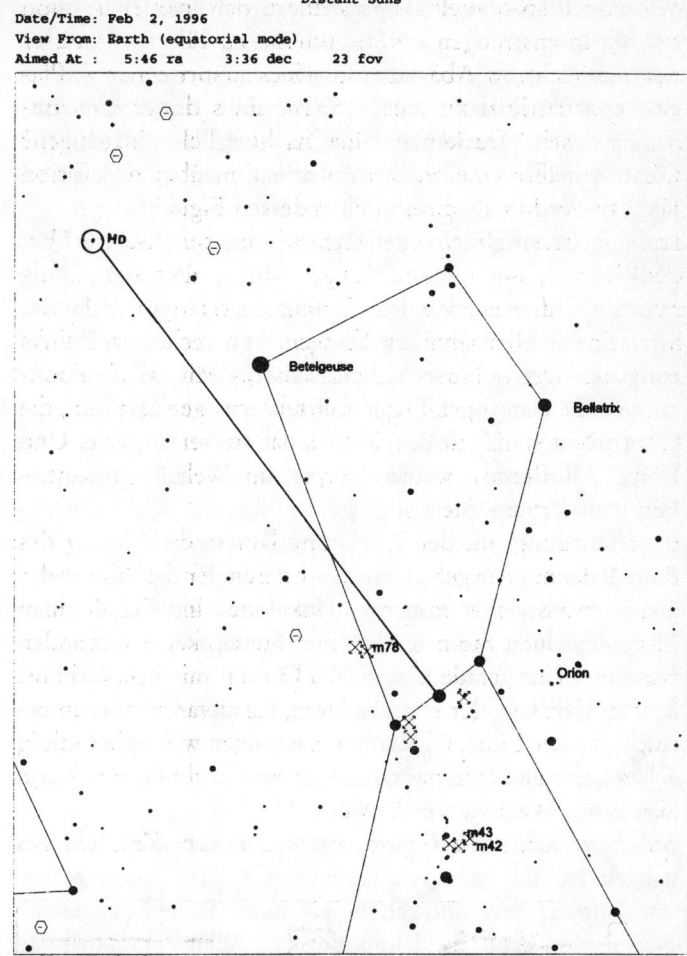

Distant Suns
Date/Time: Feb 2, 1996
View From: Earth (equatorial mode)
Aimed At :   5:46 ra   3:36 dec   23 fov

HD

Betelgeuse

Bellatrix

m78

Orion

m43
m42

Stellar Magnitudes

-1 0 1 2 3 4 5 6

⊛ Globular Cluster
⊖ Open Cluster
✕ Diffuse Nebulae
⊙ Planetary Nebulae

✕ Spiral Galaxy
⊝ Elliptical Galaxy
✕✕ Irregular Galaxy

Abb. 69: Das Geheimnis des Senenmut – auch er wußte bereits von HD

263

Wintersechsecks, zum kosmischen Gegenstück des Dreiecks
von Barbury Castle, zu HD 42807!
Es waren nicht die Hyaden, die Senenmut dort in diesem
Rechteck abgebildet hatte. Es war ein Bilderrätsel zum Auffinden des heiligsten Ortes der Ägypter, des Bereiches im
Duat, wo »die Götter geboren wurden« und wohin die Seelen der Pharaonen gelangten, eine weitere Entwicklungs-
stufe ihrer ewigen Existenz erklimmend. Schau hin und
denke!

In verschiedenen Erdteilen, Ländern und Kulturen fanden
wir Hinweise auf die herausragende astronomische Bedeutung des Wintersechsecks und dessen Zentrum. Und nun
waren wir auch durch Senenmut direkt zu diesem Stern geführt worden, der dort seit Äonen langsam durch das All
treibt. Alles hing miteinander zusammen, alles dort – aus
den alten Texten wie in der astronomischen Wirklichkeit –
deutete hin auf – Leben.

Laut Bauval und Gilbert entsprachen die Plazierungen einiger der wichtigsten Bauten entlang der 30 km langen mem-
phitischen Nekropole den Positionen einiger der wichtigsten
Sterne im Bereich des Orion. Wichtig ist, sich hier daran zu
erinnern, daß diese Landschaft von Norden nach Süden betrachtet werden muß. Memphis war bereits in prädynasti-
scher Zeit schon lange verwaltungstechnisches und religiöses
Zentrum, bis es vom ersten König Menes zur Hauptstadt erhoben wurde. Ihre Tempel waren die bedeutendsten des
ganzen Landes. Memphis lag an der Nahtstelle von Ober-
und Unterägypten und gab der gesamten, als heilig angese-
henen, Region bis nach Heliopolis und zu den Pyramiden von
Gizeh seinen Namen: die Nekropole von Memphis.

Der Stadtgott war nicht irgendeiner aus dem reichhaltigen
Pantheon, es war Ptah, der »Uralte«, der Schöpfer, der
»Bildner der Erde«.[61] Sein Zepter war eine Mischung aus
Uaszepter und dem geheimnisvollen Djedpfeiler. Krassa/

Habeck haben in ihrem Buch »Das Licht der Pharaonen« unbedingt lesenswerte Informationen über diesen Djed-pfeiler zusammengetragen. Mit Ptah war der heilige Apis-Stier verbunden. Ebenso gab es Wesensverbindungen zum Nekropolengott Sokar und zu Osiris.

Es kann kein Zufall sein, daß in dieser wichtigsten Stadt derart bedeutende »Götter« mit ihren Beziehungen zu »anderen Welten« verehrt wurden, deren Eintrittstor sich hier befunden hat. Es kann kein Zufall sein, daß sich in geringer Entfernung westlich davon, in der Ausdehnung von 6 x 1,5 km mit Saqqara eines der wichtigsten Begräbnisareale aus uralter ägyptische Zeit befindet.[62]

Memphis liegt an der Stelle, an der sich am Firmament HD befindet.

Durch die hier, in irdischen Gefilden, waltenden »Götter« wird dem Ort eine besondere, herausragende Bedeutung zugemessen. Wenn wir daraus auf sein kosmisches Pendant im Zentrum des Wintersechsecks schließen, was mag sich dann erst bei HD abspielen?

Wie oben, so unten. Wie ein roter Faden ziehen sich diese Wörter durch unsere Forschungen und deren Ergebnisse. Und immer mehr verstärkte sich bei uns – wie sieht es bei Ihnen aus? – die Gewißheit, daß genau das gemeint war: Schau hin und denke – vergleiche!

Wie lächerlich erscheint doch, angesichts der Bedeutungs-schwere dessen, was hinter dem Kornkreisphänomen für die Menschheit steht, der fadenscheinige Versuch, mittels zweier englischer Rentner, von denen man inzwischen weiß, daß sie nur während eines bestimmten Zeitraumes ein paar Piktogramme erstellt haben, die wahre Bedeutung des genuinen Kornkreisphänomens herunterzuspielen: daß eine nicht-menschliche Intelligenz »einfach« angefangen hat, mit uns zu kommunizieren, um uns auf uns selbst und auf die Zusammenhänge mit uns hinzuweisen.

Die Intelligenz hinter den Kornkreisen hatte uns mit dem Piktogramm von Barbury Castle hinaus zu den Sternen und zugleich hinein in unsere eigene Vergangenheit geführt. Indem uns die phantastischen Beziehungen zu HD 42807 bekannt gemacht wurden, erhielten wir – und nun auch Sie – Einblick in eine größere Realität, in die wir alle eingebettet sind.

Die Intelligenzen, die in den Kornkreisen mit uns in Kontakt traten, sind ebenso real, wie HD real ist. Es würde wenig Sinn machen, wenn diese Realitäten mit nur rein fiktiven Geschichten und »Mythen« verknüpft würden, in denen HD aber wieder ganz real und an zentraler Stelle erscheint. Es muß also mehr an den Beziehungen zwischen Menschen und denen, die sie damals bewußt und heute kopfschüttelnd »Götter« nannten und nennen, dran gewesen sein, als bisher angenommen werden durfte. Natürlich haben auch wir uns gefragt, wer sich da mit uns »eingelassen« hat und wie »sie« aussehen mögen. Aber haben wir, bei allem, was wir bisher herausgefunden hatten, nicht schon genug Hinweise erhalten?

Es sieht so aus, daß sich mit Barbury Castle »Jemand« in Erinnerung bringen wollte, der sich mit uns und in unserer Vergangenheit gut auskennt, vielleicht weil er selber darin verwickelt ist. Wir sind, gemessen am sog. »Stand der wissenschaftlichen UFO-Forschung«, eigentlich dankbar dafür, daß am Anfang unserer kosmischen Kommunikation im Jahre 1991 nicht irgendeine UFO-Sichtung gestanden hat, mit der dann wieder das alte, frustrane Be- und Nachweisspielchen abgelaufen wäre. Dafür erhielten wir etwas viel Großartigeres, nämlich die Gelegenheit, unsere geistigen Kräfte zu mobilisieren. Und damit wir gleich wußten, mit wem da dieser Kontakt hergestellt worden war, zeigte man uns, indem ein Bogen von HD in unsere verschiedenen Kulturen gespannt wurde, gleich die Dimensionen, in denen sich unsere »Partner« und der Umgang mit ihnen bewegen.

Wir sollten zunächst einmal wach werden und uns umschauen, wo wir sind, woher wir kommen und wer wir sind. Mit diesem geweckten Bewußtsein würden wir es leichter haben, die Dinge zu begreifen, die noch auf uns warteten und die es zu entdecken galt.

Wir hatten diese unerwartet reichhaltige und faszinierende erste Lektion gelernt. Wir bereiteten uns intensiv, wahnsinnig aufgeregt und mit hoffnungsfroher Erwartung auf die Fortsetzung unserer Kommunikationsexperimente vor.

Wir erinnerten uns der beiden Wiederholungen unseres Antwortpiktogramms in Alton Priors und West Kennett, die uns erschienen wie die Nachrufe eines Freundes oder einer Freundin hinein in die Leere eines Abschieds.

Diese Rufe wollten wir, mit einer in ein neues Piktogramm hineingearbeiteten Frage und dem Wunsch nach einem Treffen, im Sommer 1992 im Rabbit Holes beantworten.

Teil IV

Eine Zeit des Verstehens

»Das Ding ist hohl – es nimmt kein Ende –
und – o mein Gott! – es ist voller Sterne.«

DAVID BOWMAN
Verschollen im Jahre 2001 bei Japetus, Saturnsystem

30 1992 – Die Vorbereitungen für das zweite Experiment

Unser Leben hatte sich merklich verändert. Die äußeren Umstände blieben zwar im wesentlichen die gleichen mit all den täglichen Sorgen und Freuden im Beruf und in der Familie. Aber in uns brannte etwas lichterloh: die Sehnsucht nach Avebury und Alton Barnes, nach der Nähe zu unseren neuen Freunden – und zu der Intelligenz hinter den Kornkreisen, die dort die ganze Landschaft zu erfüllen schien.

Wir trugen in uns das Wissen, mit dem Großartigsten in Kontakt gekommen zu sein, das Menschen sich seit langer Zeit wünschen: einer fremden Intelligenz. Wir hatten etwas erreicht, das anfangs so unglaublich schien und nun Realität geworden war. Die Dimensionen dieses Kontaktes schienen noch nicht recht klar, aber er war hier bei uns – innerhalb unserer planetaren Sphäre – doch offensichtlich möglich, zumindest vorerst wenigstens auf geistiger Ebene.

Es war unsere Sternentheorie, die uns diese Verbindung brachte, und wir haben viel über die Sterne und deren Bedeutung für uns Menschen von »ihnen« erfahren. Die Sterne spielen für »sie« wie für uns, trotz unterschiedlicher Existenzmanifestationen, eine bedeutende Rolle. Und gerade wir haben hier einen großen Nachholbedarf, uns wieder daran zu erinnern, was das umgebende Weltall eigentlich für uns ist: unsere Heimat.

Als wir im Laufe der vergangenen Herbst- und Wintermonate sahen, wie die Kornkreise in Deutschland wieder zum

Spekulationsobjekt von selbstsüchtigen UFO-Enthusiasten wurden, einer, durch alle Qualitätsklassen hindurch, desinformierenden Medienkampagne zum Opfer fielen und wie sich die Buchautoren anschickten, das Kornkreisphänomen ihren Büchern einzuverleiben, beschlossen wir einmal mehr, im Hintergrund zu bleiben und die weiteren Entwicklungen abzuwarten. Wir wollten unser Wissen um HD und unsere neue Freundschaft nicht vermarkten, wir wollten sie in Ruhe pflegen und wachsen lassen. Wir fühlten, daß es noch nicht an der Zeit war, an die Öffentlichkeit zu treten, und wir waren sicher, daß »man« uns schon irgendwie vermitteln würde, wann dieser Zeitpunkt gekommen war. Wir sollten recht behalten.

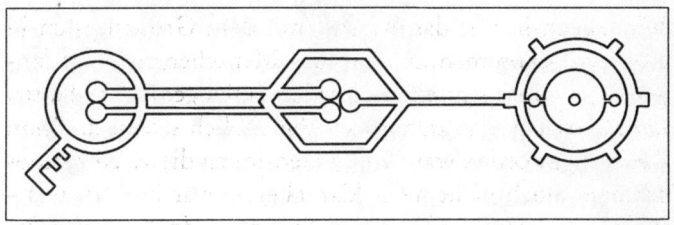

Abb. 70: Das Frage-Piktogramm von 1992

Am 17. Mai 1992 beendeten wir unsere Arbeiten am Entwurf für unser neues Frage-Piktogramm, das wir in diesem Sommer in das Rabbit Holes legen wollten. Natürlich hielten wir uns streng an die von uns erarbeiteten Prinzipien und benutzten ausschließlich »ihre« Kornkreissymbolik.
Die linke Piktogrammkomponente zeigte wieder unser »Rufzeichen«, die Erde, als dritter Planet in der Umlaufbahn um eine Sonne. Die beiden kleinen Kreise in deren Zentrum repräsentierten uns beide. Die mittlere Kompo-

nente nahm mit ihren sechs Ecken die Zahl Sechs wieder auf. Sie sollte Silbury Hill, der ja aus sechs Stufen bestand, darstellen. Die rechte Komponente stellte mit dem äußeren Ring eine Wiederaufnahme des Piktogramms von Etchilhampton (1990) dar, in dem zum ersten Male damals das Wintersechseck angedeutet sein könnte.

Hineingelegt in dieses Wintersechseck war der rechte Teil unseres Antwortpiktogramms von Preshute Downs 1991 mit der Darstellung eines Sonnensystems mit seinen zwei Planeten – des ersten »Bildes« von HD. Der wichtige, größere Planet – von dem »sie« kommen – war dem Silbury Hill zugewandt.

Im Silbury Hill markierten wir drei Kreise: zwei für uns und einen für das Phänomen. Alle drei kleinen Kreise waren jeweils rechts und links mit dem dazugehörigen Sonnensystem verbunden. Unsere Frage sollte in diesem Jahr mit einem Wunsch verbunden sein und lauten: »Wir kommen aus diesem Sonnensystem vom dritten Planeten. Wir wissen jetzt, daß Ihr vom zweiten Planeten im Sonnensystem des Sternes kommt, der sich im Zentrum des Wintersechsecks befindet. Wir möchten Euch treffen. Als Treffpunkt schlagen wir einen Hügel in Wiltshire vor, z. B. Silbury Hill.«

Wir wußten, daß das Phänomen seinen eigenen Regeln folgte. Wir wußten, daß man nichts erzwingen konnte, und aus der Vergangenheit, daß meistens alles anders kam, als man zunächst dachte. Trotzdem erschien es uns sinnvoll, hinauszugehen, unseren Stand der Erkenntnis mitzuteilen und ein neues, konkretes Kommunikationsangebot zu machen. Alles weitere würde sich finden.

Als weitere Veränderung konnten wir eindeutig feststellen, daß sich unsere Dowsing-Fähigkeiten auf bald wunderbare Weise enorm verbessert hatten. Andrea Immel, mit der wir seit unserem Zusammentreffen 1991 in Alton

Barnes immer noch in brieflichem Kontakt standen, schickte uns im Frühwinter drei relativ schlechte, in der Abenddämmerung aufgenommene Fotos von einer Kornkreisformation, die in Deutschland im Juli 1991 in der Nähe einer kleinen Ortschaft namens Glees, am Rande der Eifel gelegen, erschienen war. Von allen bisherigen Bildern von Kornkreisen in Deutschland sprach uns dieses noch am meisten an, und wir beschlossen, entgegen unserer ursprünglichen Entscheidung, in Deutschland keinen gefälschten Kreisen mehr nachzulaufen, die 750 km nach Glees zu fahren, um dort, ein halbes Jahr nach der Entstehung der Formation (!), vor Ort zu testen, ob wir mit den Rods noch etwas vom Energiemuster der Kreise finden würden, ein Unterfangen, das bisher einmalig war. Wenn Glees eine echte Formation geschenkt bekommen hatte und wenn das Energiemuster nach so langer Zeit noch nachweisbar war, könnte es sich um ein echtes Piktogramm gehandelt haben. Dies ließe bedeutende Rückschlüsse auf die Art der Kornkreisentstehung und auf unsere Möglichkeiten zu, darauf zu reagieren.

Wir fuhren zum ersten Male in unserem Leben nach Glees, durften mit Unterstützung der Landwirte Richter und Hirte aufs Feld, dowsten dreieinhalb Stunden auf dem Feld herum – und fanden das ganze Piktogramm komplett wieder, das wir selbst auf Andreas Fotos nicht vollständig sehen konnten. Es waren drei Kreise, die von drei, sich einander berührenden Halbkreisen umgeben waren. Sogar bei Herrn Hirte, der noch nie Rods in den Händen gehalten hatte und der sehr skeptisch war, zeigten sich Ausschläge, was ihn ehrlich beeindruckte.

Wir nannten das Phänomen, ein Piktogramm lange Zeit nach seiner Entstehung energetisch mit den Rods noch wiederfinden zu können, den »*Glees-Effekt*«. Trotzdem würden wir für diese Formation eine »Kornkreisakte-X ungeklärt« anlegen wollen, denn es gab Gerüchte über Schüler als Hersteller der Formation, die allerdings niemand kannte und die sich auch selbst nie dazu bekannt haben. Aber, nach unseren strengen Maßstäben reichte es schon, eine Formation nicht mehr unschuldig sein zu lassen, womit sie unbedenklich keinesfalls unter »echt« eingestuft werden konnte. Außerdem hatten wir das Energiemuster der Formation 50 m unterhalb der Stelle gefunden, an der sie tatsächlich gelegen haben soll. Andrea meinte, wir wären im richtigen Feld, der Landwirt meinte, wir wären im Feld daneben. Die beiden Felder um die es ging, waren kleine Streifen von vielleicht 50 m Querdurchmesser. Landwirt Richter klärte die Situation, indem er nachwies, daß im dem betreffenden Sommer beide Felder noch vereint gewesen waren. Wir waren also im richtigen Feld, aber die Formation schien energetisch wie etwas ins Tal hinabgerutscht. Hatte vielleicht das Umpflügen damit etwas zu tun? An der vom Landwirt bezeichneten Stelle fanden wir übrigens keine Ausschläge, was für ein unechtes Piktogramm sprechen würde. Hier lag ein Paradoxon vor.

Ob nun unecht oder nicht, in jedem Fall blieb unser, von mehreren unabhängigen Beobachtern bezeugter, »Glees-Effekt« bestehen. Offenbar sollten wir von »jemandem« darauf hingewiesen werden, daß es möglich ist, Kornkreisformationen rein nach ihrem Energiemuster lange nach ihrer tatsächlichen Entstehung an Ort und Stelle wiederzufinden. Dies wollten wir in England im kommenden Sommer gern überprüfen.

Sehr nachdenklich fuhren wir zurück nach Berlin. Vor einem Jahr wußten wir noch nichts über das Rutengehen, dann, in England, sahen wir, wie fast alle dort auf dem Land diese gebogenen Metallstäbe benutzten – mit erstaunlichen

Resultaten. Nun waren auch wir in der Lage, auf einem schneebedeckten Feld Muster zu finden, die mit einer uns unbekannten Energie dorthin plaziert worden waren. War Glees eine weitere Erfahrung, die wir machen sollten, um besser verstehen zu können, was noch auf uns zukommen würde?

Im nachhinein betrachtet, war das genau der Fall.

Inzwischen war auch ein neues Kornkreisebuch erschienen, diesmal nicht mehr von Colin Andrews und Pat Delgado, sondern von Jürgen Krönig.[63] Als Journalist war er in England gut in die Kornkreisszene eingeführt, erkannte die publizistische Gunst der Stunde und produzierte das eigentlich letzte große und gehaltvolle Kornkreisbuch, das in Deutschland erschien. Die Rolle, die er in England in der legendären »Beckhampton Group« spielte, war nicht unumstritten, speziell in der Phase ihres Niederganges. Diese Gruppe war eine bunte Mischung aus meist ortsansässigen Kornkreisforschern im Herzen der Kornkreisszene in Wiltshire, letztlich alles VIPs in Sachen Kornkreise. Als die gefälschten Formationen immer mehr zunahmen, hatte dies durch Intrigen und tatsächliche Teilnahme an Fälschungen von Mitgliedern seine Auswirkungen bis in diese hochkarätige Gruppe hinein, an der auch wir als ausländische Mitglieder passiv beteiligt waren.

Ein Vorwurf, den man ihm machte, war der, zu lange an Robert Irving festgehalten zu haben, der später als einer der übelsten Fälscher entlarvt wurde – und es heute noch ist.

Interessant an Krönigs Buch ist, wie damals noch echte und gefälschte Kreise nebeneinanderher abgebildet wurden. Viele von den 1991 noch für echt gehaltenen, zum Teil riesengroßen Piktogrammen entpuppten sich später als Fälschungen – nicht jedoch der kleine Kreis im Copse Feld, die

Formationen in Rockley und Preshute Downs und schon gar nicht Barbury Castle.

Wir haben den Kontakt mit Krönig nicht unbedingt gesucht. Dies mag ihn gewurmt haben, und so zeigte er in seinem Buch, daß er auch nicht ohne Häme ist, indem er – obwohl er es besser wußte – ein Foto nebst ziemlich stumpfem Kommentar[64] von unserem ersten Experimentalpiktogramm präsentierte, wo es schon Wochen alt und durch Wind, Tiere und Besucher arg zerzaust und unansehlich war. Immerhin war es ihm den Platz wert, ein ganzseitiges Foto vom Rabbit Holes inklusive dem Copse Feld und auf der nächsten Seite den echten kleinen Kreis neben dem Woodborough Hill im Detail abzudrucken. Motto: Vielleicht wissen »die« ja doch mehr, dann habe ich es später schon mal in meinem Buch drin gehabt.

Dies bestärkte uns eigentlich nur noch, zunächst nichts weiter darüber verlauten zu lassen, was sich tatsächlich ereignet hatte.

Ende Juni erhielten wir von Polly und Busty die Nachricht, daß bisher in ihrer Gegend nur einige kleinere Kreise entstanden waren, die aber alle höchstwahrscheinlich gefälscht waren.

Und dann war es soweit. Nach erneuter, traumhaft unproblematischer Fahrt und dem reizvollen Übersetzen mit der Fähre erreichten wir um 16.30 Uhr »unser Stargate« in eine andere Welt: Stonehenge. Wir hielten, mehr aus einem Gefühl heraus, an dem Brauch fest, diese ehrwürdige Stätte, diesen Akupunkturpunkt eines terrestrischen Energiefeldes an der Kreuzungsstelle einiger Leylinien, als Eintrittspforte in die Welt der Kornkreise zu benutzen.

In Stonehenge benutzten wir die dort konzentrierten Energien als Vehikel für unsere Gedanken und riefen dem Kornkreisphänomen einen ersten Gruß zu. Wir kamen bei Regen und wolkenverhangenem Himmel in Stonehenge an. Als wir mit unserer kleinen Begrüßungszeremonie begannen, riß genau über Stonehenge der Himmel auf, die Sonne lugte hervor, und wir vernahmen das lustige Gezwitscher einer unserer Freundinnen, den Skylarks. Alles sicher ein Zufall, aber er paßte genau hierhin.

31 Rabbit Holes II

Nach unserer ersten Nacht im Windmill House bewirkten Lisa und Michael, ein amerikanisches Paar, die richtige Einstimmung auf unseren diesjährigen Aufenthalt. Wie üblich in einer B&B-Pension, kamen wir mit unseren Frühstückspartnern gleich ins Gespräch. Und wie es der Zufall will, machten die beiden gerade einen Zwischenaufenthalt auf ihrer Reise einmal rund um den Globus, während der sie so viele alte Orte der Kraft besuchen wollten, wie sie erreichen konnten.

Sie zeigten uns ein Foto, wo sie zusammen mit einem UFO, das im Hintergrund schräg über einem See stehend, aufgenommen wurden, nachdem sie während eines Picknicks plötzlich die Idee bekamen, sich genau dort fotografieren zu lassen. Wir hatten einen intensiven Austausch über die Beziehungen des Menschen zu seinem Planeten und zu anderen Intelligenzen und bekamen von ihnen, nach einer kurzen, ergreifenden, gemeinsamen gedanklichen Sammlung einen Bergkristall geschenkt, den wir bis heute bewahrt und seither in jede unserer Experimentalformationen mitgenommen haben. Es hätte keinen schöneren Auftakt geben können.

Danach tauchten wir ein in die Landschaft um Avebury und saugten uns voll mit dem Anblick der alten Steine und der hügelbedeckenden und tälerfüllenden Kornfelder. Die Carsons begrüßten uns wie alte Freunde, und bei einem echten englischen Farmersfrauenkaffee erfuhren wir die neuesten Geschichten aus der Kornkreisszene. Mit der Beckhampton

Group war es weiter bergab gegangen. Polly hatte, nach unschönen Geschichten mit Rita Gould, der Beckhampton Group die Zusammenarbeit gekündigt und sie von ihrem Land verbannt. Für englische Verhältnisse mußte das so ziemlich das Schlimmste sein, was einem auf dem Lande passieren konnte.

Von Tim Carson erhielten wir eine Generalerlaubnis, alles für unsere Experimente Notwendige auf seinem Grundbesitz tun zu dürfen, was wir für erforderlich hielten, und uns dort völlig frei bewegen zu können. Damit durften wir uns zu Recht geehrt fühlen, denn britische Farmer schauen sich genau an, wen sie da auf ihr Land lassen. Tim bemerkte noch, daß mit unserer Ankunft hier in Alton Barnes die Sonne durchgebrochen sei. Wir freuten uns über diesen Zufall, denn er paßte so schön in das Gesamtbild.

Und dann lag es wieder vor uns, das Tal zwischen dem Woodborough Hill und dem Picked Hill mit dem Rabbit Holes-Feld darin. Die Treckerspuren lagen fast genauso wie im letzten Jahr, und das Feld selbst wies nur geringe Wetterschäden auf. Das Korn stand etwa 75 cm hoch. Mit den Rods begannen wir, das gesamte Tal zu untersuchen. Und tatsächlich – die Energielinie, die im letzten Jahr, ausgehend vom kleinen, echten Kreis, hinabzog zu unserem Piktogramm und später, hinüber auf die andere Seite, zur ersten Wiederholung unseres Antwortpiktogramms, war immer noch vorhanden! Sie war diesmal sogar breiter und bestand aus drei Einzelbanden. Wir bestimmten im Geiste eine Stelle auf dieser Linie unten im Feld für unser neues Experimentalpiktogramm, grüßten die Skylarks und das Phänomen und verließen den Ort.

Auf dem Rückweg kamen wir an der Shaw House Farm vorbei. Der Besitzer war der Taufpate von Tim Carson. Nicht weit von der Stelle, wo der berühmte Wansdyke Path die Straße von Alton Barnes nach Lockeridge überquert, war in der letzten Nacht (11./12. Juli) eine Formation entstanden. Sollte sich der zeitliche Ablauf tatsächlich so wiederholen, wie er im letzten Jahr war? Damals waren zum Zeitpunkt unserer Ankunft in England die Piktogramme in Rockley auf der Maisey-Farm entstanden. Eine große Menschenmenge strömte unablässig in die Formation. Wir begannen mit unserer Untersuchung und fanden, soweit es die Zerstörungen der Besucher zuließen, daß die Formation mit großer Kraft niedergelegt worden war. Trotzdem waren die meisten Steine im Untergrund lose liegengeblieben, womit eines von Colin Andrews früheren Merkmalen eines echten Kreises etwas relativiert wurde.

Sie sah nachlässig ausgeführt aus, die Kornlagen in den drei Kreisen, die durch Pfade unterschiedlicher Richtungen verbunden waren, wiesen in verschiedenen Schichten verschiedene Richtungen auf, wenn auch der Gesamteindruck einer Spirale noch erhalten war. Vom ersten Kreis ging eine sichelförmige Spur weg, ein Anhängsel, das uns später noch häufiger begegnen sollte. Die Rods zeigten an keiner Stelle irgendeine Reaktion, womit wir nun ziemlich sicher sein konnten, einen Hoax vor bzw. unter uns zu haben.

Später erfuhren wir, daß vier Leute mit Stangen und einem kleinen Gartenroller gesehen wurden, wie sie zwischen 5 und 6 Uhr früh aus dem Feld heraus kamen. Einer von ihnen war Robert Irving, der am Vorabend versucht hatte, auf dem Wettbewerb der Kornkreisfälscher in Wycombe noch nach Anmeldeschluß mitzumachen, was ihm verwehrt wurde. Daraufhin war er zur Shaw House Farm gefahren, wo er mit drei Gesinnungsgenossen diese relativ häßliche Formation produzierte.

Am 13. Juli 1992, exakt ein Jahr nach der Erstellung unseres ersten Experimentalpiktogramms, begannen wir morgens um 10.00 Uhr mit den Arbeiten am zweiten Experiment. Während der nächsten 5 Stunden und 15 Minuten bis zur

Fertigstellung der Formation war der Stern genau über uns, unsichtbar im hellen Tageslicht, auf den alle Formationen des letzten Jahres hingewiesen hatten: HD 42 807. Er war immer über uns, im Winter in der Nacht, im Sommer bei Tage. Ein eigenartiges Gefühl.

Natürlich waren wir wieder das Ziel militärischen Interesses, aber in diesem Jahr flogen die Helikopter im Tiefflug regelrecht auf uns los, so als ob sie uns aus dem Feld vertreiben wollten. Polly bemerkte später dazu, daß die Militärs um Woodborough Hill herum bevorzugt alle möglichen Flugmanöver übten, sie aber keinesfalls Menschen anfliegen dürften, selbst wenn sie uns für gewöhnliche Fälscher hielten. Sie wollte deswegen beim Luftwaffenstützpunkt Rücksprache halten.

Am 14. Juli fuhren wir, trotz regnerischen Wetters, hinaus zum Barbury Castle. Irgendwie hatten wir das Gefühl, heute dort sein zu müssen. Nach kurzer Suche standen wir wieder an der gleichen Stelle, an der uns damals, angesichts der wunderbaren Erscheinung des Piktogramms, die Emotionen so überfallen hatten. Das Feld, in dem die Formation im letzten Jahr so majestätisch gelegen hatte, war, im Gegensatz zu den umliegenden Feldern, vollständig gelb und wies zahlreiche Sturmschäden auf. Unsere Aufmerksamkeit steigerte sich zu einer leichten Erregung, als wir sahen, daß genau an der Stelle, wo sich das Piktogramm im letzten Jahr befunden hatte, das Getreide noch grün war. Bei näherer Betrachtung konnte man tatsächlich immer noch einen Zentralbereich und die äußeren Einzelkomponenten aufgrund der grüneren Kornfärbung erahnen.

Wir erhielten durch die Vermittlung von Una die Erlaubnis des Farmers White, dieses besondere Feld zu betreten. Wir waren ganz allein dort draußen, als wir den Zaun überkletterten und dann am Feldrain entlangliefen. Nach ca. 100 m schwenkten wir einfach einmal nach links in das Feld hinein, die Rods ausgestreckt vor uns, um zu sehen, ob es Ausschläge gäbe. Viele Schritte entlang der Tramline rührte sich nichts und dann – Reaktionen. Aufgeregtes Rufen hin und her – wir waren beide unabhängig voneinander fündig geworden! Der *Glees-Effekt!* Ein Jahr nach dem Erscheinen des Piktogramms waren immer noch Energiemuster zu finden.

Wir liefen hin und her, und was wir markieren konnten, entsprach immer mehr den größeren Komponenten der Mutter aller Piktogramme. Das Piktogramm war energetisch immer noch da! Jetzt müßte man einen Djedpfeiler dabei haben... Wir waren glücklich und fühlten uns wohl, keinerlei paranormale Ereignisse unterbrachen unsere Arbeit. Über uns, wie durch ein Loch in der sonst überall geschlossenen Wolkendecke, erschien es rund um Barbury Castle heller. Welch ein schöner Zufall gerade in diesem Moment.

In den nächsten Tagen ereigneten sich keine wesentlichen neuen Piktogramme in unserer Nähe. Es war wie 1991, wo nach unserem ersten Experimentalpiktogramm drei Tage lang Ruhe herrschte. Wir erfuhren neue üble Geschichten aus der Fälscherszene und der Beckhampton Group. Weder Una noch Jo oder die Carsons konnten so recht verstehen, weshalb J. Krönig unser erstes Piktogramm in seinem Buch so negativ dargestellt hatte. Von Rita Gould wollte keiner mehr sprechen.

Wir wollten nun auch einmal über die Kornfelder fliegen und erhielten von Una die Telefonnummer vom Flugplatz auf der Draycott Farm nördlich von Ogbourne St. George. Am anderen Ende der Leitung meldete sich der Manager, ein Mr. Lindsley. Seine Stimme und sein etwas gestelztes Englisch suggerierten bei uns sofort die Erscheinung eines hageren, mittelgroßen englischen Offiziers, der mit einem kleinen Stab unter dem Arm schneidig auf und ab lief. Er klärte uns kurz über die besten Flugzeiten auf und bot uns dann einen Termin zwei Tage später, am Freitag, an. Dann, fast wie nebenbei, fragte er uns, aus welchem Teil Deutschlands wir stammen. Wir erwiderten, daß wir aus Berlin kämen. Daraufhin meinte er verschmitzt, daß er auch schon dort gewesen sei. Im Jahre 1944 in mehreren tausend Meter Höhe... Dies muß wohl englischer Humor gewesen sein. Mit einem Rest von Berliner Schnauze gaben wir zurück, daß die Stadt heute wesentlich hübscher aussähe als damals.

Der 17. Juli begrüßte uns mit schönstem Wetter. In den ersten Morgenstunden umfing uns stets die Idylle des Windmill House, in der wir wie abgeschieden vom Rest der Welt Penny Randersons Frühstück genossen, während sich weiter draußen die Ereignisse vielleicht schon überschlugen. Wir stürzten uns also wieder hinein in die Welt der Kornkreise – und entdeckten auf der Fahrt nach Avebury im Hintergrund am Waden Hill ein neues Piktogramm! Es lag genau in einem Feld gegenüber dem »Red Lion«, von dessen Parkplatz wir auch die ersten Ferndiagnosen mit dem Feldstecher stellten. Es war eine doppelte Doppelhantel, das Design ganz im Trend vergangener Jahre.

Über Una erhielten wir vom Farmer Fathing die Erlaubnis, sein Feld zu betreten, was wir auch unmittelbar danach in die Tat umsetzten. Da wir sonst noch niemanden sahen, bestand die Möglichkeit, unter den ersten zu sein, die diese Formation betreten durften. Wir rasten los, hin zur alten Steinallee von Avebury, rechts über den Zaun und, immer die Regel beherzigend, hinein in die Tramline, um keinen Schaden am Korn anzurichten. In Sichtweite der Formation holten wir die Rods raus und näherten uns dem Rand der Formation. Keine Ausschläge. Jetzt, der Rand – keine Bewegung. Hinein in den Kreis, vorsichtig über das Zentrum hinweg hinüber auf die andere Seite – kein Ausschlag. In dieser Formation war kein spezifisches Energiefeld vorhanden.

Die nähere Betrachtung der Kornlage ließ dann alle Hoffnungen auf eine echte Formation zusammenschrumpfen. Sie sah aus, wie in großer Hast hingestoppelt, unordentlich und mit viel zerstörtem Korn. Weiter unten fanden wir sogar bereits getrocknete, sandige Fußspuren eines frühen Besuchers – oder der Fälscher selbst? An dem Kreis, der Avebury zugewandt war, befand sich wieder eine sichelförmige Ausziehung, eine »Signatur« wie die auf der Shaw House Farm. Das gleiche Team?

Nicht lange danach traf Michael Chorost mit seiner Gruppe am Feld ein. Sie führten 1992 das Projekt »ARGUS« durch, ein weiterer ernsthafter Versuch, dem Phänomen durch Sammeln von Bodenproben wissenschaftlich näherzukommen, nachdem so viele Versuche in der Vergangenheit bereits frustran verlaufen waren. Er hatte wohl im amerikanischen »MUFON-Journal« einige gescheite Artikel veröffentlicht und galt nun als die neue amerikanische Hoffnung bei der Lösung des Problems. Er hatte auch einen reichen Mitmenschen gefunden, der die nötige, fünfstellige Dollarsumme zu Verfügung stellte.

Wir boten unsere Kooperation an und kamen mit zwei sehr netten Teammitgliedern, Trevar Pinch und Marshal Doodley, gleich ins Gespräch. Sie stellten uns dem kleinwüchsigen Mr. Chorost vor, der aber, geplagt von Allergien und Sonnenschein, das Mißtrauen in Person war und unfreundlich ablehnte. Nebenbei bemerkt, sein Projekt »ARGUS« war, nach einem kurzen Strohfeuer vermeintlicher Radionuklid-Anomalien in Bodenproben, ein weiterer Fehlschlag.

Es konnte später eindeutig nachgewiesen werden, daß dieses Piktogramm das letzte gemeinsame Werk eines bekannten und üblen Fälscherteams gewesen war: Jim Schnabel, Robert Irving und Pam Price.

Wir fuhren weiter zum Milk Hill, am Cliff gegenüber Alton Barnes gelegen, wo in der Nacht zum 17. Juli, dem Jahrestag von Barbury Castle, ein anderes Piktogramm entstanden war! Hatte das Phänomen tatsächlich auch ein Interesse daran, einen Zeitplan einzuhalten, um deutlich zu machen, daß es sich nicht um ein zufälliges Zusammentreffen handelte? Der Farmer, Mr. Read, ließ niemanden auf sein Land. Erst später erlaubte er einzelnen Personen, gegen Zahlung von 10 £ an die Kirche vom nahe gelegenen Dorf Stanton St. Bernhard, den Zutritt.

Von oben herab und aus ca. 400 m Entfernung hatten wir einen Überblick über diese ca. 80 m lange Formation. Sie erschien uns auf den ersten Blick ungewöhnlich wegen der gebogenen Pfade darin. Jene, die in die Formation gehen durften, waren von der Ausführung beeindruckt. Stanley Morcom, der seit Jahren die Formationen Halmlage für Halmlage untersuchte, meinte zu unserem Verdacht, die dünne Linie zwischen dem kleinen Kreis und dem rechten größeren sei durch terrestrische Besucher entstanden, daß er nicht diesen Eindruck hätte. Es sah eher so aus, als ob dieser etwas dünnere Pfad geplanter Bestandteil der Formation sein sollte.

Ohne selbst drin gewesen zu sein, wußten wir zunächst nicht so recht, was wir mit dieser Formation anfangen soll-

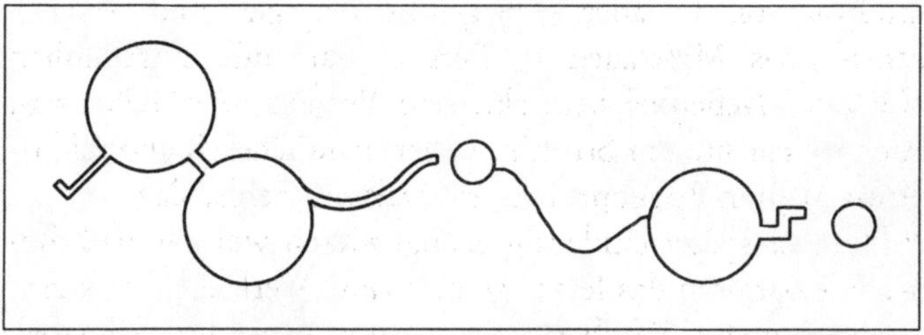

Abb. 71: Das Piktogramm von Milk Hill – 16./17. Juli 1992

ten, denn derart gebogene Pfade oder Linien waren beim echten Phänomen bisher nicht aufgetaucht. Es hatte sich, trotz aller Neuerungen, immer an ein bestimmtes, gleichbleibendes Erscheinungsbild gehalten. Andererseits konnten wir uns schon vorstellen, mittels unserer Prinzipien eine gewisse Aussage darin zu entdecken. Vielleicht würde es ja noch erklärende Piktogramme in den nächsten Tagen in der Umgegend geben. Wir blieben zunächst zurückhaltend bezüglich voreiliger Interpretationen und warteten ab.

32 Energie

Am 18. Juli fuhren wir morgens zum Flugplatz auf der Draycott-Farm. Unser Pilot, wir möchten ihn hier Don nennen, war ein kräftig gebauter Mann mit einem freundlichen Gesichtsausdruck, zu dem wir von Anfang an einen sehr sympathischen Kontakt herstellen konnten. Er beantwortete geduldig unsere Fragen und erklärte uns auch die technischen Details seines kleinen, blauen Flugzeugs. Um 11.00 Uhr hoben wir ab.

Wir hatten ruhiges Flugwetter mit vereinzeltem Sonnenschein. Unser Kurs führte uns über Barbury Castle hinweg durch das Rockley Tal hinüber zum Windmill House und weiter nach Avebury. Der Anblick dieser Stätten von oben war unbeschreiblich schön. Von oben sieht man Dinge in der Landschaft verborgen, die von unten nicht zu erkennen sind. Luftbildarchäologe muß ein toller Beruf sein. Alle Felder, in denen in den letzten Jahren Kreise oder Piktogramme entstanden waren, wurden von uns in mehreren Runden überflogen und fotografiert.

Don war ein sehr erfahrener Pilot. Er mußte lachen, als wir ihm die Geschichte von Mr. Lindsleys Humor erzählten. Ja, so sei er, und daß er beim dritten Male von »the German Luftwaffe« abgeschossen wurde, habe er wohl nicht erwähnt. Wir bestätigten grinsend. Don hatte Piktogramme schon unzählige Male überflogen, danach Ausschau zu halten, gehörte für die Piloten der Gegend schon zur Routine. Nein, UFOs habe er während seiner Flüge über die Kornfelder noch nicht gesehen, und wenn, würde er es auch für sich behalten. Die Piloten reden nicht gern öffentlich über solche Dinge, die wohl schon passiert sind.

Don saß vorn links am Steuer, Hans vorn rechts neben ihm, dahinter Joachim auf der Rückbank. Don und Joachim hatten Kopfhörer mit Mikrofonbügel auf, mittels derer Joachim den Funksprechverkehr Dons mit der Bodenkontrolle verfolgen und mit ihm sprechen konnte. Nachdem wir Avebury und das dort liegende Piktogramm am Waden Hill überflogen hatten, drehten wir nach Westen ab und flogen etwas in Richtung Bishops Cannings. Dort erblickten wir ein kleines Piktogramm aus dem Frühsommer in einem Feld.

Don flog hin und in geringer Höhe darüber hinweg. »No, not genuine«, murmelte er. Wir wunderten uns und trauten uns schließlich, zu fragen, was er da eben gemacht habe. Don erklärte, er habe festgestellt, daß seine Maschine über echten Piktogrammen eigenartig reagiere und er dies seit einiger Zeit ausnutzte, um Piktogramme zu testen. Wir wunderten uns weiter.

Als wir direkt über den Silbury Hill hinweggeflogen waren, fragte er uns anschließend, ob wir das Ruckeln eben verspürt hatten. Wir bestätigten dies, dachten jedoch, es sei die Thermik gewesen, die das Flugzeug ganz normal von Zeit zu Zeit wackeln ließ. »No, it was the Hill«, sagte Don. Es verging ein Moment, bis wir kapierten, was er da gesagt hatte. »Sie meinen wirklich, der Hill besitzt die Kraft, darüber hinwegfliegende Flugzeuge zum Wackeln zu bringen?« Genau das meinte er. Es sei unter den örtlichen Piloten eine bekannte Tatsache. Beeindruckt schwiegen wir. Strahlte der Hill eine Art Energie nach oben ab? War das sein Zweck – eine Art energetisches Leuchtfeuer?

Nach kurzer Flugzeit erreichten wir Milk Hill und schwenkten in Richtung auf das dort liegende Piktogramm ein, dem wir uns von Osten her näherten. Die Maschine lag ruhig in der Luft, Hans filmte mit der Videokamera in die Flugrichtung. Joachim schaute nach rechts aus dem Fenster. Plötzlich bemerkte er ein Kribbeln auf der Gesichtshaut und dann am ganzen Körper, wie feinste Nadelstiche. Er meldete es Don, der sich umdrehte und rief, daß er es auch überall im Gesicht spüren würde. Im gleichen Moment fing die Maschine heftig zu schütteln an, Hans verlor das Gleichgewicht und brach die Aufnahme ab. Don rief etwas und zeigte auf den magnetischen Kompaß, der sich zu drehen begonnen hatte, ohne daß wir die Richtung geändert hätten. Binnen Sekunden war alles wieder ruhig, das Kribbeln war weg, nur der Kompaß blieb um 20° abgelenkt stehen! Als wir uns umdrehten, sahen wir, daß wir eben über das Piktogramm geflogen waren!

Wir drehten um und flogen den gleichen Kurs wieder zurück – und alles wiederholte sich: erst das Kribbeln, dann das Schütteln, dann das Drehen des Kompasses, der hinterher von Don wieder neu justiert werden mußte. Und wieder war alles in Sekunden vorbei. Wir riefen aufgeregt durcheinander und schauten instinktiv abwechselnd nach unten und nach oben, aber wir konnten nichts Ungewöhnliches entdecken, wir waren der einzige sichtbare Flugkörper hier in der Luft.

Schon ging es hinüber zum East Field und über das dort liegende riesige, schneckenförmige Piktogramm hinweg – alles blieb ruhig. Wir wiesen Don an, sich links vom Woodborough Hill zu halten, damit wir in eine günstige Filmposition für unser Piktogramm im Rabbit Holes gelangten. Wir näherten uns dem Tawsmead Field – und rissen die Augen auf. Was dort unten lag, traf uns so unerwartet und mit solch einer Freude, daß wir am liebsten laut schreien wollten. Dort unten lag ein Piktogramm, riesig groß und von unübertroffener Ästhetik. Es war ein Ring, so breit, daß mühelos zwei Autobusse nebeneinander dort herumfahren konnten. Daneben lag ein nur gering kleinerer Kreis ohne jegliche Anhängsel. Das Ensemble wirkte durch seine exakte, kreisrunde Ausführung und in seiner Schlichtheit unglaublich beeindruckend und schön. Dies war »Phänomen pur«, nichts weiter als ein riesiges, inverses Sonnensymbol und ein großer Planetenkreis daneben, wie ein überdimensionaler Stempel, ins Korn hineingepreßt zum Zeichen der neuen Verbindung. Es sah aus, als wollte das Phänomen sagen: Hier, das war es, darauf kam es an, das solltet ihr erkennen, darauf baut sich alles auf, das ist wichtig. Wir mußten uns sehr zusammennehmen, als wir erkannten, daß dieses Piktogramm dem unseren genau gegenüber lag, in der gleichen Süd-Nord-Ausrichtung, nur auf der anderen Seite des Kammes, der Rabbit Holes und Tawsmead voneinander trennte. Und genau auf diesem Kamm dazwischen lag das Copse Field, in dem im letzten Jahr der echte kleine Kreis entstanden war. Welch einen wundervoll bestätigenden Gruß hatte uns das Phänomen hier geschickt!

Noch während wir in diesen Sekunden mit unseren Emotionen kämpften und das Piktogramm schon unter uns hinwegzog, fing urplötzlich das Kribbeln wieder an, die Maschine schüttelte heftiger als zuvor, und der Kompaß drehte sich. Also auch hier!

Wir überflogen danach unser Piktogramm, wobei sich nichts weiter tat. Seltsam. Wir drehten einige Runden, mußten dann wegen der Nähe des militärischen Sperrgebietes wenden und nahmen wieder Kurs auf Tawsmead. Don brüllte: »Will you have it all?« Wir wollten. Daraufhin zog er die Nase der kleinen blauen Maschine hinunter und wir flogen in nur ca. 50 m Höhe über die Formation hinweg. Diesmal war das Kribbeln viel stärker, die Maschine polterte durch die Luft, und der Kompaß drehte seine Runden. Welch ein fremdartiges, angenehmes Gefühl!

Auf dem Rückflug sprachen wir nicht mehr viel. Wir waren uns einig, etwas ganz Neues, ganz Besonderes erlebt zu haben. In uns keimte langsam die Erkenntnis, daß dies das von uns gewünschte Zusammentreffen mit dem Phänomen gewesen sein könnte, denn was uns soeben widerfahren war, ist kein natürliches Phänomen, wie etwa durch Thermik bedingtes Ruckeln, gewesen, was besonders Segelfliegern höchst vertraut und willkommen ist.

Es war, als ob wir durch einen »Schlauch« hindurchgeflogen waren, der sich unmittelbar auf den Bereich des Piktogramms begrenzte. Innerhalb dieses Schlauches mußte eine Art Energiefeld herrschen, das bei uns das Gefühl hervorrief, wie von Elektrizität überpudert zu sein, und das den magnetischen Kompaß ablenken konnte.

Kam dieser Schlauch vom Piktogramm hoch und wohin führte er dann ? Kam er von oben herab? Woher? Hatte Silbury Hill auch so einen »Schlauch«? Wozu diente er?

Als wir wieder gelandet waren, hatten wir im wahrsten Sinne des Wortes Mühe, die Beine wieder auf den Boden zu bekommen. Auch Don zeigte sich beeindruckt und entschuldigte sich mehrmals, nicht noch einmal in den »Schlauch« hineingeflogen zu sein, aber er hatte letztendlich Bedenken bekommen, weil er nicht wußte, was es war und ob es nicht vielleicht sogar schädlich sei.

Etwas war uns gezeigt worden. Waren wir mit dem Phänomen selbst in Berührung gekommen? Oder war es ein Produkt seiner unbekannten Technologie, der schon so viele vergeblich nachgejagt waren? War dies ein »kleiner« Hinweis gewesen, womit wir es da zu tun hatten und welche mächtigen Fähigkeiten diese unbekannte Intelligenz besaß?

Je länger wir an diesem Tag darüber sprachen, desto deutlicher kristallisierte sich ein fundamentaler Begriff heraus, mit dem alles zu tun zu haben schien, der Dreh- und Angelpunkt im Verständnis allen Seins: Energie!

33 Ein UFO am Woodborough Hill

Von Polly erhielten wir die vertrauliche Mitteilung, daß in den nächsten Tagen ein neues Experiment stattfinden sollte, zu dem sie uns beide und unseren guten Freund Michael Bober, der inzwischen auch aus Berlin hierher gereist war, unter dem Versprechen der Verschwiegenheit einlud. Polly war sonst nicht für solche Abschottung, aber sie wollte einfach kein Volksfest auf ihrem Land verursachen.

Colin Andrews, den es inzwischen stark nach Amerika zog, hatte dort Dr. Steven Greer motivieren können, mit seinem Team nach Wiltshire in die Alte Welt zu kommen. Dr. Greer, hauptberuflich Unfallchirurg, war der Leiter von CSETI (Center for the Search for Extraterrestrial Intelligence), einer privaten Organisation, deren ausgesuchte und trainierte Mitglieder mittels spezieller Meditations- und Visualisierungsprotokolle versuchten, zu »extraterrestrischen« Intelligenzen Kontakt herzustellen. Zusätzlich benutzten sie bestimmte Tonfolgen, die sie von Band abspielten. Diese Töne hatten sie von PsiTech, einem Remote-Viewing-Unternehmen, erhalten.

Hauptausrüstungsgegenstände aber waren ultrastarke Handscheinwerfer, deren Licht kilometerweit strahlte. Nach der ersten Phase der in einer Gruppe durchgeführten Meditation zur Erzeugung einer Art geistigen »Leitstrahls« wurden mit diesen Scheinwerfern unablässig geometrische Figuren in den Himmel gestrahlt, um den Standort der Gruppe zu markieren und ein UFO dorthinzuleiten.

Berühmt wurde Dr. Greers Team am Strand von Gulf

Breeze, an dem seit der dortigen UFO-Welle ständig Leute auf UFO-Wache waren und auch immer wieder Objekte beobachteten. Dort blinkte Dr. Greer ein Dreieck in die Richtung mehrerer unbekannter Flugobjekte, die eines Abends erschienen. Daraufhin ordneten sich diese Flugobjekte in einem Dreieck an und änderten die Art ihrer andauernden Lichtpulsation so, daß es für die Untenstehenden aussah, als ob sie auf Dr. Greers Lichtblitze antworteten. Nun versuchte er in aller Welt an Orten, die, seiner Meinung nach, potentiell für Nah-Begegnungen mit unbekannten Objekten geeignet seien, den Erfolg von Gulf Breeze zu wiederholen und zu übertreffen.

Am 21. Juli fuhren wir zur verabredeten Zeit zu Pollys und Tims Farm nach Alton Barnes, die danach verschlossen wurde. Auf dem Woodborough Hill war zu unserer Überraschung eine Art UFO-Party im Gange. Die gesamte Kornkreis-Schickeria war vertreten, insgesamt 30–40 Menschen. Es war sehr lebhaft, und wir konnten uns nicht vorstellen, wie das mit dem zusammenpassen sollte, was wir bisher mit dem Kornkreisphänomen erlebt hatten. Auch Dr. Greer schien von dieser Menge überrascht, erklärte aber allen noch einmal kurz sein Vorhaben und bat uns alle schließlich, mitzuhelfen und gemeinsam zu meditieren. Wir sollten uns unser Sonnensystem vorstellen, so, als ob wir Reisende seien, die sich langsam der Erde näherten. Dazu sollten wir eine freundliche Grundstimmung aufrechterhalten und den Wunsch nach einem Kontakt im Kopfe haben.

Danach begannen sie, mit ihren Scheinwerfern in den Himmel zu leuchten. Uns wurde zunehmend unwohler, als wir bemerken mußten, daß fast jedes Flugzeug in der Ferne und fast jede Sternschnuppe aufgeregt kommentiert und teilweise sogar angeblinkt wurde. Einmal näherte sich ein Licht von Osten her, und alles dachte schon, daß es jetzt losginge. Fleißig wurde geblinkt – aber es war nur das Buglicht eines sich nähernden Armee-Helikopters. Überhaupt war das Militär in diesen Nächten sehr aktiv. Und obwohl es Dr. Greer in seinem späteren Bericht etwas anders darstellte – vielleicht war der Wunsch Vater des Gedankens –, konnten wir, als erfahrene Amateurastronomen an allerlei Lichter in der Nacht gewöhnt, an diesem Abend nichts Ungewöhnliches ausmachen, das Zurückblinken einiger Hoaxer in umliegenden Feldern inklusive.

Von dem Gedanken frustriert, dieses wunderbare Phänomen der Kornkreise, dessen intelligenter Hintergrund sich uns so sensibel und tiefgründig offenbart hatte, könnte sich so einfach durch das Blinken eines Scheinwerfers anlocken lassen, blieb Joachim dieser Veranstaltung am nächsten Abend fern. Er stieg auf den Silbury Hill, in der Hoffnung, dort seine Fragen zu den Vorgängen auf Woodborough beantwortet zu bekommen, während Michael und Hans als Beobachter in der Nähe von Dr. Greer blieben. Auch an diesem Abend ereignete sich dort nichts Ungewöhnliches. Als Joachim weit nach Mitternacht Silbury verließ, wußte er, daß er Dr. Greer etwas mitzuteilen hatte.

Am 23. Juli waren wir wieder zusammen. Wir zögerten nicht lange und gingen zu Dr. Greer, und Joachim erklärte ihm seine Vision von letzter Nacht auf Silbury Hill. Greer und sein Team sollten sich, um überhaupt Erfolg zu haben, hinabbegeben in die Formation im Tawsmead Feld. Das Phänomen würde nicht zu ihnen kommen, wenn sie nicht zum Phänomen kämen. Sie sollten das Energiefeld der Formation als Verstärker ihrer Gedanken benutzen und sie über den darüber befindlichen Energieschlauch in das Universum schicken. Nur so könnten sie hier einen Kontakt erreichen.

Zu unserer Enttäuschung mußten wir feststellen, daß Greer und Andrews offenbar noch nichts von dieser wunderbaren, echten Formation in ihrer Nähe gehört hatten und

Greer überhaupt wenig über die Gegend hier wußte, ja, es beschlich uns der leise Verdacht, daß er hier nur an seinem Erfolg interessiert war und nicht an dem, was das Kornkreisphänomen bisher vermittelt hatte. Vielleicht hielt man uns auch für Eindringlinge in sein Projekt, und natürlich fühlte sich auch Colin Andrews verpflichtet, darauf aufzupassen, daß sein Gast Greer nicht allzulange behelligt würde. Es schien uns, als ob wir ihn nicht von der Wichtigkeit unseres Hinweises überzeugen konnten, obwohl ein paar Mitglieder seines Teams schon die Sachen packen wollten, um ins Tawsmead zu gehen.

So gingen wir dann selber hinab und blieben bis 1.30 Uhr dort im Planetensymbol, betrachteten schweigend unsere Geschwister, die Sterne, und dachten wehmütig daran, daß wir zwei Tage später wieder in Deutschland sein würden. Wir grüßten das Phänomen mit all unserer positiven Energie und nahmen leise Abschied.

Als wir wieder in Deutschland angekommen waren, erreichten uns aufgeregte Berichte aus Alton Barnes. Offensichtlich hatten wir doch etwas bewirkt, denn das Team von Dr. Greer hatte prompt am nächsten Tag damit begonnen, sich endlich die Umgebung anzuschauen und die Formation im Tawsmead zu besuchen. Am Abend des 24. Juli entschlossen sie sich dann sogar, vom Woodborough Hill hinunter in das Tawsmead zu wechseln, um dort ihr Projekt weiterzuführen. Wir waren glücklich darüber, denn uns war die Energie auf dem Flug gezeigt worden, und es war daraufhin unsere Idee, sie als Verstärker für die eigene, geistige Energie zu benutzen.

Ab diesem Abend war das Team nur noch in der Tawsmead-Formation und sichtete immer wieder eigenartige, farbige Lichtbälle und Flugobjekte in einiger Entfernung, die nicht an Flugzeuge erinnerten.

Die Nacht vom 26./27. Juli war in Alton Barnes sehr

regnerisch, nebelig und naß. Die regulären Aktivitäten von CSETI waren bereits ohne besondere Ereignisse abgeschlossen, die meisten waren heimgegangen. Nur noch vier Personen warteten unentschlossen in ihren Autos auf dem Zementweg, der quer durch Pollys Land vom Farmhaus zum Woodborough Hill führt. In dem einen saßen Dr. Greer und Dr. Sandra Small, im anderen Annick Nevejan und Chris Mansell, beide nicht von CSETI.

Da tauchte plötzlich südlich von ihnen, schätzungsweise in 800 m Entfernung, ein ca. 30 m großes Objekt auf, in dem sich eine Reihe von farbigen Lichtern waagerecht von links nach rechts drehten und die dabei ihre Farben von rot über weiß nach grün wechselten. Langsam und majestätisch schwebte es in niedriger Höhe während fünf Minuten von Ost nach West und schien dann still zu stehen. Es erschien den Beobachtern von zigarrenförmiger Gestalt. Es war vielleicht rund und wurde genau in Kantenaufsicht betrachtet. Auf der Oberseite schien sich ein kleiner, runder Aufsatz zu befinden.

Nachdem das Objekt still verharrte, begann es sich um 90° zu drehen und zeigte seine Unterseite. Die Lichteranordnung hatte sich nun verändert. Oben war ein Dreieck aus gelben Lichtern zu sehen, darunter wieder eine Reihe von Lichtern mit von links nach rechts von rot nach blaugrün wechselnden Farben. Während der folgenden zehn Minuten entfernten sich einige der gelben und roten Lichter abwechseln vom Hauptobjekt nach Osten und nach Westen, um dann wieder an ihre ursprüngliche Stelle zurückzukehren. Alle Kameras und Fotoapparate waren wegen des Regens bereits verstaut, nur ein kleiner Kassettenrecorder nahm auf, was die Beobachter sich zuriefen. Dr. Greer holte noch schnell einen Handscheinwerfer heraus und blitzte zweimal zum Objekt hinüber. Zu aller Überraschung antwortete das kleine gelbe Licht an der Spitze der Lichterpyramide mit zweimaligem Aufblinken. Dies konnte mehrfach wiederholt werden, immer wieder blinkte das kleine Licht zurück. Dann setzte sich das Objekt wieder langsam in Bewegung und verschwand nach Westen entlang des Avon Valley.

Diese Ereignis hat natürlich Furore gemacht, und sehr bald setzten sich auch die üblichen Mechanismen in Gang, die in der UFO-Forschung sattsam bekannt sind. Die Skeptiker und Debunker zweifelten an der Person von Dr. Greer und CSETI und hielten alles für einen Schwindel, die Wissenschaftler vermißten brauchbare Daten und die Kornkreis- und UFO-Enthusiasten bejubelten das Ereignis als Beinahe-Landung eines außerirdischen Raumschiffs.

Bis zum heutigen Tage läßt sich weder für die eine wie für die andere Seite ein schlüssiger Beweis erbringen. Einzig die Aussage der Beobachter steht dafür, daß sich etwas ereignet hat. Es wäre wieder einmal eine typisch phänomenale Verhaltensweise, indem, wie so oft schon, alles anders kam, als es sich die Initiatoren eines Projektes gedacht haben. Es spielte wieder nach seinen Regeln keine Galavorstellung vor einer satten Kornkreis-Schickeria, sondern blieb ein flüchtiges Vorbeihuschen in einer nebelig-regnerischen Nacht vor fast gar keinen Zeugen.

Wir jedoch hatten allen Grund, dieses Ereignis positiv zu betrachten, denn es geschah ausschließlich in der Folge des von uns vorgeschlagenen Ortswechsels von Dr. Greers Gruppe hinab ins Tawsmead Field, hinein in die echte Formation, den Verstärker geistiger Kräfte. Und es spielte sich zusätzlich auch bei dem Feld ab, in dem unser Experimentalpiktogramm lag und das Phänomen zu einem Treffen einlud.

34 Kornkreise –
Die nächste Generation

Das Jahr 1992 markiert den Wendepunkt in der Geschichte der Kornkreise. Zu dieser Zeit verloren sie ihre Unschuld. Die höchst eindrucksvolle Formation im Tawsmead Field war das letzte echte Piktogramm, das wir in Alton Barnes gesehen haben. Das echte Phänomen verschwand nicht, aber es veränderte in diesem Jahr seine Erscheinungsform vom Sichtbaren zum Unsichtbaren, wie wir noch erfahren sollten.

Neben den beiden Rentnern Doug und Dave, die nur einige Piktogramme fabriziert haben, wie u.a. die »Insektogramme« und auch das auf dem Titelbild von M. Heesemanns Buch »Botschaft aus dem Kosmos«,[69] wuchs ab 1992 Robert Irving zum Hauptfälscher in der Kornkreisszene heran und hat seit dieser Zeit viele komplexe Muster in die Felder Südenglands gelegt. Er arbeitete sehr eng mit Jim Schnabel zusammen, einem früheren CIA-»Angestellten«, der in dieser Eigenschaft beim DDI (Deputy Director of Intelligence) am CIA-Hauptquartier in Virginia beschäftigt war. Offizielles Alibi für den Englandaufenthalt Schnabels war ein Studiengang an der Universität von Oxford.

Neben ihren Kornkreisfälschungen ließen sie später auch kleine Ballons als UFO-Attrappen starten, teilweise beleuchtet oder mit Leuchtfarbe angemalt. Dies sollte speziell die CSETI-Gruppe 1992/93 in Alton Barnes treffen.

In den Jahren 1992/93 taten sie sich mit John Lundberg und Rod Dickinson zusammen. Bald entstand ein ganzes Netz von Fälschern in verschiedenen Teams, die mitunter auch

koordiniert vorgingen. Dies kulminierte in höchst komplizierten Designs im Jahre 1994, von denen die meisten von
Lundberg und Dickinson stammten, manchmal von Irving
assistiert. So schufen sie u. a. die »Froxfield Flower«
(4. August 1994), das »Spider's Web« bei Avebury (10. und
11. August 1994) und die großen, an Skorpione erinnernden
Formationen. Alle Hoaxer sind bis heute aktiv, außer
Schnabel, der nach seiner Buchveröffentlichung in Amerika
blieb. Auch ein Adrian Dexter, zu dem einige Jungs von der
deutschen »FGK« Kontakte hatten,[65] der halbwüchsige Ju-
lian Richardson und das »UBI«, das sich später nach ihrem
großen »Schneckenpiktogramm« im East Field »The Dod-
men« nannte, haben mit ihren gelungenen großen Piktogrammen viel Schaden in den Feldern angerichtet. Sie konnten viele der vormals ausschließlich dem Phänomen zuge-
schriebenen Kornkreismerkmale sehr gut kopieren, wohlge-
merkt kopieren, denn die Vorlagen hatte ihnen das echte
Phänomen in früheren Jahren oft genug gezeigt. Aber eines
konnten alle Hoaxer nicht produzieren: ein für die gesamte
Formation spezifisches Energiefeld. Manche der Formationen wurden auf Wasseradern oder in Felder mit unterirdi-
schen Drainageleitungen oder Stromkabeln gelegt, um die
Dowser zu täuschen, was manchmal auch gelang. Beliebt
waren auch die alten Leylinien, die dem Piktogramm das
Siegel »nicht-menschengemacht« verleihen sollten.
Alle diese Fälscheraktivitäten und Negativentwicklungen in
einzelnen Gruppen konnten uns durch die Jahre hindurch
nicht erschüttern, denn zum einen waren wir eingebettet in
die Freundschaft zu den wichtigsten Menschen in diesem
Kernbereich der Kornkreisszene, zum anderen hatten wir
Zutritt zu Plätzen, die für andere Ausländer nicht erreich-
bar waren – und dementsprechend ungestört. Wir hielten
uns aus allen Querelen heraus und erzählten aber auch
nichts von unseren Aktivitäten und Erfolgen, obwohl genü-

gend Personen lauerten, um derartige Informationen weiterzuleiten oder in Publikationen anderswo schnellstens zu
vermarkten. Wir blieben unseren Prinzipien und dem Phänomen treu – und das Phänomen uns.

Im Jahre 1991 erzielten wir mit unserer astronomischen
Theorie zur Entschlüsselung der Kornkreismuster den
Durchbruch: Das Phänomen antwortete prompt und stellte
sich uns seinerseits dabei regelrecht vor. Dabei erfuhren wir,
daß diese Intelligenz mit der menschlichen Geschichte
schon lange eng verwoben ist. 1991 erhielten wir alle unsere
Eintrittskarte in die uns umgebende größere Realität. Es
war das Jahr, in dem die Menschheit aufgerufen wurde, nun
endlich die Augen aufzumachen und sich nach innen wie
nach außen umzuschauen.

Das Jahr 1992 markiert einen Wandel in zweierlei Hinsicht.
Da wurden einmal auf Seiten derer, die derzeit diesen Planeten beherrschen, die für einen solchen Fall vorgesehenen
Abwehrmechanismen aktiviert: koordinierte Lagebesprechungen in den betroffenen Ländern zur Einschätzung des
Ausmaßes der Bedrohung der bestehenden (Macht-)Ordnung. Da offensichtlich bedrohlich, Observation der Szene
aus der Luft und zu Lande. Personelle wie instrumentelle
Infiltration der entsprechenden Bereiche mit dem Ziel der
vollständigen Zerschlagung. Begleitend Etablierung von
Fälschern und, in Koordination mit den Medien, Präsentation des gesamten Komplexes der Öffentlichkeit unter intensiver Nutzung des bewährten Lächerlichkeitsfaktors.
Gleichzeitig Aktivierung des abhängigen Wissenschaftlerpools zum Todesstoß: öffentliche Einstufung des Kornkreisphänomens als entweder durch natürliche oder
menschliche Einflüsse hervorgerufene Banalität ohne weiteres wissenschaftliches Interesse, insbesondere die Bekräftigung der Ablehnung einer »extraterrestrischen Hypothese«
allgemein und speziell zur Entstehung der Kornkreise. Es

dauerte nicht lange, bis diese Strategie erneut ihre bewährte Wirkung zeigte.

Auf der ganz anderen Seite betraf dieser Wandel uns. Unser im zweiten Experimentalpiktogramm ausgedrückter Wunsch wurde erfüllt, jedoch war es ein Treffen der ganz anderen – nämlich immateriellen – Art. Hier begann etwas, das sich in den nächsten Jahren zu einer faszinierenden Zusammenarbeit zweier scheinbar so unterschiedlicher Intelligenzen wie der unseren und der des Phänomens entwickeln sollte. Erst sehr spät in diesem Jahr wurde uns klar, was dieser einzigartige Flug mit Don tatsächlich zu bedeuten hatte. Auf diesem Flug erhielten wir die neue Aufgabe, mit der wir uns beschäftigen sollten, einen Begriff, der »wichtig« war: Energie.

Und je länger wir über diesen Begriff nachdachten, desto tiefer rutschten wir, auf den verschiedensten wissenschaftlichen und esoterischen Ebenen, die teilweise unser Auffassungsvermögen arg strapazierten, in die Zusammenhänge unseres körperlichen und geistigen Seins hinein. Derzeit sind, entsprechend den geltenden wissenschaftlichen Paradigmen, überall Menschen mit der Suche nach einer einheitlichen Feldtheorie beschäftigt. Eine dafür zu entwickelnde Formel kann nur dann gültig sein, wenn sie *das »Prinzip Geist« als universelle Konstante* beinhaltet – und damit diese Paradigmen verändert.

Das Phänomen gab uns für unseren weiteren gemeinsamen Weg den Begriff der »Energie« in die Hände, denn über diesen Begriff würden wir im Verständnis dieser Intelligenz weiterkommen. Energie – geistige wie körperliche – war offenbar auch der Schlüssel, der uns gezeigt wurde, um näher zum Phänomen zu gelangen. Wir begannen, uns für 1993 darauf vorzubereiten.

Jedes Buch, auch dieses, hat eine begrenzte Seitenzahl. Ursprünglich dachten wir, alles, was wir Ihnen mitteilen sollen, in einem Buch zusammenfassen zu können. Durch die dann aber notwendigen Weglassungen bei bisher sechs Jahren unserer Kornkreisforschung wäre das Verständnis für die Hintergründe verlorengegangen. Dieses Buch hier ist aber nicht nur ein weiteres Kornkreisbuch, es ist *Ihre einzige Möglichkeit,* zu erfahren, daß überhaupt eine und welche Botschaft der Menschheit im Jahre 1991 von einer nicht-menschlichen Intelligenz überbracht wurde und was sich wirklich hinter diesem Phänomen verbirgt, das bisher so oft fehlgedeutet, mißbraucht und lächerlich gemacht wurde. Machen Sie sich bitte bewußt, daß letzteres nur inszeniert wurde, um Sie nicht wach werden zu lassen! Die Kornkreise waren eben nicht bloß »flattened corn«, wie Doug und Dave es auftragsgemäß sagen sollten, sie waren der Beginn einer neuen Phase in der Entwicklung der menschlichen Gesellschaft und dieses Planeten.

Wir ließen uns nicht beirren und gingen jedes Jahr aufs neue nach England, in den Jahren 1993, 1994, 1995, und wir werden es auch 1996 wieder tun. In jedem Jahr erhielten wir einen weiteren Begriff, in jedem Jahr kamen wir einen Schritt weiter voran und wissen nun schon viel mehr über den Grenzbereich, in dem das Phänomen und wir gemeinsame Berührungspunkte haben können. Dieser Ablauf soll so sein, denn nur so, durch schrittweises Lernen, haben wir genügend Zeit, zu begreifen und uns damit auseinanderzusetzen, es zu einem Teil von uns zu machen. Alles fließt, alles ist in Bewegung, alles hat eine Richtung, in die es sich entwickelt.

Uns wurden in den folgenden Jahren von der Intelligenz hinter den Kornkreisen örtlich begrenzte, variable und interaktive Energiegitter bzw. -netze gezeigt, mit denen wir umzugehen lernten und mittels zweier gebogener Metallstäbe in unseren Händen auch tatsächlich arbeiten konnten. Diese, scheinbar am Boden liegenden, Energiegitter sind zweidimensionale Projektionen mehrdimensionaler Raumstrukturen, derer sich das Phänomen bedient, um auf alle Fälle Transport und Austausch von geistiger Energie, wenn nicht sogar von Materie gleich welcher Dichte, zu betreiben. Das Phänomen zeigte uns, wie es mit Such- und Arbeitsnetzen ganze Landstriche scannen kann.

Mittels dieser Energiegitter war es uns möglich, andere Energienetze an anderen Orten zu finden, deren Bedeutung für unsere weiterführenden Experimente damit symbolisiert wurde.

Diese Netze markieren zumindest drei-, wenn nicht sogar vierdimensionale Raumstrukturen, die wir selbst körperlich und geistig beeinflussen können. Machen Sie sich klar, daß Sie mit jedem Schritt den Sie umgebenden Raum, z.B. in ihrem Wohnzimmer, verändern, in dessen regelmäßig aufgebauter Struktur Sie genau das gleiche tun wie eine Galaxie weit draußen im All. Und an bestimmten Punkten in diesem Raumgitter, dem Kreuzungspunkt der Gitterlinien, gibt es gerichteten Transport. So, wie jeder Planet in seiner Umlaufbahn alles prägt und beherrscht, so prägen wir alle den Raum um uns und hinterlassen Informationen, die dort in dieser Raumstruktur gespeichert und wieder abrufbar sind – auch wenn wir uns nicht mehr körperlich an diesem Ort befinden. Dies alles zeigte uns das Phänomen, und wir möchten es Ihnen mitteilen.

Wie im Kleinen, so im Großen. Auch auf der Oberfläche unseres Planeten existiert ein solches Netz von Linien, die wir entdecken und benutzen können. Wir lernten, daß diese Energienetze oder -gitter nicht nur in Wiltshire vorhanden sind, sondern z.B. auch in Deutschland und in Belgien, daß sie uns begleiten, daß sie Teil von uns sind. Die großen Steinsetzungen wie Stonehenge und vor allem Avebury wirken wie Akupunkturnadeln. Sie beeinflussen die durch die umliegende Landschaft ziehenden Energielinien und wirken damit auf die Landschaft selbst ein. Im Verbund werden somit ganze Teile der Erdoberfläche erreicht, letztlich die ganze planetare Sphäre.

Durch unsere Arbeit mit dem Phänomen und in den Kreisen bekamen wir eine Vorstellung von der Wirkungsweise der alten Steine als Verstärker, Sender und Empfänger nicht nur geistiger Energie. Wir lernten, zu unterscheiden, welche Steine Sende- und Empfangsfunktionen haben. Wir erfuhren 1993, wie wichtig der Begriff der »Polarität« zum Verständnis unserer Interaktion jener Energie ist, die diese Gitterstruktur unterhält, die wir mit den Rods gefunden hatten.

Dieses uns vom Phänomen vermittelte Wissen über die »Nervenbahnen« des Planeten, die mit gleichartigen kosmischen Strukturen in Verbindung stehen, wendeten wir während zweier großangelegter Experimente in den Jahren 1994/95 mit Erfolg in einem terrestrischen »Neuron«, dem Steinkreis von Avebury und seinen umliegenden Anlagen, an. Im Gefolge unseres Experiments 1994 kam es zu einem CE III-Ereignis bei Silbury Hill. Hier landete, durch drei Augenzeugen bestätigt, ein herrlich leuchtendes Objekt, das seine Form veränderte und aus dem schließlich kleine Wesen hinausschwebten, die auf einem Feld ein Gitter aus leuchtenden Energielinien produzierten! Gitter aus Energie, so wie wir sie die ganze Zeit bereits kannten und mit ihnen umzugehen gelernt hatten. Welch wunderbare Bestätigung!

Beim großflächig angelegten Experiment 1995, an dem über 40 Personen teilnahmen, kam es zu einem CE III-Ereignis direkt in Avebury. Wir benutzten sämtliche alten Steinsetzungen, Long Barrows, Hillforts und die Leylines der Umgebung in einem Dreieck mit jeweils ca. 20 km Seitenlänge. Hier näherte sich eine bunt leuchtende »Sphäre« einem der Meditationsteams im nördlichen Zentralkreis von Avebury, dem Cove. Es ist möglich, das alte Energiesystem der Erd-

energielinien in Verbindung mit den Steinkreisen wiederzu-
beleben, um uns zumindest (oder zunächst) wieder (oder
endlich) mit geistiger Energie in unserer unmittelbaren kosmischen Umgebung bemerkbar zu machen – oder wieder
zurückzumelden.

All dies sollten Sie erfahren, denn alles, was uns gezeigt
wurde, ist kein Geheimwissen und auch nicht für ver-
schwiegene Zirkel bestimmt. Es ist für uns alle bestimmt,
durch jeden praktisch und einfach umsetzbar – *draußen.*

Um Ihnen ausführlich über die faszinierenden Ereignisse
der folgenden Jahre in den Feldern und auf den Hügeln
rund um Avebury – und neuerdings auch in Deutschland –
bis in unsere Gegenwart hinein berichten zu können, müssen und möchten wir eine Fortsetzung dieser Chronik einer
Kommunikation mit einer nicht-menschlichen Intelligenz
schreiben und hoffen, daß Sie an dieser Fortsetzung, von
der Sie unmittelbar profitieren sollen, interessiert sind.
Indem sich das Phänomen vom Sichtbaren zum Unsichtbaren veränderte und statt Kornkreisen ab 1992 Energienetze produzierte, wurden wir herausgefordert, uns in diese
für uns ungewohnte Dimension hineinzuwagen und uns
rational und geistig damit auseinanderzusetzen. Alle diese
neuen Erfahrungen in unser bisheriges Leben einzubauen,
erforderte eine Höchstleitung an Toleranz und strapazierte
uns bis an die Grenzen unseres Akzeptanzvermögens. Die
Ereignisse von 1991/92 sind nur der Auftakt für nicht minder faszinierende Vorgänge und Erkenntnisse in den Jahren
1993–95 gewesen.

Viele unter uns sind vom sog. »UFO-Phänomen« fasziniert
und wünschen sich eigentlich schon mal, auf die eine oder
andere Weise, zu erfahren, ob etwas Wahres und Reales
daran ist. Sie überlassen es aber aus Zeitgründen, aus man-
gelndem Hintergrundwissen, meistens aber aus Angst, sich
lächerlich zu machen, anderen, sich darum zu kümmern

und konsumieren nur deren Ergebnisse, meistens ohne deren Richtigkeit überprüfen zu können.

So wuchern auf der einen Seite Scharlatanerie, Eitelkeit, blanke Gewinnsucht und der Kampf um Einschaltquoten und Auflagenhöhe, auf der anderen Seite »wissenschaftliche« Inquisition, Dünkel und UFO-Geheimbünde verschiedenster Couleur. Auf der Strecke sind bisher meistens Sie mit vielen unbeantworteten Fragen geblieben.

Wir haben erfahren, daß die *eigene Aktivität* eine Grundvoraussetzung für das Verständnis des sog. »UFO-Phänomens« ist. Wir müssen hoch aus den Lehnstühlen und immer wieder mal raus aus den Labors, hinaus aus unseren Häusern. Wir müssen uns einfach wieder mal trauen, uns in eine Wiese zu legen oder auf einen Hügel zu klettern und mit der Erde unter unserem Rücken in den glitzernden Sternenhimmel über uns hineinzufliegen. Wir werden ein Verständnis für das UFO-Phänomen niemals durch noch so viele E-Mails in den UFO-Echos der verschiedenen Computernetze erzielen. Wir werden weder die Intelligenz anderer Existenzformen noch deren Verhaltensweisen jemals *berechnen* können. Aber es ist für jeden von uns möglich, diese Intelligenz zu erfahren und darauf zu reagieren, mit ihr *zu leben*. Wir müssen uns dazu einfach nur immer wieder klar machen, daß wir nicht nur Bewohner dieser Erde sind, sondern Bewohner des Kosmos auf dieser Erde. Jeder Blick hoch zu den Sternen beweist Ihnen das.

Das Kornkreisphänomen und das UFO-Phänomen haben den gleichen Hintergrund, sie sind beide Teil einer größeren Realität, auf die sie uns aufmerksam machen wollen. Beiden Phänomenen kann man nur näherkommen, wenn man aufsteht und aktiv wird und ihnen wenigstens auf halbem Wege entgegengeht. Im Moment konsumieren wir sie nur. In der Fortsetzung dieses Buches möchten wir Ihnen zeigen, so, wie es uns gezeigt wurde, was Sie tun können, um bereits in ihrer nächsten Umgebung Dinge zu entdecken, die Ihnen bisher verborgen waren. Und mit jeder neuen Erkenntnis werden Sie weiter kommen – und diesen Planeten und den Kosmos, von dem Sie ein Teil sind, mit neuen Augen sehen.

Große Ereignisse sind immer die Summe kleiner und kleinster Veränderungen, in deren Folge sie sich dann ereignen. Ein Gedanke von Ihnen kann die Welt verändern, ein Blick von Ihnen hoch zu HD 42807 wird die Welt verändern, denn danach wird das Firmament für alle nicht mehr das gleiche sein.

Anhang

Dank

Für langjährige, freundschaftliche Unterstützung, Inspiration und für manch anregendes Gespräch danken wir:
Polly und Tim Carson, David Carson, Josh und Nell, Una, Zakaria und Ayhan Dawood, Jo Holland, Penny und Peter, Marc und Micle Randerson, Martha und Alan Incledon, Busty Tailor, June und Adrian Potts, Marc, George Wingfield, Tom, Roy, Malcolm, Nick, Julie und John, Chris.
Shari Adamiak, Colin Andrews, Michael Bober, Mark Biddiss und Susan, Mary Bennett, Erik Beckjord, Lisa Cooper, Andrew Collins, Michael Chorost, Ben Cadwallader, Rod Copplestone, Barbara Davies, Karen Douglas, Chat Deetken, Marshal Duddley, Mo und Rick Eades, Martin Engelmann, Farmer David Fathing, Justin C. Frey, Joan Gulino, Michael Green, Dr. Steven Greer, Jon Groves, Rita Gould, John Glasser, Farmer Steven Horton, Farmer James Hussey, Farmer Davis Hues, Landwirt Hirte, René Hesselmann, Michael Hannigan, Andrea Immel, Ioana, Stena und Peter James-Lake, Cheryl King, Jürgen Krönig, John Langrish, Jockey Peter Leather, Stanley Morcom, Nick Nicholson, Luise Olivi, Trevar Pinch, Nix Picasso, Steve Roberts, Ron Russell, Maria Randle, Landwirt Richter, Julie Reenberg, Martin Rechmann, Ed Sherwood, Ralf Selsam, Ken Sedd, Gerald Schmidt, Tom und The Council of Nine, Alison Tredwell, Farmer Temple, Tom Turbridge, Toni, Marianne Tersgov, Tony Vedam, Farmerin Jill Wookey, Farmer John White, Grant Wakefield, Nina und Rüdiger Wagner, Kate Yorston.
Ganz besonders danken möchten wir Walter-Jörg Langbein und unserem Lektor Hermann Hemminger.

Literatur

1 Delgado, Pat, Andrews, Colin: »Kreisrunde Zeichen« und »Die Zeichen mehren sich«; Zweitausendeins, 1990

2 Noyes, Ralph: »Die Kreise im Korn«; Knaur Sachbuch 19/173, 1991

3 Seattle, Häuptling der Duwamish: »Wir sind ein Teil der Erde«; Walter-Verlag, 1982, 1991

4 Sheldrake, Rupert: »Das Gedächtnis der Natur«; Scherz, 1991

5 Grist, Brian: »The Aquifer Attractor«; in: The Cerealogist, No. 5, 1991/92, S. 18

6 Macnish, John, Krönig, Jürgen: »Zeichen im Korn«; Zweitausendeins, 1991; VHS 36 Min.
   –: »Crop Circle Communiqué«; Circlevision Production, England, 1991; VHS 75 Min. u. v. a. m.

7 Wingfield, George: »Snake, Weasel and Spiderman«; in: The Cerealogist, No. 8, 1993, S. 3

8 Shapiro, Robert: »Schöpfung und Zufall«; Goldmann TB 11 468, 1991

9 Ferris, Timothy: »Galaxien«; Birkhäuser, 1983, S. 76

10 Space, Nr. 12 (April–Juli 1987); Berlin, S. 50

11 Sagan, Carl: »Signale der Erde«; Knaur TB 3676, 1980

12 Bridges, Marilyn: »Für die Götter – Luftaufnahmen heiliger Landschaften«; Zweitausendeins, 1990

13 Niel, Fernand: »Auf den Spuren der großen Steine«; Pawlak Verlag, 1989

14 Hynek, J. Allen, Imbrogno, Philip J.: »Night Siege – The Hudson Valley UFO Sightings«; Ballantine Books, New York 1987

15 Fuller, John G.: »The Interrupted Journey«; Berkley Publishing Corporation, New York 1974

16 Astronomy Magazine (Dezember 1975): »The Zeta Reticuli Incident«. Erhältlich als Sonderdruck – mit Kommentaren von

Jeffrey L. Kretsch, Carl Sagan, Steven Soter, Robert Schaeffer, Marjorie Fish, David Saunders und Michael Peck – durch Stanton T. Friedman, 79 Pembroke Crescent, Fredericton, New Brunswick, E3B 2V1 Canada, für US-$ 5

17 Marochnik, L. S.: »Belt of Life in the Galaxy«; in: »Bioastronomy – The Next Steps«; Kluwer Academic Publishers, Niederlande 1988

18 Balázs, B.: »The Galactic Belt of Intelligent Life«; (s. o.), S. 17

19 Comins, Neil F.: »Seeing the World Through Infrared Eyes«; in: Astronomy, No. 6, Juni 1991

20 Sagan, Carl: »Signale der Erde«; (s. o.), S. 93

21 Noyes, Ralph: »Die Kreise im Korn«; (s. o.), Bildtafel 51

22 Delgado, Pat, Andrews, Colin: »Kreisrunde Zeichen« und »Die Zeichen mehren sich«; (s. o.), S. 244

23 Delgado, Pat, Andrews, Colin: »Kreisrunde Zeichen« und »Die Zeichen mehren sich«; (s. o.), S. 245

24 »dtv-Atlas zur Astronomie«, 1990, S. 223

25 Noyes, Ralph: »Die Kreise im Korn«; (s. o.), Bildtafel 67

26 Croswell, Ken: »Does Alpha Centauri Have Intelligent Life?«; in: Astronomy, No. 4, April 1991

27 Croswell, Ken: »Does Alpha Centauri Have Intelligent Life?«; (s. o.), S. 36

28 Noyes, Ralph: »Die Kreise im Korn«; (s. o.), S. 144 ff.

29 Wingfield, George: »A Carefully Planned Hoax«; in: The Cerealogist, No. 2, Winter 1990, S. 8

30 Hoagland, Richard C.: »The Monuments of Mars – A City on the Edge of Forever«; North Atlantic Books, USA, 1992

31 Michell, John: »Geometry and Symbolism at Barbury Castle«; in: The Cerealogist, No. 4, Sommer 91, S. 24

32 Smithwick, Mike: »Distant Suns«©; Virtual Reality Labs., Inc., USA, (Planetariumsprogramm für PC)

33 Hart, Michael H.: »Habitable Zones about Main Sequence Stars«; in: ICARUS No. 37, 1979, S. 351–357

34 »Astronomie II«; Klett Studienbücher, 1979, Kap. 5.2.2 ff.

35 Bürgel, Bruno H.: »Bürgels Himmelskunde«; Goldmann Sachbuch 11 225, 1979

36 Temple, Robert K. G.: »Das Sirius-Rätsel«; Umschau Verlag 1977

37 Sitchin, Zecharia: »Der zwölfte Planet«; Knaur Sachbuch 3947, 1979

38 Papke, Werner: »Die Sterne von Babylon«; Gustav Lübbe Verlag 1989

39 Krupp, Edwin C.: »Astronomen, Priester, Pyramiden«; C. H. Beck'sche Verlagsbuchhandlung, 1980

40 Eddy, John A.: »Archäoastronomie in Nordamerika – Felsen, Hügel und Medizinräder«; in: Krupp, Edwin C.: »Astronomen, Priester, Pyramiden«; (s. o.), S. 137 ff.

41 Temple, Robert K. G.: »Das Sirius-Rätsel«; (s. o.), S. 134

42 Hunger, Hermann, Pingree, David: »Mul.Apin – An Astronomical Compendium in Cuneiform«; Verlag F. Berger & Söhne, Österreich 1989, S. 126

43 Ahnert, Paul: »Ahnerts Kalender für Sternfreunde«; J. A. Barth Verlag, Leipzig

44 Schroeder, O.: »Keilschrifttexte aus Assur verschiedenen Inhalts«; Leipzig 1920; in: Hunger, Hermann, Pingree, David: »Mul.Apin …«, (s. o.), S. 126

45 Thompson, R. C.: »The Reports of the Magicians and Astrologers of Nineveh and Babylon in the British Museum«, London 1900; in: Hunger, Hermann, Pingree, David: »Mul.Apin …«, (s. o.), S. 126

46 Hunger, Hermann, Pingree, David: »Mul.Apin – An Astronomical Compendium in Cuneiform«; Tafel I i 37, S. 28

47 King, L. W.: »Enuma Elish – The Seven Tablets of Creation« Vol. I; Luzac's Semitic Text and Translation Series, AMS Press New York 1976, Reprint von 1902

48 Ebeling, Erich: »Die siebente Tafel des Akkadischen Weltschöpfungsliedes Enuma Elisch«; Mitteilungen der Altorientalischen Gesellschaft, Band 12, Heft 4, S. 15

49 Leitz, Christian: »Studien zur ägyptischen Astronomie«; Ägyptologische Abhandlungen Bd. 49, Harrassowitz, Wiesbaden 1989

50 Leitz, Christian: »Studien zur ägyptischen Astronomie«; (s. o.), S. VII

51 Leitz, Christian: »Studien zur ägyptischen Astronomie«; (s. o.), S. VII

52 Dorman, Peter F.: »The Tombs of Senenmut«; The Metropoli-

tan Museum of Art Egyptian Expedition, New York 1991,
S. 142

53 Will, Friedhelm E.: »Leseanweisung des Diskus von Phaistos«;
Selbstverlag Will/Kuroso, Kreta 1985

54 Bauval, Robert, Gilbert, Adrian: »Das Geheimnis des Orion«;
List Verlag 1994, S. 104

55 Faulkner, R. O.: »The Ancient Egyptian Pyramid Texts«; Oxford University Press 1969

56 Bauval, Robert, Gilbert, Adrian: »Das Geheimnis des Orion«;
(s. o.), S. 115

57 Krassa, Peter, Habeck, Reinhard: »Das Licht der Pharaonen«;
Herbig 1992, S. 81 ff.

58 Krupp, Edwin C.: »Astronomen, Priester, Pyramiden«; (s. o.),
S. 217

59 Lurker, Manfred: »Götter und Symbole der alten Ägypter«;
Bastei Lübbe TB 64 099, 1991, S. 197

60 Dorman, Peter F.: »The Tombs of Senenmut«; (s. o.), Tafel
84–86

61 Lurker, Manfred: »Götter und Symbole der alten Ägypter«;
(s. o.), S. 202

62 Baines, John, Málek, Jaromir: »Weltatlas der alten Kulturen –
Ägypten«; Christian Verlag, 1980, S. 142

63 Krönig, Jürgen: »Spuren im Korn«; Zweitausendeins, 1992

64 Krönig, Jürgen: »Spuren im Korn«; (s. o.), S. 136/137

65 Krönig, Jürgen: »Und wieder Kornkreise«; Zweitausendeins,
1993, S. 32, und in: The Cerealogist, No. 15, Winter 1995/96,
S. 23

66 Enthalten in: Fiebag, Johannes (Hrsg.): »Das UFO-Syndrom«;
Droemer Knaur, 1996

67 Baines, John, Málek, Jaromir: »Weltatlas der alten Kulturen –
Ägypten«; (s. o.), S. 43

68 Thom, A. et. al.; siehe in: Krupp, Edwin C.: »Astronomen,
Priester, Pyramiden«; (s. o.), S. 45 ff., S. 85 ff.

69 Krönig, Jürgen: »Und wieder Kornkreise«; Zweitausendeins,
1993, S. 45 u. S. 95

Register